缤纷以色列

主　编　孟振华　副主编　胡　浩　艾仁贵

以色列简史

徐　新著

南京大学出版社

图书在版编目（CIP）数据

以色列简史 / 徐新著 . -- 南京 : 南京大学出版社，
2022.7
（缤纷以色列 / 孟振华主编）
ISBN 978-7-305-25295-2

Ⅰ . ①以… Ⅱ . ①徐… Ⅲ . ①以色列 – 历史 Ⅳ .
① K382

中国版本图书馆 CIP 数据核字（2022）第 001307 号

出版发行　南京大学出版社
社　　址　南京市汉口路22号　　　　　　邮　编　210093
出 版 人　金鑫荣

丛 书 名　缤纷以色列
丛书主编　孟振华
书　　名　**以色列简史**
著　　者　徐　新
责任编辑　田　甜　　　　　编辑热线　025-83593947

照　　排　南京新华丰制版有限公司
印　　刷　南京爱德印刷有限公司
开　　本　880×1230　1/32　印张　7.375　　字数227千
版　　次　2022年7月第1版　2022年7月第1次印刷
ISBN 978-7-305-25295-2
定　　价　58.00元

网址：http://www.njupco.com
官方微博：http://weibo.com/njupco
官方微信号：njupress
销售咨询热线：（025）83594756

总　序

　　以色列国是一个充满奇迹的地方。早在两千多年前，犹太人的祖先就在这里孕育出深邃的思想，写下了不朽的经典，创造了璀璨的文明，影响了整个西方世界。在经历了两千年漫长的流散之后，犹太人又回到故土，建立起一个崭新的现代国家。他们不仅复兴了民族的语言和文化传统，更以积极的态度参与和引领着现代化的潮流，在诸多领域都取得了足以傲视全球的骄人成绩。

　　中犹两个民族具有诸多共同点，历史上便曾结下深厚的友谊。中国和以色列建交已30年，两国人民之间的交往也日益密切和频繁，各个领域的合作前景乐观而广阔。赴以色列学习、工作或旅行的中国人越来越多，他们或流连于其旖旎的自然风光，或醉心于其深厚的文化底蕴，或折服于其发达的科技成就。近年来中文世界关于以色列的书籍和网络资讯更是层出不穷，大大拓宽了人们的视野。

　　不过，对于很多中国人来说，这个位于亚洲大陆另一端的小国仍然是神秘而陌生的。即使是去过以色列，或与其国民打过不少交道的人，所了解的往往也只是一些碎片信息，不同的人对于同一问题的印象和看法常常会大相径庭。以色列位于东西方交汇点的特殊位置和犹太人流散世界各地的经历为这个国家带来了显著的多元性，而它充沛的活力又使得整个国家始终处在动态的发展之中。因此，恐怕很难用简单的语言和图片准确地勾勒以色列的全景。尽管如此，若我们搜集到足够丰富的碎片信息，并能加以综合，往往便会获得新的发现——这正如转动万花筒，当碎片发生新的组合时，就会产生无穷的新图案和新花样，而我们就将看到一个更加缤纷多彩的以色列。

作为中国高校中率先成立的犹太和以色列研究机构，南京大学犹太和以色列研究所携手南京大学出版社，特地组织和邀请了多位作者，共同编写这套题为《缤纷以色列》的丛书，作为中以建交 30 周年的献礼。丛书的作者中既有专研犹太问题的顶尖学者，也有与以色列交流多年的业界精英；既有成名多年的资深教授，也有前途无量的青年才俊。每位作者选择自己熟悉和感兴趣的专题撰写文稿，并配上与内容相关的图片，用图文并茂的形式呈现给读者，力求做到内容准确，通俗易懂，深入浅出，简明实用。也许，每本书都只能提供几块关于以色列的碎片，但当我们在这套丛书内外积累了足够多的碎片，再归纳和总结的时候，就算仍然难以勾勒这个国家的全景，也一定会发现一个崭新的世界。

孟振华

2021 年 3 月谨识

目 录

下篇　涅槃重生：解放　复国　振兴　繁荣

引 子

小民族　大声音

　　在亚洲大陆西端、地中海东岸有一个弹丸小国，今天的国名叫"以色列国"（The State of Israel），是一个以犹太人为主权民族的国家。它成立于1948年5月14日，尽管作为一个现代国家，其历史却十分久远，前世可以追溯到三千年前，是我们这个星球上一个名副其实有着悠久历史的古老国家。今天，由于历史的变迁和朝代的更迭，以色列国的国土面积格外的小，如果拿其与所在的中东地区相比较，该地区只占中东地区总面积的百分之二不到。人口数量与中国相比，更是不值一提，建国70多年了，加上不断移入的移民也不过区区几百万。

　　不过，就是这样一个蕞尔小国，在国际舞台上却声名远扬，几乎每时每刻都有与它相关的报道或消息，是中东地区一个不可或缺的新闻主角。在经济和科技方面，以色列更是中东地区的翘楚。即便以世界为坐标进行衡量，它也是屈指可数的一个现代化强国，是一个已迈入发达国家行列的国家。人均国内生产总值已经达到近4万美元。创新竞争力更是居世界先列，是一个名不虚传的"创新国度"。譬如，高新技术产业发展举世瞩目，特别是在电子、通讯、计算机软件、医疗器械、生物技术工程、农业以及航空等方面拥有先进的技术和优势。

　　人们今天已经耳熟能详的"以色列国"，实际上是一个依照联合国1947年11月29日通过的《巴勒斯坦将来治理分治计划问题的决议》成立的国家。决议考虑到当时巴勒斯坦地区的实际情况，提议在那里成立两个不同民族的国家：一个犹太人的国家和一个阿拉伯人的国家。犹太人根据此决议最终决定以"以色列"命名自己即将宣告成立的犹太人国家。

"以色列"（Israel）应该说是一个十分神奇的词，既指一个民族，又指一片土地，还指一个国家。回望历史，"以色列"一词从最初的出现到今天已经有近四千年的历史了。它最初指的是一个人，即《圣经》中提及的一个名为"亚伯拉罕"人的孙子、犹太人"族长"之一的"雅各"。相传，在一次与神的角力过程中，年轻的雅各竟然"赢"了，因而被神授予"以色列"（与神角力者）这一名字。由于后来的犹太人均为雅各的子孙，因此在圣经中均以"以色列"（或译成"以色列人"）称之，"以色列"遂成为一个民族的称谓。

以色列人在族长亚伯拉罕的带领下，遵循上帝旨意前往生活的古迦南地区，后来被称为"以色列地"（Erez Israel），亦称"应许之地"。自那以后，该地区便一直被视为以色列民族的古老传统家园。数百年后，以色列人在"以色列地"真的成立过一个叫作"以色列王国"（the Kingdom of Israel）的国家。注意，此时的国名有"王国"二字，切勿与今天的"以色列国"混淆。这样，"以色列"一词遂成为一个国家的称谓。当1948年宣布现代犹太人国家重新建立时，国名被确定为"以色列国"，以表明当代以色列国与历史的传承关系。以色列遂成为我们今天熟悉的犹太人国家的名称。

以色列民族形成和早期活动的地区是人类文明的发祥地之一。它位于地中海东南之滨的西亚北非地区，即今天人们所习惯称呼的中东地区。如果从埃及起画一条线通过今日的巴勒斯坦和叙利亚，然后沿着幼发拉底河和底格里斯河到达波斯湾，这整条线就形成了一个清晰的新月形状，史称"肥沃的新月"。

肥沃的新月地区在中东的上古时期孕育出了一连串的灿烂文明，其中尤以两河流域文明（美索不达米亚文明）和埃及文明最为著名。作为人类文明的发祥地之一，这些文明的出现对人类文明进程的影响巨大。

回溯历史，以色列民族可谓是一个十分独特的民族，是在人类文明发源地两河流域文明进入其高潮时突然"闯"入上古中东历史的一个民族。这个民族的出现很可能是历史的一个偶然事件。对于上古时期中东这块有着众多部落民族来来往往、匆匆一过的地区而言，一个"新"民族的出现应该说算不了什么。但在以色列人进入历史的最初两千年里，它所生活的地区群雄崛起，古巴比伦、埃及、赫梯、亚述、新巴比伦、波斯等帝国争霸不断。

以色列民族因人数少、力量薄，从来没有凭自己的实力称霸一方。不仅如此，以色列民族除了在一个很短的时期内建立过自己的国家，享受过主权民族的生活，在其漫长的历史中，它一直是强权凌辱的对象，是其他民族迫害的对象。

这样一个"弱小"的民族，若不是凭借着对民族理想的执着、对信仰的固守、对自身文化的不断营造；若不是坚信语言的力量远胜于刀剑的力量，以其文化和思想上的建树在世界文明领域发出巨大且影响深远的声音，让世人深切感受到它的存在，成为中东地区唯一在上古时期就创造出光辉灿烂文明，对世界文明特别是西方文明的进程产生巨大影响的民族，并且以"一以贯之"之势一直延续到今天，那么，我们或许压根就不会把目光转向他们，在这里讲述他们的故事了。

然而，事实是，自以色列民族走进历史以来，其创造的独特文明样式逐步发展成为世界性经典文化，成为西方文明的一个源头文化，对人类社会和生活产生了巨大且深刻的影响。

从纵向看，以色列文明在四千年前就产生了人类历史上最早的独一神思想，把一本代表古典时期人类文明结晶的文化典籍、阐释独一神思想的《圣经》奉献给了全世界；在两千年前的公元纪年之初孕育出了迄今为止规模最大的独一神信仰体系——基督教，在为欧洲人提供一种共同信仰的同时，为欧洲大陆逐步发展成为一个文明社会奠定了基础。到了中世纪，借着基督教的传播，以色列民族首创的独一神思想传至整个欧洲，使欧洲社会有了一个统一的道德准绳。在 7 世纪，以色列人的独一神思想又为伊斯兰教的形成和兴起贡献良多，成为《古兰经》核心思想的最主要来源；到了 14、15 世纪，为欧洲文艺复兴的出现起到了推波助澜的中介作用；当近代来临时，又为欧洲宗教改革运动的开展，为资本主义的到来，为促进现代金融业、新闻业的发展发挥了不可替代的作用；而在 19、20 世纪，以色列人在思想和科学领域的贡献更是有目共睹。

从横向看，由于以色列民族在世界各地的散居以及受其影响产生的基督教、伊斯兰教的广泛传播，以色列文明对当代世界各民族的文化都产生过巨大影响。尽管影响有直接的，也有间接的，有的发生在古典时期，有的形成于中世纪，有的产生于近现代，但没有受其影响的文化几乎不存在。更为重要的是，古代中东地区那些曾经创造过辉煌的民族竟无一例外地成为历史上的匆匆过客，连同他们所创造的文明一道被历史长期湮没，唯有以色列民族作为一个"不变"的民族留存至今，并以自己文化信仰上的成就在随后近一千五百年的历史中保留了人类社会对上古时期中东文明的部分记忆，成为人们常说的中东古代文明的"集大成者"。在这个意义上说，古代中东的文明是通过以色列民族的文化为近代广大西方人和世界其他地区的人们所最先了解的。以色列的作用和贡献也就无须赘言了。

需要指出的是，与其他民族不同，在近两千年的历史时期中，以色列民族实际上是一个无法一直生活在同一疆域的民族，是一个被强权（最初是罗马帝国）暴力驱逐出自己家园的民族，并在之后的年代不断遭到所在地统治者歧视、迫害、驱逐而不得不浪迹天涯的民族。为了生存，以色列人不得不从一个地区向外一个地区流散，不得不从一个国家往另一个国家流动，最终成为一个在现代社会到来之前就已分散在世界各民族之中的民族。作为一个长期分散、受到不同文化和传统浸润的多元化民族，其历史文化上表现出复杂性和多彩性无疑十分自然。

有鉴于此，我们在探寻以色列历史和文化的发展轨迹时，在对它的起源、形成、发展、面貌特征进行概述时，自然很难从一个地区或某一个国家得到答案的全貌，也无法像反映其他民族文明史那样用一条清晰的历史线条贯穿，只能从不同的地区和国度，在不同历史时期中寻找需要阐述的内容。

以色列指以色列民族，亦指现代国家以色列国。本书主要是指前者，当然也不可避免地涉及后者。在具体写作中，更多的是将两者融贯在一起。作为一部反映以色列的通史，本书不仅试图通过一连串的故事和历史事件呈现以色列民族的历史，而且还意在讲述的过程中揭示出以色列民族"在生存和发展过程中所体现的坚韧和不屈不挠的性格，以及他们的社会生活和创造力"。

下面，我们将循着历史发展的轨迹来讲述这样一个不断发出大声音的"小民族"的故事。

上 篇

民族的形成　经典的构建

第 1 章

"上帝子民"：作为民族"始祖"的亚伯拉罕

公元前 1800 年，人类文明的首个发源地——中东的"肥沃的新月"之地上出现了一队人马，在一位名叫"亚伯拉罕"老者的带领下，赶着牛羊，携带着衣物财产向西南方向走去，目的地是有中东地区"十字路口"之称的"迦南地"。不用说，这是一支迁徙跋涉的队伍。尽管路程遥远、行进艰难，行路人却目标明确、意志坚定，正义无反顾一步一个脚印地向前走去。虽然这样的迁徙在当时的中东地区司空见惯，然而，这一支队伍却非同寻常。事实上，他们的这一迁徙行动是在向世界昭示一个新的民族正在走进历史。在之后的年代，他们将要演绎人类上古历史最辉煌的一章。而这群人正是本书的主角——以色列民族。

从民族起源的一般意义上来说，以色列民族显然是两河流域古代诸民族中的一员，被以色列人称之为族长的亚伯拉罕就出生在两河流域古代文明中心地带的一个名为吾珥（Ur）的苏美尔城市。"……他们出了迦勒底人的吾珥"，记录着以色列民族早期历史的《圣经》对以色列人的出处如是说。从种族起源上来看，以色列民族与建立起古巴比伦王国的阿摩利人一样，来源于闪族，属于闪族语系的一支。

与其他曾经在这一地区生活过的许多民族相比，以色列民族的出现显然相对较晚（约在两河流域文明出现的 1500 年之后）。在他们进入历史之前，由诸如苏美尔人、阿卡德人和阿摩利人（亦称古巴比伦人）等创造的文明早已发展辉煌。根据有关史料推算，以色列人进入历史的年代当是汉穆拉比时代，是古巴比伦王国的"黄金时期"。

《汉穆拉比法典》被视为具有标志性的伟大文明成就。出现在这样一个高度发达的文明地区和氛围中，以色列民族显然受益匪浅，犹太文明一开始就呈现出具有高度文化性的特征很可能与此有着直接的关联。

不过，由于史料的匮缺，以色列人与世界上许多其他古老民族一样，其早期的历史是朦胧不清的，传说便成了构建这一时期历史的主要来源。然而，与其他古老民族不同的是，以色列人对本民族在历史上出现的认知十分清晰和独特。尽管几乎所有古老民族的历史都是以传说（不少还是以神话）开始，但是没有一个民族将自己的开端追溯到某一个人身上，特别是一个普通人身上，没有一个民族能够说出谁是本民族的"第一人"。然而，根据犹太人的传说，以色列民族的开端则追溯到一个名叫亚伯拉罕的人身上（不过，他最初叫亚伯兰，后更名为亚伯拉罕，在希伯来语中有"多国之父"的含义），并把他作为以色列民族的"始祖"（以色列人通常以"族长"称之）看待。

更为不同寻常的是，虽然人们了解亚伯拉罕的家人以及所属的群体，《圣经》中对此也有记载，然而，在犹太传统看来，那些人却并不属于以色列民族之列。

亚伯拉罕是何许人也？他为何能成为一个民族的始祖？

根据《圣经》记载的人类"族谱"，亚伯拉罕是从大洪水事件幸存下来的挪亚的三个儿子之一"闪"的后代，祖籍所在地是两河流域中心地带一个名为"吾珥"的城邦。尽管《圣经》没有提供更多有关亚伯拉罕在吾珥时的具体生活信息，但流传下来的犹太传说却有不少详细的交代。了解这些传说无疑可以帮助我们了解亚伯拉罕是何人，何以成为一个民族的始祖。

传说是这样叙述的：亚伯拉罕在成长过程中受到两河流域宗教的熏陶，自幼就承认神的存在，但他不能认同当地流行的多神信仰和偶像崇拜，因为他在观察和思考过程中察觉到，无论是天上的太阳、月亮，还是地上的其他自然物体都不可能是神，因为它们作用十分有限。人们在日常生活中崇拜用石头或者陶土做成的神像在他看来更是无稽之谈，因为这些神像是"有口不会说话，有眼却什么都看不见，有耳什么也听不见，有脚不会走路"。在他的思考和想象中，真正的神，如果存在的话，必须无处不在、无所不知、无所不能；一定不受任何物质形式、存在形式和表现形式的约束；一定是创世的神，是造物主，创造并主宰世界上的一切。因此，在他看来，"神"只能是无形、不可见、不可摸、无法描述的，而且这样的神只能有一个，而非多个，是一个全新的神（God，中文传统上译为"上帝"的神），一个独一无二的神，一个无形无相的神，除它而外，没有其他的神存在。因此，独一神论从一开始就彻底否定了当时近东地区到处流行的多神论，并反对崇拜多神和崇拜偶像。亚伯拉罕对当时人们习以为常的"神"的概念这一不同寻常的思考使他最终成为第一个意识到独一神，即我们今天所说的"上帝"存在的人。

亚伯拉罕的独一神思想尽管是在日后逐步丰富和发展起来的，但在它出现之初无疑是独特的、全新的。事实上，这一思想发展成为犹太民族文化中最为独特的内容，是犹太文化的精华之所在，代表了早期犹太文化最主要的成就，是《圣经》文化的本质，不仅导致犹太民族的出现，而且直接导致了犹太教的形成。

相传，一日，亚伯拉罕的父亲外出有事，让已经是青年的亚伯拉罕在自家开设的神像店站店，照看生意。就在亚伯拉罕站店的当儿，一位老妇人进来买神像。她一边挑选，一边嘴里嘟嘟囔囔，说什么上次请的神像不管用，这回要挑个管用的。亚伯拉罕一问才明白：原来这位老妇人先前曾经来此买过一尊神像，可日前在她洗澡时，一个小偷进屋偷东西，离开时顺便将老妇人家里供奉的神像也给顺走了。听到这里，亚伯拉罕十分气愤，进而想到，如果神像连自己都保不住，被一个小偷轻而易举地就偷走，如何能够保佑人？这样的神像还有何用？

他突然开始意识到父亲卖神像的营生实际上是一种骗人的勾当，认为再也不能继续下去了。于是，他抄起一根棍棒，将店里的神像统统砸烂。随后，亚伯拉罕还用一根绳索将一尊腿被打断的神像拖上街，用"游街示众"的方式告诉人们：神像不过是一个废物，偶像不值得崇拜。

亚伯拉罕的这一举动表明，这时的他已经不再是原先的亚伯拉罕了，而是一个决心与两河流域传统，特别是信仰多神、进行偶像崇拜的传统决裂的"新人"。亚伯拉罕在宗教信仰问题上的这一系列思考和做法使得他最终成为只信"独一神"（monotheism）的以色列民族的始祖。

相传，在亚伯拉罕意识到上帝的存在后，上帝向亚伯拉罕显现，继而与亚伯拉罕立约。亚伯拉罕为此行了割礼，以此表明自己与上帝立了约，成了"上帝子民"（the Chosen People）。打这以后，亚伯拉罕拥有了"上帝子民"的称谓。不仅如此，人们从此将亚伯拉罕及其后人亦称为"上帝子民"，他们这一批的以色列人成了世界上第一个与上帝立约的民族，割礼遂成为以色列人与上帝立约的标志。根据传统，为了强化每一个以色列人都是单独与上帝立约的个体，以色列男婴在出生后（通常是第 8 天）都必须行割礼，即便是日后皈依犹太教的成年男子也必须这样。通过割礼表明自己以色列人身份的获得，是一个与上帝立了约的"上帝子民"。与上帝立约的亚伯拉罕自然受到上帝的眷顾，久不怀孕的妻子撒拉在 90 岁高龄时终于怀孕生子，为亚伯拉罕生下了一个自己的儿子——以撒。

相传，上帝为了考验亚伯拉罕的忠诚度和虔诚心，要他把自己的独生子以撒杀死作为祭神的供品，虔诚的亚伯拉罕没有任何犹豫遵命照办。在举刀杀子的关键时刻，上帝派天使制止了这场惨剧的发生。以撒献祭的故事成为人们千古传颂的佳话，刻画了一个人的虔诚。

以撒长大成人后，娶妻利百加，为亚伯拉罕添了一对孪生孙子——以扫和雅各。为兄以扫以狩猎为主，为弟雅各则以务农为主。一日，以扫狩猎回来，口渴难耐，为了一碗红豆汤将自己的长子权渡让给了弟弟雅各，在继承权问题上出局。这样，亚伯拉罕、以撒、雅各祖孙三代组成了以色列民族的最初家族，被后人誉为以色列民族的三位"族长"。他们生活的时期在以色列历史上又被称为"族长时期"，可以说是以色列人历史的开端。

根据当时的习俗，雅各成年后回乡到舅舅家娶妻，先后娶了两姐妹利亚和拉结，并与妻子的婢女交媾，因此生育众多。他的第一个妻子利亚给他生了六个儿子，分别是流便、西缅、利未、犹大、以萨迦和西布伦。此外，妻子利亚的婢女悉帕给他生了两个儿子，分别是迦得和亚设。第二个妻子拉结给他生了两个儿子，分别是约瑟和便雅悯，拉结的婢女辟拉也给他生了两个儿子，分别是但和拿弗他利。这样加起来，雅各共有十二个儿子，家族开始人丁兴旺，践行和实现神对雅各所说的"你要生养众多"的诫命。

一次，在雅各回到父亲以撒身边的途中，路过一渡口，发生了与神角力事件，打得难解难分。之后，神对雅各说："你现在叫雅各。从今以后不要再叫雅各了，要叫以色列。"于是，雅各改叫"以色列"。随着时间的推移，雅各的后代繁衍发展成十二个支派。由于十二个支派均是雅各的嫡系后代，故"以色列"成了一个民族的称谓。随着雅各后人的兴旺发达，一个新的民族很快出现在人类历史的舞台上。

第 2 章

奔向"应许之地"：犹太家园的始拥

在亚伯拉罕意识到作为独一神的上帝存在后，上帝不仅开始向亚伯拉罕显现，而且对他晓谕道：

> 你要离开本地、本族、父家，往我所要指示你的地去。我必叫你成为大国。我必赐福给你，叫你的名为大，你也要叫别人得福。为你祝福的，我必赐福与他；那咒诅你的，我必咒诅他。地上的万族都要因你得福。（《创世记》第 12 章 1—3 节）

出现在《圣经》文本中的这几行简短的文字被认为是"应许之地"（the Promised Land）概念的由来。根据经文所示，上帝晓谕亚伯拉罕前往的地方即为上帝应许赐给以色列人的土地，传统上称"古迦南地"，以色列人习惯称之为"以色列地"。《圣经》上这一段文字被以色列人视为他们拥有那块土地的契约凭证。不仅如此，以色列人还以自己的实际行动践行上帝的神谕，在始祖亚伯拉罕的带领下踏上了迁徙之途。正是以色列先人的这一迁徙之举开启了以色列人拥有民族家园的历史。

严格地说，亚伯拉罕是在遵循上帝的旨意离开了原居住地，离开了信仰多神的族群后，才真正拥有了我们今天所说的"犹太人"身份。虽然人们也了解亚伯拉罕的先人以及所属的群体，譬如他的父亲母亲，然而，在犹太传统看来，以色列民族始于自亚伯拉罕以降的人群，在他之前的人均不属于以色列民族。很显然，这是一种极为独特的认知，但犹太的传统就这样认定自身。在踏上征途后，以色列人不再是原来族群中的一员，而是成为一个新的群体，走上了一条从一个不同族群过渡到一个不同民族的发展道路，这是其一。

其次，亚伯拉罕尽管身世并不贫寒，拥有财产和侍妾，但并非帝王将相之辈，无疑仍然属于普通人之列，起码在他离开自己出生地之前是这样。亚伯拉罕之所以成为（或者说被后人认定是）一个民族的始祖，完全是由于他思想的变化和他所采取的颇为奇特的迁徙行动。以这一方法叙史，特别是把一个民族的开端与一个人的思想变化联系在一起，在我们迄今所了解的人类上古历史上不仅是第一次，而且很可能是唯一的一次。从某种意义上说，这一开端之说不仅界定了犹太人日后规范"何为犹太人"这一认定标准，而且有可能是在预示以色列文化对人们的价值独特认知起作用的同时，还表明以色列民族从一开始就有一点"与众不同"。

有论者云：通过对独一神信仰的全盘接受，一个民族被安排走上了一条将他们与周边其他民族分离的道路，演绎出一段将永远地对众多人和民族产生影响的历史。

据以色列人自己保存下来的传说记载，亚伯拉罕是在公元前 1800 年左右，遵循上帝的旨意，带着自己的家人和财产，离开祖辈生活的两河流域，前往被视为"应许之地"的古迦南地，即以色列人所说的"以色列地"，或今日世界通称的巴勒斯坦地区。这才有了我们在第一章开头描绘的迁徙一幕。

迁徙到古迦南地的以色列人从当地人那里获得了一个新的称谓——"希伯来人"。这是最早用来称呼以色列人的一个专门称谓。该称谓中的"希伯来"（英文拼写为 Hebrew），一般被认为来源于"Habiru"一词，其含义为"自河（指幼发拉底河和底格里斯河）那边过来的人"，形象地表明了他们的籍贯来历。

不管怎么说，在这块上帝应许的新的土地上，伴随着这一新的称谓，一个新的、独特的民族也就出现在人类历史的舞台上了。如果仔细研究一下该地区的民族迁徙史，人们便不难发现，在上古时代，迁徙是生活在这一地区的人（特别是对于生活在其中的游牧民族而言）的一种十分常见的生活方式。"逐水草而居"是对游牧民族生活方式的形象描述，尽管这类迁徙的距离有限，当时的人们只是在一个有限的范围内来回流动，但是，由于人口的增长，这里的居民每隔千年左右都要周期性地向外迁移一次。史学家希提对这一迁徙行为有着一个十分形象的比喻："就像一个大蓄水池一样，池里的水太满的时候，难免要溢出池外的。"从人类学的角度看，以色列人很可能就是两河流域这一大蓄水池中溢出水的一部分。

　　不过，亚伯拉罕的这一迁徙唯一令人费解的是，与绝大多数从贫困地向富庶地的迁徙不同，有人认为他做出的迁徙举动是一次从富庶之地向贫困地迁徙的行动。日后一些犹太学者对于亚伯拉罕率领家人离开祖辈生活的家园，从相对富庶发达的地区吾珥迁徙到相对贫瘠的迦南地一事做出了不同的解释。在他们看来，亚伯拉罕的迁徙举动绝非一次普通的迁徙，他离开家园一定有着不同寻常的意义：离开有着"背离""决裂"的意味，迁徙包含着"追求"的含义。因此，传统的犹太教认为，亚伯拉罕是遵循上帝的旨意，在上帝的指引下进行迁徙的，是为了一种精神上的追求。犹太史学家埃班据此认为：（犹太人的这次迁徙）是为了与两河流域盛行的偶像崇拜决裂，追求一种全新的信仰。犹太学者罗斯的解释更为理想化，他认为亚伯拉罕"是因为看到了某种更崇高的事物，并希望能够达到一种更为完美的精神境界才离开自己的家园的"。尽管这类解释不是建立在史料的基础之上，却在某种程度上更加真实地反映了犹太人历来把信仰作为生活最高目标的特征，甚至完全可以说是属于另一层次上的"历史真实"。

　　古迦南地与两河流域（特别是亚伯拉罕祖辈生活的苏美尔地区）相比，显然属于"欠发达"地区，这里自然条件险恶，到处荒山野岭，饥荒频发。不过，话说回来，古迦南地亦并非纯粹的蛮荒之地。早在人类文明史开始之初，它就是连接两河流域文明和埃及文明的地理通道或纽带，是该地区以外政治力量的一个舞台，同时还是一处交通要道，是古代世界该地区最重要的一条商路，或者说，是文明的一个十字路口。

　　在古迦南时代的早期，即公元前第三个一千年中，定居点就一直存在，如在青铜时代早期（大约公元前 28 世纪），该地区一个叫作罗什－哈尼卡拉的地方就已经有过一个小规模的定居点，显示了人类生活的轨迹。

在该地区进行的数次考古发现证实，沿海地区相当数量的物品来自美索不达米亚。这些物品表明该地区与美索不达米亚有着紧密的贸易联系和人员往来。若干民族和部落在亚伯拉罕到来之前就已经在那里生活了。

古迦南地是三大洲（亚洲、非洲和欧洲）的交汇之地，不仅各种古老的文明在这里留下烙印和影响，自非洲孕育出的最早直立人应该说就是沿着该路线从非洲大陆走向欧洲和亚洲大陆的，而且各个时代的列强，如埃及、亚述、巴比伦、波斯、希腊、罗马等都曾在这里厮杀争夺过。该地区的地理特征对来到这里生活的犹太人文化的孕育、发展和扩散产生了重要影响。此外，迦南地的历史历来与地中海地区的历史交织在一起，当地居民长期以来与地中海沿岸的其他国家的人民保持着联系，人员往来和物品交流几乎从来没有间断过。

凡此种种，使得古迦南地成为上古时期人类世界的一个舞台。也正是在这个舞台上，以色列人在随后的近两千年时间里演绎出了本民族历史上最为辉煌的部分，同时还演绎出了具有以色列文化乃至世界文化元典意义的部分。

与此同时，古迦南地一向以饥荒频发闻名，缺水少雨导致旱灾不断。好在与其邻近的古老国度埃及是一个肥沃之乡，成为周边民众避灾之地。在雅各生活的年代，迦南地出现的一次大饥荒使得雅各及其家人不得不跑到邻近的埃及避灾。众所周知，埃及是古代中东地区另一重要文明发祥地。埃及自其两部分——上下埃及统一后，就已经成为一个地区强大的势力。公元前2500年左右，埃及便进入了相对繁荣的时期。政治走向成熟，体制稳固，文学活动开始出现，金字塔的建造进入鼎盛时期，众多屹立在尼罗河畔的巨型金字塔和恢宏的神庙见证着埃及的辉煌和兴旺。

肥沃的尼罗河不仅孕育出了光辉灿烂的古埃及文明，而且它的三角洲地区还是中东地区的"粮仓"。生活在埃及周边地区的人，特别是生活在迦南地的人，在饥荒降临时去埃及避居是司空见惯的事。相传，早年的亚伯拉罕就曾带着家人去那里躲避过饥荒，不过，饥荒过后不久，便又返回成为自己家园的以色列地。

第3章

出埃及：摆脱奴役，奔向自由

大约在公元前 1600 年，由于饥荒再次来袭，雅各及其家人不得不再次来到埃及避灾。据认为，雅各及其家人来到埃及的年代是在喜克索斯人统治埃及的时期（约公元前 16 世纪）。据称，以色列人因雅各儿子约瑟的非凡才华受到埃及法老的善待，在埃及生活了约四百年的时间。不过，以色列人的历史称之为"寄居"，以突出以色列人在埃及生活的暂时性。

圣经《出埃及记》详细记录了以色列人在埃及生活四百年的情景。其中"约瑟的故事"对以色列人在埃及生活经历的开端进行了极富戏剧性的描述。故事的主人公约瑟是雅各与爱妻拉结所生，而且是雅各老年得到的一个小儿子，因此对他的疼爱胜过对其他所有儿子的爱。父亲的偏爱使得约瑟的哥哥们十分妒恨约瑟。一次，众兄弟外出放牧，看着身着单独为他缝制的彩衣的约瑟嘚瑟的样子，众兄长气不打一处来，继而起了杀意，有了谋害约瑟的想法，但碍于手足情，最终没有杀害约瑟，而是决定把他卖给往埃及去的商人。返回家的兄长为了向父亲交代约瑟的去向，在父亲面前谎称约瑟遭遇不测，被袭击羊群的野兽给吃了，还向父亲出示了带血的彩衣。雅各无奈，只能以泪洗面。

买下约瑟的商人转手把他卖到了埃及。在埃及，约瑟最后被卖给了法老的内臣、护卫长波提乏。波提乏见约瑟聪明伶俐、勤劳能干，很是喜爱，于是把他当作管家，留在家中管理家政。谁知，波提乏在家寂寞的妻子被年轻俊美的约瑟深深吸引，开始勾引约瑟。然而，波提乏妻子的引诱遭到了品行正直的约瑟的坚决拒绝。数次勾引不成的波提乏妻子恼羞成怒，竟然在丈夫面前诬告约瑟起意强奸自己。波提乏轻信了妻子的诬告，把约瑟投入法老的大牢。在狱中，约瑟结识了法老的酒政和御膳长，这两人因为得罪了法老也被囚禁在这里。百无聊赖的酒政和御膳长整天思考自己今后的结局，各自做着十分奇怪的梦，然而却百思不得其解，不知是凶是吉。于是他们把梦告诉了约瑟。约瑟以自己的聪明才智为酒政和御膳长解释了他们所做的梦，结果十分灵验。约瑟非凡的释梦能力给酒政和御膳长留下了深刻的印象。

两年后，埃及的法老做了令其不安且恐惧的梦。在他的梦中，七穗细弱的玉米竟然吃掉了七穗饱满的玉米，如此奇怪的梦显然预示着什么。于是，法老召集了自己一向倚重的术士和占卜家，但是没有一个能够做出解释。事实上，整个国家都无人能解。在一筹莫展、十分焦虑之际，被释放出去的酒政想起了具有非凡释梦能力的约瑟，把他推荐给了法老。一心想知道凶吉的法老差人从狱中将约瑟提到宫中为自己解梦。在上帝的启示下，约瑟成功释梦，法老得以未雨绸缪，避免国家在面临七年连续饥荒巨灾时破产。法老因此大悦，重用约瑟，委派他管理国家。从此，约瑟就当上了埃及全地一人之下万人之上的宰相，负责管理埃及所有的事务。

发生在埃及的饥荒也同时降临在邻近的以色列地，引起了粮食的短缺。出于无奈，雅各打发儿子去埃及买粮度荒。当他们被当作来自周边的探子带到约瑟面前时，约瑟一眼便认出这些人是谁，涌上心头的手足情使得约瑟情不自已。他喝退左右的人，放声大哭，对他的兄长说：“我是约瑟。父亲还在吗？”众兄长听了无不惊恐万状，生怕约瑟因他们的不良前科惩罚他们。然而，心地善良的约瑟却对他们说：“不要因把我卖到埃及自忧。这是神派我在你们之前来到埃及，为的是保全全家人的性命。你们赶快回去告诉父亲，将父亲、你们的儿子、孙子，以及所有的家人统统带来。这次发生的饥荒还要持续五年时间，我要在这里奉养你们。”众兄长大喜过望，回去把这一切禀告了父亲。于是雅各带着全家投奔约瑟。

来到埃及后，约瑟把父亲和兄弟领去觐见法老。法老赞赏约瑟的亲情观，恩准他们在埃及住下。在尼罗河三角洲的歌珊地落户的约瑟一家就这样开启了以色列人在埃及寄居的历史。

时间一过就是数百年。历史学家认为，很可能是在法老拉美西斯二世时期（公元前 1304 年—公元前 1213 年），由于他们以色列人的身份，新的法老不知约瑟为何人，不再优待约瑟的后人，以色列人开始受到不公正的对待，逐步沦为奴隶，失去了做人的自由。不仅如此，新继任的埃及统治者采取的民族排斥和迫害政策使以色列人开始面临民族灭绝的危险。

"摆脱奴役、获得自由"成为不甘终生为奴的以色列人的不二选择。幸运的是，此时的以色列人中出现了一位名叫"摩西"（Moses）的了不起的英雄人物。摩西原本出生在一个以色列人家，当时埃及统治者因担心以色列人繁衍太快，有可能威胁到自己的政权，于是下令处死所有新出生的以色列男婴。为了躲避杀身之祸，其母不得不在摩西出生后，将其放置于一只由纸莎草做成的蒲包中，丢入尼罗河让其漂泊，希望有人收养。在河水中漂泊的摩西最终被在河边沐浴的埃及法老的女儿收养，并在宫廷中长大。

成人后摩西在上帝的召唤下，承担起带领沦为奴隶的以色列民众逃离埃及的使命，开始了全民返回"应许之地"——以色列家园的行动。《出埃及记》把以色列人这一逃离埃及的行动同样描写得绘声绘色，特别是摩西与法老的斗法更是引人入胜。一开始，由于埃及统治者不愿失去为自己奴役的奴隶，坚持不让以色列人离开。只是在上帝强有力的干预下，法老在一连遭受十灾打击之后，才不得不允许以色列人离去。在穿越红海过程中，上帝对以色列人的眷顾更是得到了淋漓尽致的表现。红海的海水为以色列人开出一条道，让他们安全穿过，而奉命追击的埃及军队则葬身海底，全军覆没。

以色列人在摩西带领下为了摆脱奴役获得自由而离开埃及之举，被认为是具有特别意义的行动。日后人类历史上曾多次以"过红海"的表述来象征人们对自由的渴望。以色列人出埃及的行动第一次显示，在他们的记忆里，迦南地——上帝允诺给他们的"应许之地"，是自己的故乡故土，是他们在外乡罹难时唯一一个能够想到返回的家园。为了纪念这一奇迹般的救赎，以色列人设立了一个至今仍然被全体犹太人隆重庆祝的节日——逾越节。

以色列人安全过了红海后进入西奈半岛。在重新进入迦南地的途中，以色列人在该半岛的旷野里游荡了近四十年。对于为何以色列人需行走四十年才得以返回应许之地这一历史之问，犹太学者做出了这样的解释：由于以色列人已经在埃及数代为奴，跟随摩西出埃及的这一代人很可能奴性十足且根深蒂固。上帝希望看到进入应许之地的以色列人具有自由人的身份，否则他们很有可能表现出奴隶的品行，并不能像自由人那样行事。而四十年的时间可以确保曾经沦为奴隶的老一代人自然消亡，新一代是作为自由人成长起来的。在这游荡的四十年中，以色列人的民族意识得到了加强，以独一神思想为基础的犹太教开始发展起来。摩西在西奈山接受神谕，从上帝手中获得"十诫"法版的故事表达的就是这一思想。这成为日后以色列人最本质思想的第一次系统表达。

根据犹太教的传统，以色列历史上发生的最为重要的事件是，摩西在公元前1300年登上西奈山与上帝交流。在西奈山上，上帝通过摩西将《圣经》，即以色列人所说的《托拉》，授予了全体以色列人。该事件在确认以色列人与上帝之间立有契约的同时，还表达了这样一个重要的观念：以色列人在同意接受《托拉》的时候实际上就同时接受了上帝委以的重任——成为外邦人之光。

《圣经》上是这样说的："我耶和华凭公义召你，必搀扶你的手；保守你，使你作众民的中保，作外邦人的光。开瞎子的眼，领被囚的出牢狱，领坐黑暗的出监牢。"这样，成为外邦人之光、为全人类修补世界成了以色列人的神圣使命。以色列人从上帝那里接收到的这一目标明确、具有动力的世界观成为日后他们成功的基石和动力。

摩西从西奈山上下来时，手中捧着的是两块上面刻有被视为人类道德基本规范"十诫"的法板。这十条诫命从此被确定为世世代代以色列人必须遵循的道德伦理标准，规范了作为上帝"选民"的以色列人必须遵循的日常行为准则。《圣经》中，将手捧法板从西奈山上走下来的摩西的精神状态描写成脸上"发光"。而基督教使用的《圣经》文本将"发光"（karan）一词错误地翻译成"长角"（keren）。文艺复兴时期著名雕塑家米开朗基罗的旷世名作《摩西》塑像就是根据这一错误的翻译而创作出额头上带角的摩西形象的。

　　当摩西最终带领以色列人抵达约旦河东岸的摩押平原时，已经是120岁了。知道自己的大限已至，他发表了临终遗言。他告诉以色列子民上帝是他们的救世主，请求他们要永远侍奉上帝，遵守上帝的诫命。

　　以色列人终于在肉体和精神上彻底摆脱了奴役状态，踏上了上帝应许给他们祖祖辈辈为业的土地。①

---

　　① 到目前为止，我们所叙述的关于以色列人的一切活动基本没有被有价值的史料确证，严格意义上的历史学家甚至完全不能同意对以色列人早期历史进行上述这一番叙述。他们认为，上述的一切过于戏剧化以至于不可能是真实的历史。在他们看来，在公元前13世纪定居迦南地以前，所谓的"以色列人"并不一定源于同一祖先，有统一血统，来源和历史背景也很可能完全不一样，极有可能是操同一种语言的不同部落群体组合而成，是经过数百年时间的涤荡，在接受犹太教规范的传统思想和生活习俗后逐渐形成的一个共同体。

　　然而，基于传说的上述一切却早已深深融入以色列人所认同的"历史"之中，成为以色列人的一种集体意识。无论是对于以色列民族而言，还是对于以色列文化而言，这样的"历史"才是犹太民族的"真正历史"。实际上，这一传说史不仅重要，而且成为影响日后犹太人思想的决定性因素。正因如此，以色列人才形成了民族的血缘之本和共同历史。传说奠定了以色列民族发展的根基，使其有了统一的历史渊源。

　　不仅如此，以色列民族的上述部分传说经历还成为世界文化史上极具寓意的事件，如以色列人出埃及一事就是其中典型一例。在上古时代，一个民族（或部落）沦为另一个民族（或部落）奴隶的事可以说是司空见惯，没有其他任何一个民族像犹太人那样把对待受奴役一事，把民族的自由，把人的自由权利，看得比一切都重要。此外，他们反抗奴役的方式也"与众不同"，并不是采用"传统"的揭竿而起，用武力进行反抗，而是用脚"投票"，以全民集体离开奴役他们的国家的方式对人类的暴政说"不"。正因如此，以色列人当年出埃及、跨红海事件历来被看成是人类"摆脱奴役，奔向自由"之举，是"挑战性地宣布了人类的权利"之举，是代表革命的激情和推动社会前进的事件。

　　无论如何，以色列人离开埃及，返回上帝的"应许之地"，重新定居以色列地，标志着以色列民族历史一个新阶段的开始。同时，其历史也进入了有史可据的年代。在我们进入下一章之前，拟有必要对本书犹太民族称谓的使用做一说明。犹太人获得的第一个称谓是"希伯来"（Hebrew）。该称谓除了指代希伯来人外，同时指代犹太人最早使用的语言"希伯来语"。犹太民族获得的第二个称谓是"以色列"。我们在以上章节中一直使用"以色列"来称呼今天人们习惯使用的称谓"犹太人"，其原因是记载犹太人早期历史的《圣经》一直使用"以色列"这一称谓称呼那一时期的犹太人。"犹太"（Jew）是犹太民族获得的第三个称谓。该称谓出现在后圣经时代，即罗马时代，特别是罗马人焚毁犹太圣殿，将以色列人赶出其家园以色列地之后使用的一种称谓。不过，为了方便读者的习惯，我们将从下一章起，恢复使用"犹太"这一称谓指代犹太民族。

第 4 章

从支派联盟到国家的诞生

犹太人于公元前 13 世纪自埃及重新进入迦南——这块上帝应许给他们的家园——不是一次简单的搬迁和定居，因为这时的迦南已经被另外一些个同属闪米特语系的其他部落族群占有并在此定居。逃离埃及的犹太人不得不打进迦南，重新征服它。

历史表明，犹太人对迦南的重新征服不是一次轻而易举的行动，而是一个缓慢且艰难的过程。《圣经》中用不少篇幅描写了犹太人的征战。犹太人与生活在那里的许多部落，如亚摩利人、亚门人、耶布斯人、迦南人都打过仗，有过战事。以色列人征服的第一座城市是迦南古城——耶利哥。在犹太人最终重新征服迦南后，当时的统帅约书亚将征服到手的土地在犹太族群的十二个支派（即组成犹太民族的部落）中进行了分封，由各支派自行管理。

定居迦南的最初一百五十年为犹太人历史上的"士师时代"。士师（Judge）在希伯来文里含义为"审判者"。他们在组成犹太民族的十二个支派中发挥着组织、领导和调解社会矛盾的作用，可以被视为当时的领导者。士师时代是犹太民族成长壮大，逐渐融合成为一个统一民族的时代，而且还是犹太人家园不断巩固和发展的时代。当然，更为重要的是犹太历史进入了一个有史可据的信史时代。

士师时代也是犹太人不断定居和巩固其在迦南地存在的一个历史过程。同时生活在古迦南地的还有其他民族和部落。他们与犹太人之间时

古城耶利哥遗址　徐新　摄

而发生战争，时而共享和平。除此之外，生活在迦南地周围的部落不断侵犯，导致战争不断。而属于不同支派的犹太人此时主要是以松散的部落联盟形式维系在一起。有战事时，走到一起打仗御敌；没有战争时，则分散各自管理自己的事务，过着务农、放牧的生活。

犹太人在古迦南地的定居从总体上看卓有成效，取得了成功。很快，迦南地成了犹太人的真正家园，成了实际意义上的"以色列地"。但他们的敌人也一直存在，尤其是公元前 1050 年左右来自地中海欧洲一侧希腊诸岛屿的"海上民族"——非利士人对他们的威胁巨大。非利士人依靠先进的铁制武器和精诚团结，屡屡从以色列地的沿海向内陆侵犯推进，给犹太人的社会和生活造成极大的威胁。《圣经》中提到的力士参孙故事讲述的就是犹太人与非利士人发生激烈冲突的情形。

在士师时代，犹太人还说不上是一个团结紧密的民族群体，士师权力的局限和不稳定决定了他们无法改变犹太支派各自为政的分散局面。各犹太支派不仅各行其是，相互间有时还发生矛盾冲突，更为重要的是以色列人的生活经常受到周边部落的威胁。为了有效抗击来犯的非利士等外族，分为十二个支派部落的犹太人开始意识到统一王权对于民族存亡的重要性，于是产生了有一个"民族王"的想法："就像其他民一样，有王治理，统率我们出征作战。"

德高望重的大士师撒母耳本无意立王，因为犹太传统一向认为上帝就是以色列人的王，而且是唯一的王，没有谁能够取代上帝的位置。然而，民意如潮且难以违抗，因为王权在周边所有民族组成的国家中是一核心要素，是将人民集合在一起的力量。犹太人自然也希望有一个自己的国家，而不仅仅是一个部落联盟。撒母耳在无法违背民意的情况下，最终在便雅悯支派中挑选出一位叫作扫罗（Saul）的人，并膏他为犹太历史上的第一位国王（约公元前 1028 年起在位）。

有了王之后，犹太历史上的"士师制"便过渡到了"君主制"。撒母耳这一用油抹的方式膏立人为王的做法在日后一直影响着基督教和中世纪欧洲"君王神权"的继承——后来均按照撒母耳的做法册立新王。

其他民族的历史通常把王的出现看成是历史之使然和必然，犹太人的典籍却在一开始就把王的出现描写成是一种"恶"（若是用后来人们对王权的认识来解释，也许可以用"不可缺少的恶"来形容）。大士师撒母耳对有王统治的"恶"和弊端有过一段入木三分的精彩揭露。他对要求立王的犹太人如是说：

> 管辖你们的王必这样行：他必派你们的儿子为他赶车、跟马、奔走在车前；又派他们作千夫长、五十夫长，为他耕种田地，收割庄稼，打造军器和车上的器械；必取你们的女儿为他制造香膏，作饭烤饼；也必取你们最好的田地、葡萄园、橄榄园赐给他的臣仆；你们的粮食和葡萄园所出的，他必取十分之一，给他的太监和臣仆；又必取你们的仆人婢女，健壮的少年人和你们的驴，供他的差役；你们的羊群他必取十分之一，你们也必作他的仆人……（《撒母耳记》第 8 章 11—17 节）

王还没有出现，就如此列举有王的"恶"和弊端，并把这样的话语记录下来，在人类历史上恐怕是第一次。如此把人的权利与王权对立起来，反映了犹太民族早在数千年前对统治者固有压迫本性一面的深刻认识。而同样的认识，西方社会是在文艺复兴后才真正意识到的。

士师时代是以色列各支派形成一命运共同体的时代，而王权的出现则把分散和各自为政的犹太共同体完全统一了起来，真正意义上的统一犹太民族开始出现。

扫罗成为犹太历史上第一位王标志着犹太民族统一的开端和统一王国建立的开始。农民出身的扫罗王为了犹太民族的统一大业和安全福祉一生征战，是他第一次将各自为政、构成犹太民族最初血脉的十二个支派统一起来，组成一支劲旅与敌人作战。他本人更是身先士卒、出生入死，屡次击败了若干土著人以及从沿海向山地扩张的海外入侵者非利士人，曾先后占领了谢费拉地势较高的地方，控制了迦南地中部山区和约旦河东岸，最后战死在疆场。此外，在任王的 20 年中，他为以色列带来了极大的繁荣，民族国家开始有了雏形和模样。

继承王位的是大卫（David，在位时间约公元前 1013 年—公元前 973 年），以骁勇善战闻名天下。青少年的大卫就曾单枪匹马打败了一个名叫歌利亚的非利士巨人而声名鹊起。犹太人在著名的大卫王时代终于完成对异族的征战，建立了以耶路撒冷（意为"和平之城"）为首都的第一

公元 3 世纪绘制的撒母耳膏大卫为王图

个犹太民族的王国。由于历史并没有记录下由大卫王建立的国家名号，历史学家通常称之为"希伯来统一王国"。

希伯来统一王国的建立可以说开创了犹太古代史上最辉煌的篇章，犹太民族终于有了一个属于自己的民族国家。大卫王通过征战和盟约的方式拓展了王国的疆域，使犹太人控制下的地域大大超出了古迦南地的范围：不仅包括大马士革、希伯仑这样的城市，而且东北方抵达幼发拉底河，东南方至亚喀巴湾，西南方抵埃及边界。

耶路撒冷，这个原来叫"耶布斯"，在该地区并不起眼的外邦人要塞，由于被选定为王国的京城而从此与犹太人的历史联系在一起，成为犹太人心中永恒的都城。耶路撒冷从此名扬天下，成为世界历史上最为著名的京城之一。而这一切得归功于大卫王，大卫王的名字也紧紧与耶路撒冷联系在一起（耶路撒冷亦被称为"大卫城"，City of David）。

大卫王还从一名耶布斯女子手中购买了一块位于一座叫作"摩利亚"的小山（今称"圣殿山"）上的打谷场，该地是耶路撒冷城中的最高点。大卫王计划在上面建造一座圣殿，作为上帝的居所、存放神圣约柜的场所和犹太民族崇拜祭祀的中心。

大卫王本人不仅是一位英明的统帅和政治家天才，而且还是个文采飞扬的杰出诗人，圣经《诗篇》中的若干诗歌都被认为是出自其手。更为重要的是，正是由于大卫王的出现，以色列的历史才有了连续性和方向感。大卫王虽出生在犹地亚的一个农民家庭，但他凭借着自身的能力和才华，在有生之年把一个相互争斗不断的部落群体改造成一个强大且团结的民族共同体，并以公正和正义治理国家和人民。大卫王理所当然地被视为犹太历史上最伟大的君主之一。

大卫王驾崩后，其小儿子所罗门（Solomon）继位。所罗门王在位的时代是一个犹太人享受和平的时代，国家基本没有受到任何战争的蹂躏，王国与周边国家建立了密切的联系和友好的关系。处于太平盛世的所罗门王，于公元前956年前后，根据其父的遗愿，在耶路撒冷其父购置的打谷场上，兴建了一座供犹太民族一直信仰崇拜的上帝居住的宫殿，史称"第一圣殿"。圣殿的建成被视为是所罗门王的一大政绩。

圣殿的建造和启用是犹太民族历史上一个极其重要的事件，更是犹太人精神信仰生活的象征。圣殿建成后旋即成为犹太人的主要祭祀中心以及

位于耶路撒冷的大卫王衣冠冢　徐新 摄

国家政治管理枢纽，犹太文明的核心内容——犹太教终于有了一处能够将所有犹太人维系在一起的场所。此后，犹太民族对上帝的献祭崇拜仪式都在那里举行，一整套围绕圣殿崇拜的礼仪仪轨被制定出来，并受到了强化。显然，犹太人的宗教信仰和民族意识因圣殿的出现得到了增强。

在犹太民族的历史上，该圣殿建成到毁灭的这段时期被称为"第一圣殿时期"。也正是由于圣殿的存在，作为希伯来统一王国京城的耶路撒冷从此成为犹太民族心目中的中心，耶路撒冷的"圣城"地位从此确立。

之后编撰而成的犹太文化的第一经典《圣经》对耶路撒冷崇敬有加，书中直接提及就多达 677 次，间接提及则达上千次，足见它在犹太人心目中的地位。可以说，世界上几乎没有其他任何一座城池，在如此之长的历史时期，享有耶路撒冷在一个民族心目中所享有的荣耀。不仅如此，后来在犹太人面临一系列民族灭绝的危险时刻，建在该城的圣殿成了鼓舞人心的一种符号象征，为犹太民族的长存提供了巨大的精神支撑。

所罗门王功勋卓著，除了建造圣殿外，他还开辟了商路，开发了自然资源，在国内大兴土木建设国家。通过订立条约和联姻，所罗门王进一步巩固了与周边民族的关系，他与非洲示巴女王联姻的故事生动地说明了这一点。希伯来统一王国因此成为该地区一个颇为繁荣富强的国家。所罗门王本人还因其卓越的聪明才智被视为古代国王智慧的典范，他在两名女子同时声称是一孩子母亲的案情审判过程中智慧的表现成为千古传诵的佳话。

在所罗门王治理下，希伯来统一王国在政治、经济、文化和外交等方面显然取得了前所未有的、引人瞩目的成就。国家得到发展，人口和城市的数量都有大的增长。

然而，所罗门王的私生活奢侈，放荡无度，先后一共拥有千名嫔妃，其中 700 名出身皇族。他同时追求异族女子，不仅娶了法老的女儿，还娶了许多信奉异教的外邦女子，加上王室开销巨大，致使他晚年逐渐背离了犹太人的传统。此外，为大兴土木实行的高税赋增加了民众的负担，以及对生活在京城天子足下南方支派的不当偏袒使得北方支派深为不满。南北支派间出现了裂痕和矛盾，这为后来王国的分裂埋下了伏笔。

公元前 933 年，所罗门王辞世。犹太人内部的不和以及对权力的争夺使希伯来统一王国难以为继，终于一分为二，十二支派分道扬镳。

第 5 章

兄弟阋墙　国家灭亡

如前所说，所罗门王时代辉煌的同时也埋下了危机。正可谓"成也萧何，败也萧何"。从某种意义上来说，所罗门王时代的辉煌是建立在繁重的苛捐杂税上，而且不同支派的税负并不均等，这引起了北方若干支派的不满。当公元前933年所罗门去世时，王位由其少不更事的小儿子罗波安继位。不久，要求修改税制的请愿书就递了上来。在遭到拒绝后，王国发生了大规模叛乱。耶罗波安本为所罗门的一名年轻将领，曾经负责修补耶路撒冷的城墙。当时所罗门没有善待工匠和为他服务的仆人，且在晚年奢靡挥霍，因此耶罗波安展现出对所罗门的不满。当所罗门了解到此事以后，立马派人去杀耶罗波安。耶罗波安闻讯逃到埃及，直到所罗门死后，才重新返回以色列，并带领北方十个支派脱离罗波安的统治。

耶罗波安领导的反叛结局是：犹太人十二个支派中位于京城耶路撒冷以北的十个支派在所罗门王去世后不久宣布独立，分裂出去，继而组成了北方王国，史称"以色列王国"（Kingdom of Israel）。以色列王国一开始以示剑为京城，最后定都撒马利亚。其余的两个支派（犹大支派和便雅悯支派）则组成了南方王国，史称"犹大王国"（Kingdom of Judah），仍以耶路撒冷为都城。

此后犹太民族兄弟阋墙，纷争不断，时而还会兵戎相见，致使犹太人的总体实力大减。在当时群雄崛起、征战抢夺不断的近东地区，没有实力实际上就意味着灭亡。事实上，由于自身实力不济，这两个分裂的犹太人国家的存亡在很大程度上只能依赖与周边大国的关系以及时间。

　　位居北部的以色列王国一开始依仗人多势众，地理条件优越，经济实力相对较强，所处的战略位置也较为重要等优势，一直试图控制和吞并犹大王国。然而，王国内部严重不和，权力争夺激烈。在其存在的 200 余年中，9 次"改朝换代"，王位的继承基本上靠武力或阴谋实现。王国先后有 19 人称王，在位时间最短的仅 7 天。与此同时，国人信仰混乱，不能坚守犹太教独一神传统，偶像崇拜盛行，社会风气日下，伦理道德败坏，传统思想文化遭到抛弃和破坏，国家的力量因此江河日下。

　　更为不幸的是，统治者对时局判断失误，在与周边强权打交道时不能把握方向。先后对以色列王国造成威胁的有埃及人、亚兰人和亚述人。公元前 722 年，北方地区崛起称霸的亚述终于发展成为一地区帝国，挥戈南下。此时与埃及结盟的以色列王国再无法抵御亚述强大军队的进攻，被一举拿下而灭亡。亚述帝国的统治者为防止占领地民众聚集造反，执行了一种将被征服民族分散到本族居住地以外地区的政策。这样，组成以色列王国的十个支派的犹太人在亡国后被分散流放到亚述各地。

　　组成以色列王国的十个支派远离故土，加之王国的民众早将传统丢失，无法保持和传承犹太民族的固有信仰和文化，久而久之被当地人同化消化，这十个支派从此不知去向，成为历史上著名的"丢失的十支派"。即便是留在当地的犹太人也因传统丢失，与外族人通婚，成为历史上所说的"撒马利亚人"（有犹太血统的外邦人），犹太人的特质丧失殆尽。

　　位于南部的犹大王国人少、国小、地偏，长期生活在以色列王国的阴影之下，在地区事务中所起的作用更是微不足道。然而王国内部纷争却不多，王室基本一脉相传，可谓偏安一隅。以致强大的征服者对其没有多大兴趣，因此较少受到外部侵扰并侥幸躲过了亚述人对耶路撒冷的洗劫，没有落到以色列王国那样亡国的地步。不过，亚述帝国当时在整个地区称霸的态势，使得犹大王国成为亚述帝国的附庸。附庸的地位不仅表现在政治上依附和听命于亚述，而且还反映在社会生活和思想上，亚述式的生活方式和宗教影响日渐扩大，异神崇拜甚至进入圣殿，造成犹大王国国内信仰混乱，民心不一。到了约西亚王时代，犹大王国趁亚述式微，进行了一场清除异教影响的运动，史称"申命改革"，这一混乱局面才出现改观。

据称，改革的起因是在修复圣殿的过程中，大祭司发现了一部藏匿多年的《律法书》手稿，约西亚王深为《律法书》内容打动，故以此为契机，以《律法书》中内容为准绳，下令在圣殿和民众生活中清除外来文化的影响，净化民族信仰，确立独一神教思想的独尊地位。这实际上是一次围绕犹太民族信仰进行的全民宗教纯洁运动，运动触及王国生活的方方面面和社会的每一个人。申命改革的成功进行最终还是没能挽救犹大王国灭亡的命运，但是，应该说对于犹太人民族信仰的加强和民族的留存起到了十分重要的积极作用。思想文化的巨大作用可见一斑。

在数千年前的中东地区，帝国交替出现，王国兴衰转换是一种常态。不可一世的亚述帝国在不到两百年的时间里变得风雨飘摇。随着亚述帝国的土崩瓦解，犹大王国曾试图借机向沿海地区扩张，但持续的时间甚短。历史到了公元前 7 世纪末，当又一个帝国——新巴比伦决意在该地区称霸时，犹大王国的灭亡也就在所难免了。

公元前 597 年，新巴比伦王尼布甲尼撒二世率军攻破耶路撒冷，掳走犹大王约雅敬，立西底家为傀儡国王。十年后，犹大王国试图借埃及力量反叛新巴比伦，最终导致尼布甲尼撒二世再次率军前来征讨。公元前 586 年，在新巴比伦的强大进攻面前，犹大王国无力对抗而遭受灭顶之灾，京城耶路撒冷连同圣殿一道被毁。《圣经》这样记载："尼布甲尼撒王掳走了所有的耶路撒冷人，包括全体官员、军士、艺人和工匠，共达万人。只有极贫穷的人被留了下来。"

犹太民族历史上的"第一圣殿时期"就此结束。犹太人完全独立的历史也就此终结。失国的犹大王连同数万名犹太上层人士和精英学者被征服者——新巴比伦帝国掳至千里之外的巴比伦，过着囚虏般的生活，史称"巴比伦囚虏"。"巴比伦囚虏"尽管只持续了半个世纪，但在犹太历史上却有着十分重要的地位和影响。

犹太人自出埃及以来一直生活在属于自己的国土上，从来不用担心采用什么样的生活方式。作为一个主权民族且人口在所生活的社会上处于主体地位时，其民族性根本就不是问题，也用不着去考虑如何维系之类的问题。然而，在巴比伦囚虏期间，情况不一样了，犹太民族不再是一个主权民族，在人数上也不再是大多数，四周异族的影响往往是巨大的、决定性的。历史上，不知有多少民族因身陷这样的境地失去了自己的民族性，最终消失得无影无踪，连犹太民族的重要组成部分、所谓"丢失的十支派"也是在这种情况下失去踪影的。然而，生活在巴比伦的犹太人却并没有因此走上中东地区无数古老民族所走过的"失落""消亡"之路，而是找到了一种独特的能够将犹太民族凝聚在一起的方法。

客观地说，犹太民族的留存与巴比伦人对犹太囚虏的处置方法有直接的关系。有关这些被掳者的生活历史资料表明，巴比伦人并没有真正奴役他们，既没有对他们施以监狱式的囚禁，也没有将他们强行分散开来，而是允许他们在一个相对集中的地区生活。这一结果对保持犹太人之间的联系起到了十分重要的作用，使被掳和遭流放的犹太人流而不散，并有可能经常聚集在一起。巴比伦的统治者，特别是尼布甲尼撒二世的继任者以米罗达还善待犹大王国的一些上层人士，如公元前 561 年，犹大王约斤雅在监狱被释放并获得一笔膳食费。因此，严格地说，在近五十年的巴比伦囚虏时期，只有公元前 586 年至公元前 562 年可以算是犹太人的受难期。公元前 562 年至公元前 538 年，已经可以说是生活在那里的犹太人的自由期了。更为奇特的是，犹太人固有的宗教习俗基本上不受干扰，除了行动受到一定的限制外，犹太人仍然是自由人，有权从事任何职业，经营任何行当，富有者甚至可以拥有奴仆。这一系列的政策使得被掳至巴比伦的犹太人能够相对自由地生活，发挥自己的才干。在这样一个宽容的社会中，巴比伦犹太人不仅生活得到了改善，生活水准很快就超过他们在故土时的水平，而且在人口上也有了较大的增长。据认为，在巴比伦囚虏之初，世界上犹太总人口大约只有 12.5 万。五十年后，单是在巴比伦的犹太人数已超过 15 万。巴比伦犹太人的繁荣和强盛对于犹太民族而言十分重要，因为他们是犹太民族未来之希望。

巴比伦囚虏事件在犹太民族心灵上造成的最深远影响莫过于犹太人对故土、对圣殿、对耶路撒冷不尽思念之情的培育。失去了国家，失去了圣殿，被迫离开上帝允诺的"应许之地"的犹太人身居异乡——巴比伦，却一刻都没有忘记自己的故国，没有忘记自己的家园，没有忘记他们为自己所独钟的上帝建造了圣殿的耶路撒冷。圣经《诗篇》第 137 篇对沦为巴比伦囚虏犹太人思念故国的内心世界作了最为淋漓尽致的描述：

我们曾在巴比伦的河边坐下，

一追想锡安就哭了。

我们把琴挂在那里的柳树上。

……

我们怎能在外邦唱耶和华的歌呢？

耶路撒冷啊！我若忘记你，

情愿我的右手忘记技巧。

犹太人因沦为巴比伦囚虏而对故国产生的深切思念之情实际上就是人们所说的犹太人的"回乡观"。随着巴比伦犹太人不能在短时间内返回故国，这种思乡观渐渐演变成为一种民族愿望，希望有朝一日能够重返故国、重返锡安、重返耶路撒冷，复国兴邦的思想开始在犹太民族心中深深植根。当这种思想与犹太先知所宣扬的特殊宗教救赎信念结合在一起后，便逐步形成后人称之为犹太复国主义思潮的最初形式。尽管这种思潮在当时是以宗教信仰为基础的，但它的存在一直影响着犹太人与其故土——以色列地的关系。事实上，在第一圣殿被毁、犹太民族沦为巴比伦囚虏时，他们产生了期待上帝救赎、期待救世主降临帮助犹太民族摆脱苦难、返乡复国的宗教信念，这种信念对犹太民族与故国之间从来没有完全中断过的联系起着决定性的影响，并导致19世纪政治犹太复国主义运动的出现和20世纪现代以色列国的最终建立。研究犹太复国主义运动史的专家拉克就曾指出："考察犹太复国主义的起源应以散居在外的犹太人的思想、祈祷文和梦想中的锡安山这个中心为起点。"在第六届犹太复国主义代表大会上，犹太复国主义运动领导人赫茨尔为了表达自己对锡安的忠诚，举起右手，借用上述《诗篇》中的语句宣告："耶路撒冷啊！我若忘记你，情愿我的右手忘记技巧。"足见巴比伦囚虏事件的深远影响。

巴比伦囚虏事件的影响还不仅于此，它与圣殿被毁事件一起极大地增强了犹太民族宗教意识。鉴于宗教是留存犹太民族的一条极其重要纽带，也是上古时期犹太历史得以延续的重要依托，因此，考察犹太民族在巴比伦囚虏时期宗教思想的发展就显得格外重要。这一发展首先表现在犹太民众对待先知的态度上。

从犹太教发展的历史看，先知的作用是十分重要的，对待先知的态度直接关系到民众对宗教所持的态度。有希伯来学家指出："在巴比伦囚房事件之前，犹太民众对先知的预言一直将信将疑，经历被俘的严酷事实后，他们感悟了先知在各个时期对君王和众民的警戒、劝勉和谴责，以及预言和应许都是真实可信服的。被俘时期中，先知的权威地位在犹太民众中大大提高了。"在这一形势下，犹太教心灵化和抽象化的倾向开始出现。这种犹太教心灵化和抽象化的倾向具体表现在犹太人新宗教思想的酝酿上。首先，各种各样的异神和偶像崇拜被彻底清除，"申命改革"的成果得到了巩固，完备的独一神论思想最终形成。

在犹太先知的宣传鼓吹下，原先被认为是犹太人的民族神现已被视为世界性的神，一个掌管治理着整个宇宙的神。先知所教导的上帝既不看重礼仪，也不喜爱祭祀，他对人的唯一要求是遵守道德诫命、行善和认识上帝等一系列观点受到越来越多人的重视和接受。

其次是犹太会堂的出现和祈祷的运用。由于圣殿被毁和囚居巴比伦，犹太人再也无法在圣殿祈祷和敬献祭品，他们所信仰的宗教也已不能通过有形的教会来组织传播。特别是犹太圣殿被毁使得犹太信仰开始失去了其传统的实体性表现形式。巴比伦犹太人在这一问题上的立场将直接影响到其宗教是否能够得到保存。先知耶利米根据犹太人面临的新形势提出：人们不论在什么地方，即使远离圣殿，也可以通过自己的专心祈祷接近上帝。这一解释，对于圣殿祭祀中心的神学传统来说显然是一个创造性的突破，而对于被掳之民的现实处境来说，更具有实质性的意义。在先知以西结的指导下，巴比伦的犹太人开始在安息日和其他犹太人节日到来时聚集在一起，或是祈祷，或是学习，或是回忆以色列曾有过的荣耀，或是讨论生活中出现的新问题。聚集场所渐渐地固定下来，成为人们定期前去举行集体祈祷和表达信仰的地方，其宗教上的作用相当于圣殿。这种民众聚集场所就是人们后来所说的犹太会堂的最初形式。

以会堂代替圣殿，以会堂聚会代替去圣殿崇拜，以无形言辞的祈祷代替有形物质的献祭是巴比伦犹太人的伟大创举。这种聚会形式和崇拜方式，逐渐发展成为犹太教正规的组织和崇拜形式，即犹太社团的会堂崇拜。

需要指出的是，犹太会堂与当时中东地区极为常见的异教庙宇差异很大。犹太会堂的"宗教活动没有献祭，不拜偶像，也无需祭司，以往的古代世界从未发生过类似事情。这里的活动是由会众们诵读经文、祈祷、唱赞美诗，以及口头讲解经文、念诵劝戒辞等构成的"。

公元前 538 年，在西亚地区崛起的另一帝国波斯出人意料地迅速征服了新巴比伦帝国，获胜的波斯王居鲁士大帝以少有的宽容政策善待在巴比伦过着屈辱生活的犹太人，不仅允许犹太人重返自己的家园，而且准许他们重建圣殿，犹太人囚居巴比伦的历史从此结束。

不过，巴比伦囚虏事件的影响和留给犹太人的启示却没有因此结束。若不是考虑到犹太民族更大的流散经历还在后头，公元 70 年第二圣殿被毁后造成的民族流散规模更大、范围更广、时间也更长，巴比伦囚虏事件不啻可以视为是犹太民族流散史上一次精彩绝妙的演练，由此而得到的经验使得犹太人拥有了一种无坚不摧的武器，可以随时随地对付敌人通过逼迫犹太民族流亡散居的方式消灭犹太民族的罪恶伎俩。由此可见，犹太民族的不灭之谜、不朽之谜的种子在巴比伦就已经种下。

第6章

回归故国　重建圣殿

在波斯称霸巴比伦期间，生活在这里的犹太人被允许离开巴比伦。大批犹太人在所罗巴伯（大卫王家族的一个后裔）的带领下返回了故土，开始重建家园和圣殿。当时的犹太人家园——以色列地遭到很大破坏，满目疮痍。原本作为犹太人京城的耶路撒冷到处是断垣残壁，连城墙都已不复存在，圣殿更是只残留下几处废墟。

对于那些在民族宗教意识的驱使下返回家园的犹太人而言，重建家园，特别是重建被毁的圣殿显然是当务之急。虽然圣殿的重建工作一波三折，但在最高祭司约书亚和先知哈该的领导下，圣殿终于在公元前516年建成，共历时二十年，史称"第二圣殿"。

尽管第二圣殿的规模和外观不如第一圣殿那样雄伟和壮观，但圣殿重建一事本身意义巨大。它象征着犹太民族不屈不挠的再生精神，象征着遭受灭顶之灾的犹太民族具有重新崛起的能力。在犹太历史上，它所发挥的作用也很大，正如《圣经》所说："这殿后来的荣耀必大过先前的荣耀。"随着第二圣殿的建成，犹太人的历史便进入了"第二圣殿时期"。

犹太历史上的第二圣殿时期，实际上是一个外部强权（先后分别为波斯帝国、希腊帝国和罗马帝国）对近东广大地区（包括犹太人的家园以色列地）实行征服性统治的时期，犹太民族事实上是没有主权可言的。不过，在不同帝国统治者的统治下，实际情况还是有所不同。

在第二圣殿时期最初两百年的时间里，犹太人的家园一直是在波斯帝国的统治之下，犹太人只是凭借波斯的宽容生存。从总体看，波斯统治者并没有过多地干涉该地区犹太人的日常事务，通常只派驻一位波斯官员负责该地区的安全并监督税收，内部事务基本由犹太人自行管理。

与重建圣殿同样重要的是在此期间进行的一场内部宗教整肃运动。从巴比伦返回的犹太人虽然已建成圣殿，但重建家园的任务依然十分艰巨。除了与外邦人之间的矛盾和冲突外，犹太人内部的贫困及经济、社会结构的分化也是重建家园面临的种种问题。而重新定居、建立自己的社会和经济生活、扩大犹太人的居住范围等，对于人数有限的犹太人而言可以说是困难重重。所幸，不断有犹太人自愿从巴比伦返回，为被毁家园的重建出力。在重建家园和保持犹太民族纯洁性的过程中，有两位著名犹太人发挥了重要作用，他们是尼希米和以斯拉。

曾经在波斯宫廷任职的尼希米两度被波斯人任命为犹太省长。在任时为确保犹太民族的独立性和社会的稳定，他指挥修建了耶路撒冷城墙，有效增强了围绕圣殿而居的犹太人的自卫能力。他招聚贵胄、长老和百姓，整理犹太社团家谱，并对犹太人社会进行了各种整顿，设立生活规范，纠正违法乱纪行为，甚至罢免与外邦人结婚的祭司，确保犹太社团的稳定发展和民族的团结。

而作为通晓律法的祭司和文士以斯拉对律法和传统忠贞不渝。当他率众从巴比伦返回，看到在以色列地的犹太民众对信仰和传统淡漠时感到忧心如焚，决心以维护犹太民族的纯洁和恢复犹太民族的传统为己任，在犹太人中大力推行一系列严格的宗教整肃措施。他宣讲律法，大力恢复律法的权威，劝诫百姓遵守律法、守安息日，与民众立约签名，发誓遵守律例。为了消除外邦人的影响，他还严令禁止犹太人与外族人通婚，甚至勒令已经结婚者离异分手。以斯拉推行的整肃措施虽然有过于严厉之嫌，但是在当时的情况下无疑还是必要的，毕竟对犹太人民族和宗教日后的留存起了很大的作用。可以说，在这以后，犹太人与传统的联系变得异常紧密，犹太教在犹太人生活中的地位得到了完全的确立，成了犹太民族的生活之道。犹太民族成为一个以圣殿和宗教忠诚为标志的特殊团体，成为在失去独立国家形态之后真正的"上帝子民"。因此，在犹太教历史上，以斯拉被认为是一位极其重要的人物。人们通常将其与早期人物摩西相提并论，认为如果没有摩西，以斯拉也会将上帝的律法交到犹太人手中。

在经过这一系列家园建设、内部整肃、消除外邦人影响后，犹太人的社会平静，生活稳定，传统文化得到巩固和加强。犹太民族得以休养生息，人口得到稳步增长。

政治上，由于波斯帝国仍为实际统治者，君主制一直没有在犹太人社会得到恢复，因此社会的权力主要掌握在主持圣殿祭祀的祭司阶层手中。这在客观上更加强化了犹太教传统在犹太社会的地位和影响力，进一步巩固了宗教对社会和人们日常生活的绝对影响。

在犹太历史上，从公元前8世纪至公元前5世纪这段时间还被称为"先知时期"。以色列社会中先后涌现出一批被称为"先知"（prophet）的特殊人群。犹太传统认为，先知是在上帝的召唤下站出来为上帝代言的人，是上帝声音的传播者，是传达神谕的人，因此，先知不是作为个体去言说，而是某种更高、更原初力量的传声筒。"他们将自己呈现给上帝，上帝将自己呈现给他们。上帝令他们说，他们言说上帝。"他们的声音因此受到民众的尊重和聆听。

以色列先知生活的时期是犹太民族内忧外患的时期，民族的盛世已经过去，国家分裂，国势渐微，贫富悬殊，道德沦丧，社会风气日下；国外强邻压境，亚述、新巴比伦和波斯等在中东地区出现的帝国先后入侵称霸，导致犹太人国家灭亡，圣殿被毁，人民沦为囚虏。

先知正是在这种严峻的政治和社会背景下登上历史舞台的。他们以上帝代言人的身份宣告神谕和预言。其所诏示的内容大多是对腐败现实的针砭、对统治者的鞭挞和对民众的教诲和警告。他们在激烈批判现实的时刻引导人民走向传统，在毫不留情谴责自己民族的过程中唤起人们为民族命运而奋斗的决心。亡国前，他们为国家的危亡而担忧，为民族的惊醒而呐喊；亡国后，他们为国家的沦丧而哀泣，为民族的复兴而呼号。他们以国家的兴衰为己任，以民族的兴亡为目标，以笔作刀枪发表对时局的看法，以火一般的语言表达对改革社会的热情，以象征的异象说明未来的必然趋势和理想世界的美景。

先知是犹太历史文化发展过程中产生的一个特殊群体，是任何其他民族历史都没有产生过的一个人群，他们实际上是犹太思想的代表人物。尽管犹太教的传统认为他们是一些替神向人说话的人，即神的代言人，或者宣讲预言的人，但实质上他们是当时社会的批评家、政治改革的倡导者和民族的精神导师。著名的先知包括早期的阿摩司、何西阿、以赛亚、弥迦等；中期的西番雅、那鸿、哈巴谷、耶利米、以西结等；后期的俄巴底亚、第二以赛亚、哈该、撒迦利亚、约珥、玛拉基等。

持续三百年的先知时期大致可分为三个阶段：

第一阶段，亚述称霸时期（公元前 8 世纪中叶至公元前 7 世纪初，阿摩司、何西阿、以赛亚、弥迦四个先知宣讲预言）。如前所说，早在所罗门王盛世，统一王国即已危机四伏。宫廷骄奢无度，贵族内讧频繁，世风每况愈下，民众怨声载道。所罗门王一死，王国随即分裂为犹大和以色列南北两国，双方兄弟阋墙，自相残杀，致使国力日衰，民不聊生。到公元前 8 世纪时，社会的不平衡进一步加剧了贫富的分化。国家的式微又招来亚述、埃及等大国的觊觎。阿摩司等先知正是在这种严峻的政治背景下登上历史舞台的。

第二阶段，新巴比伦称霸时期（公元前 586 年南国犹大亡于新巴比伦为中心事件，前后约一百年）。这是以色列民族早期历史上最惨痛的一篇。公元前 7 世纪后半叶，亚述帝国国势衰虚。迦勒底人在亚述帝国之后迅速建成一个强大的新巴比伦王国（公元前 626 年—公元前 539 年），一度成为西亚的霸主。公元前 605 年，新巴比伦大军在迦基米施战役中挫败，相继向两河流域远征的埃及法老尼哥、犹大王国臣服。公元前 597 年，新巴比伦王尼布甲尼撒二世率军围攻犹大王国京城耶路撒冷，将国王约雅斤和一批权贵、上层人士掳至巴比伦。公元前 587 年，尼布甲尼撒王再次围攻耶路撒冷，并于一年半后攻陷耶路撒冷，摧毁圣殿，数万犹大王国军民成为巴比伦的阶下囚。

第三阶段，波斯称霸时期（俄巴底亚、第二以赛亚、哈该、撒迦利亚、约珥、玛拉基等先知工作的公元前 6 世纪下半叶至公元前 5 世纪下半叶）。公元前 538 年，波斯王居鲁士征服巴比伦，成为西亚地区新的霸主。波斯统治者对管辖区内的各民族采取宽容政策，允许他们在各自的民族和宗教事务中保持独立，享受自由，并释放囚居于巴比伦的以色列人回归故里，重建圣殿。这使先知重返故国，重建圣殿的梦想得以实现。公元前 538 年至公元前 537 年，第一批回归者在所罗巴伯的带领下回到耶路撒冷，接着便举行圣殿重建的奠基礼。这座圣殿于二十年后正式落成。后来，回归者络绎不绝。公元前 500 年之后，又有两批人分别在省长尼希米和文士以斯拉的率领下返回故土。这一时期的先知有的为重返故里而歌唱，有的为重建家园而疾呼；有的缅怀旧事，对敌国发出咒诅；有的憧憬未来，描绘出理想世界的美景。

先知思想具有重直观和实践的特征。例如，在先知看来，认识上帝与行公义是同一种性质的东西。先知何西阿说：

> 我喜爱良善，
> 不喜爱祭祀；
> 喜爱认识神，
> 胜于燔祭。（《何西阿书》，第 6 章 6 节）

先知阿摩司说：

> 我厌恶你们的节期，
> 也不喜悦你们的严肃会。
> 你们虽然向我献燔祭和素祭，
> 我却不悦纳；
> 也不顾你们用肥畜献的平安祭。
> 要使你们歌唱的声音远离我；
> 因为我不听你们弹琴的响声。
> 惟愿公平如大水滚滚，
> 使公义如江河滔滔。（《阿摩司书》第 5 章 21—24 节）

先知弥迦说：

> 世人哪！
> 耶和华已指示你何为善，
> 他向你所要的是什么呢？
> 只要你行公义，
> 好怜悯，

存谦卑的心，
与你的神同行。（《弥迦书》，第6章8节）

由此可见，先知倡导的并不是抽象、思辨的伦理道德，而是在现实社会中正当、可践行的道德操行。对他们来说，在决定社会命运方面，社会正义已被赋予了举足轻重的地位。先知思想中的这种强烈伦理倾向不仅阻断了思辨的极端主义，防止思想概念化，而且形成了犹太文化以人为中心的传统。先知以坚持正义、刚直不阿、嫉恶如仇的大无畏精神，坚定地说出合乎道义的预言和话语，成为一个时代的代表。先知重新界定了犹太人与上帝的关系，改变了犹太人的罪恶与信仰概念。正是通过先知，"犹太文化为西方知识分子提供了精神上的超越性，即对现实的不完满世界产生一种不懈的改善欲望，产生一种永恒的批判，怀抱一种终极的关切，这也就是所谓知识分子的'抗议精神'"。

先知还是人类历史上最早具体表达大同理想的人，犹太教的末世论实际上就是这一思想的一种具体体现。末世论认为："在上帝的安排下，一个完美的世界终将在世界末日到来之际实现，公正和正义必将获得胜利，整个人类都将获得和平，各民族之间不再有纷争，世间万物都将和睦相处。"先知还认为生活的目标就是在尘世间建立起一个公正、和平与繁荣的社会。为此他们不吝其详地描绘了最后获得拯救的日子，即理想社会的图景：

日子将到，
耕种的必接续收割的；
踹葡萄的必接续撒种的；
大山要滴下甜酒，
小山都必流奶。
……
我要将他们栽于本地，他们不再从我所赐给他们的地上拔出来。（《阿摩司书》第9章13—15节）

到那时，举世和平，共享盛世，各民族放下武器，战争不再发生。

而这一天的到来就是弥赛亚时代的到来。先知以赛亚对弥赛亚到来时的
情景作了生动的描绘：

> 从耶西的本必发一条，
> 从他根生的枝子必结果实。
> 耶和华的灵必住在他身上；
> 就是使他有智慧和聪明的灵、谋略和能力的灵、
> 知识和敬畏耶和华的灵。
> 他必以敬畏耶和华为乐；
> 行审判不凭眼见；
> 断是非也不凭耳闻。
> 却要以公义审判贫穷人；
> 以正直判断世上的谦卑人；
> 以口中的杖击打世界；
> 以嘴里的气杀戮恶人。
> 公义必当他的腰带；
> 信实必当他胁下的带子。（《以赛亚书》，第 11 章 1—5 节）

> 他们要将刀打成犁头，
> 把枪打成镰刀。
> 这国不举刀攻击那国，
> 他们也不再学习战事。（《以赛亚书》，第 2 章 4 节）

犹太先知从宗教教义的角度，运用生动形象的语言，怀着对未来社
会的美好向往，描绘了一个理想的社会，表达了人类的大同理想，可以
说为后来西方社会出现的社会主义思想提供了最初的胚芽。

先知超越偶然事件，不受历史事件的约束，其思想也就具有了永恒
的力量。正如学者云："先知本是一批思想敏锐的社会活动家、坚强的
民族卫士和无所畏惧的时代弄潮儿……他们的著作所体现的相当程度的
民主主义性质、爱国主义精神和对独立、平等的理想世界的执着追求，
在人类文化史上将永远有其可贵的价值。"

从某种意义上来说，先知确立了犹太传统追求的目标，在精神上引导着犹太教前进。先知思想的特征决定了犹太教的本质特征，先知的历史就是犹太教形成和定型时期的历史。透过先知思想，犹太民族的思想得到最简洁、最有力的表达。先知思想在犹太民族的政治、宗教、社会、伦理学说的发展中提出了一系列公平、公正、公义、慈爱、怜悯等概念的同时，促进了社会的公正和政治的清明，净化了犹太民族的心灵，提升了犹太民族的思想境界。先知发出的声音因其伟大而在世界上响彻不绝，是犹太这个小民族能够以大声音影响世界的背后原因。

第 7 章

《托拉》正典：犹太经典的构建

在这期间，犹太民族的文化活动异常活跃。许多后来被收入犹太《圣经》中的篇章和作品都是在这一时期出现的，特别是日后被誉为犹太教经典的核心部分《托拉》也是在这一时期完成了正典化的过程。在以色列的文明史上，《托拉》文本的确认应该是极其重要的事件，尽管在现代人看来那属于文化范畴。

犹太教传统所称的《托拉》（*The Torah*）指的是《圣经》的主体和核心部分，可以说是《圣经》最早的部分。其内容和正典化过程一直倍受关注，成为历代研究《圣经》文化人士的一个研究重点。

由于历史久远和早期资料的匮乏，加上《托拉》内容的繁杂，人们对《托拉》的形成有众多不同的观点。目前在学界为多数人接受的观点是"底本说"，即认为《托拉》不是出于一个人之手，而是经过许多代人的努力，然后由来源不同的底本资料汇编而成。

"底本说"本身十分丰富，包括众多不同的观点和看法。不过，由德国圣经学家韦尔豪森（Julius Wellhausen）总结的"四底本"说最受赞许，这一假说认为《托拉》文本的资料主要来源于四个"底本"。它们分别是 J 本、E 本、D 本和 P 本。其中，J 本（其中对上帝的称谓为"雅赫维"，故又称"雅赫维本"）包含的资料最为久远，可追溯到公元前9世纪。其内容贯穿在《创世记》《出埃及记》和《民数记》之中。E 本（其中对上帝的称谓为"艾洛希姆"，故又称"艾洛希姆本"）包含的资料产生于公元前8世纪左右，部分内容与J本交织、交叉出现。D本包含的资料产生于公元前7世纪，内容为《申命记》的主要部分。P本包含的资料产生最晚，大概出自公元前6世纪前后，内容包括《利未记》的全部及《出埃及记》和《民数记》的大部分，主要代表着祭司的观点。《托拉》的编撰者利用这些底本作为蓝本，在取舍、交叉使用的过程中完成了《托拉》文本内容的最终编撰。这样，"底本说"在总体上表明了《托拉》内容的来源。

《托拉》作为一个统一体，它的编撰和最终文本的确立发生在犹太人被允许返乡和重建圣殿后的公元前5世纪。在这一政治大背景下，《托拉》的正典化可以说是犹太民族痛定思痛的结果，是对民族危机的一种文化反应，是对当时已经存在的异族文化（特别是波斯文化）冲击和影响的一种防卫行动。为了用犹太传统律法重新整顿社会生活，规范犹太人的言行举止，维护犹太民族的纯洁性，以著名祭司以斯拉为首的犹太知识分子开启并完成了《托拉》文本的编撰工作。《托拉》最终文本的确立过程即为《托拉》正典化的过程。一般认为全部工作在公元前440年前后完成。

正典后的《托拉》（又称《律法书》或《摩西五经》）由《创世记》《出埃及记》《利未记》《民数记》和《申命记》五卷书组成。它主要反映的是创世、人类早期历史、犹太民族始祖的生活、以色列人在埃及的经历，以及在摩西领导下离开埃及后在旷野游荡四十年的历史，犹太教的律法最初均来源于这一部分，历来被认为是在公元90年正典的《希伯来圣经》主体。

《创世记》（共50章）讲述的是世界和人类被创造出来的过程、人类社会的史前史，以及犹太人族长时期的故事。独一神思想和犹太人作为一个与上帝立了约的选民思想得到最初的表述。

《出埃及记》（共40章）讲述摩西的身世，摩西如何在上帝的参与下与埃及法老斗法，带领犹太人摆脱奴役、逃离埃及，以及在西奈山接受《摩西十诫》的故事。犹太人追求自由、集体与上帝立约、逐步成为一个统一民族的过程得到了展示。

《利未记》（共27章）重点讲述犹太教诫命、祭祀例律、礼拜仪式和条例等内容，确立了犹太教早期一系列立法规定和祭司阶层的地位。

羊皮经卷《托拉》

《民数记》（共 36 章）主要讲述犹太人离开西奈山后在西奈半岛和迦南南部旷野游荡四十年的经历，其中包括对犹太人口的统计、与当地人的冲突和宗教例律的设定等。

《申命记》（共 34 章）叙述了四十年旷野游荡行将结束、犹太人将要进入应许之地时，摩西对犹太人谆谆教诲一事。内容以摩西之死结束，犹太教的一系列诫命得到了重申。

《托拉》的正典标志着犹太文化的核心——独一神思想最终确立，标志着被认为是代表犹太信仰最完善形式的犹太教进入了成熟阶段。犹太民族终于有了一个能够连接所有犹太人的最有效的精神纽带。

正典后的《托拉》受到犹太人的极大尊重，犹太民族渐渐形成了诵读《托拉》的习俗，规定定期对《托拉》的指定部分进行吟诵。按犹太教有关规定，诵读时，犹太会堂的人数必须达到法定教徒人数（至少需有十名以上成年男子在场），诵读必须在正式礼拜仪式中进行，必须使用羊皮《托拉》经卷。《托拉》诵读作为犹太教古老礼拜仪式中的一项独特活动，从第二圣殿时代起就已成为犹太会堂仪式中的一个有机组成部分。然而，人们在追溯它的起源时，仍把摩西看成是该活动的创始人。犹太哲人认为，摩西在世时，一直试图在安息日、节日和新月日推行对圣书的诵读活动。后来，从巴比伦返回的犹太先知以斯拉着手整顿犹太教时，把《托拉》诵读推广到每周一、周四以及安息日午后的仪式中去。这一做法在拉比犹太教初期得到了进一步发展，有了一定的表现形式，各诵读部分开始有了特定的名称，每次被请去诵读的教徒人数以及每周诵读的内容逐步固定下来。然而，诵读活动真正发展成为一种习俗，具有系统化、陈式化的特征，是在《塔木德》时代开始的公元 3 世纪。这时，以巴勒斯坦和巴比伦为主的两种诵读周期形成。巴勒斯坦诵读习俗根据三年中的星期数把《托拉》分成 175 个章节，这样正好在三年的时间里将《托拉》全部诵读一遍。这一诵读周期习俗在 13 世纪前后逐渐消亡。巴比伦诵读习俗则根据一年中的星期数（以犹太历闰年为准）把《托拉》分为 54 个章节，这样正好在一年的周期中将《托拉》全部诵读一遍。由于正常年份只有 52 个星期，加上部分安息日与重大节日重叠，诵读《托拉》活动必须停止，为确保在一年内将《托拉》诵读完毕，故又规定有些安息日诵读的内容必须"拍双"，即诵读两个章节。等到西姆哈托拉

约柜：存放《托拉》经卷的柜子

节到来的那一天，过去一年的《托拉》诵读周期正好结束，新的《托拉》诵读周期随即开始。这种周而复始的循环，象征着犹太民族诵读《托拉》的活动永不停止。目前，这一最初产生于巴比伦的习俗已为全世界犹太人所接受。

犹太会堂举行的《托拉》诵读仪式庄严、热烈，洋溢着一种节日的喜庆气氛。诵读开始前，会众都要起立，目迎《托拉》经卷从约柜中取出，在诵读台上放好。诵读完毕后，会众要再次起立，目送《托拉》经卷放回约柜中去。在诵读过程中，每请一位教徒，人们都要吟诵"祝福我们的祖先"颂词。诵读完毕后，还要把《托拉》经卷高高举起，人们齐诵读《摩西在以色列人面前陈明律法》之颂词。有幸在这时举起《托拉》经卷，并将经卷展示给会众的人被称为"高升者"。随后，另一位教徒被请上来与之一道将经卷卷起，放回约柜。

由此可见，《托拉》的正典成为犹太文化史上最重要的事件之一。根据犹太教的传统观点，犹太教的所有教义、信条、思想均直接从《托拉》中产生。在犹太教看来，《托拉》所包含的内容如同宇宙一样博大深邃。《托拉》作为《圣经》的核心，理所当然被看成是"一座壮丽的纪念碑"，其影响"甚至远远超过所罗门圣殿"。

正因如此，今天人们所谈论的"文明轴心时期"犹太民族做出的沉甸甸的贡献，实际上指的就是正典后的《托拉》文本。犹太史学家通常将这一时期形容为"一个在人类文化编年史上只有雅典的'黄金时代'或是意大利的'文艺复兴时期'能与之相媲美的文学活跃时期"。

第 8 章

马加比起义：文明抗争，民族权利的恢复

历史到了公元前 331 年前后，欧洲希腊帝国崛起，马其顿王亚力山大大帝开启的东征以及对近东地区的占领再次打破了犹太人家园的平静，希腊帝国的统治者取代波斯统治者对犹太人进行管理。犹太人生活的家园就这样和近东其他地区一道，成为幅员辽阔的希腊帝国的一部分。据历史记载，亚历山大大帝是在过去一千年中唯一一位没有下令摧毁犹太人京城耶路撒冷的征服者，足见他的胸怀不一般。希腊帝国在公元前323 年亚历山大死后分裂为三个部分：在欧洲的马其顿王国，包括希腊及周边地区；托勒密王国，主要统辖埃及、巴勒斯坦地区和爱琴海诸岛；塞琉古王国，统辖着叙利亚、黎巴嫩、小亚细亚的部分地区、伊拉克和伊朗。不过，犹太人的家园先后被盘踞在埃及的托勒密王朝和以叙利亚为中心的塞琉古王朝统治管辖过。

在随后的希腊化时期，席卷地中海地区的希腊化运动在犹太人的家园也声势浩大，影响深远，例如，马其顿和希腊的移民在那里建造了近三十座设有希腊式祭坛、竞技场和剧院的新兴城镇。希腊式生活方式的多元性和开放性尽管对一部分犹太人，特别是上层人士，具有一定的吸引力，但广大犹太民众因为独特的信仰和崇拜传统，对希腊式的生活提不起兴趣。而希腊统治者对其生活方式的执意推行，不可避免地会导致对犹太人传统生活方式的冲击，使决意固守自身文化传统的犹太人最后不得不进行一场捍卫民族文化传统的斗争。

这场斗争随着塞琉古王朝对犹太人家园的统治，特别是安条克四世时期实行敌视犹太教的政策而加剧。统治者安条克四世不仅对耶路撒冷犹太人的圣殿进行了掠夺，在耶路撒冷犹太圣殿里竖起希腊神祇奥林匹亚宙斯的祭坛，从事异教崇拜，而且下令宣布犹太教为非法，焚烧《托拉》经卷，禁止犹太人守安息日和其他犹太节日，禁止犹太人为新生儿行割礼，并强迫犹太人放弃犹太教饮食礼仪、逼迫他们吃不洁的猪肉，对违反这些禁令的犹太人实行严厉的迫害。无数犹太人因此遭到杀身之祸。

然而，犹太人在迫害面前宁死不屈、英勇献身的事例数不胜数，最为著名的是德高望重的犹太圣贤以利亚撒面对迫害时做出的反应。圣贤以利亚撒是一位受人尊敬的长者，素来过着犹太人的传统生活。一日，他被带到塞琉古王朝的统治者面前，安条克四世试图拿他开刀，推行希腊式生活方式，命令他在大庭广众面前吃掉祭在希腊神祇奥林匹亚宙斯祭坛上的猪肉。面对现场大批犹太民众，安条克四世这样对以利亚撒说："你要好好想想，只要把这猪肉吃了，你就可以活命。"希望通过对他的规劝，瓦解犹太人拒绝希腊化的意志。然而，已经年过九旬的以利亚撒大义凛然，拒绝从命。安条克四世恼羞成怒，下令对他进行严刑拷打。掌管祭品的人都是以利亚撒多年的朋友，他们不忍心看着他遭受如此酷刑。其中一位悄悄对他建议说："我们拿给你的肉是洁净的肉，你尽管放心吃。不过要假装是在吃猪肉的样子，这样你就不会被处死了。"这一出于好心的建议仍然遭到恪守摩西律法的以利亚撒坚决拒绝。他宁可去死，也不愿意向统治者妥协，更不愿意以此欺骗自己虔诚的民众。以利亚撒最后被安条克四世毒打而亡，成为历史上有记载的殉教犹太义人。

最为惨烈的迫害例子是塞琉古统治者对哈拿及其七个儿子的杀害。哈拿是一位普通犹太妇女，生育有七个儿子。在塞琉古王朝统治期间，他们因为坚守犹太自身的传统遭到统治者的逮捕。统治者逼迫他们在吃猪肉和死亡之间做出选择。哈拿的第一个儿子被拉出来表态，这位上帝子民大声告诉统治者，他宁死不愿背离自己的传统。统治者非常恼火，当着他母亲和其他六位兄弟的面，下令割下他的舌头，剥去他的头发，砍掉他的手足，最后把他扔入油锅。在残忍地杀害了哈拿的第一个儿子之后，统治者并没有善罢甘休，用同样的残酷手段对待哈拿的第二、第三、第四、第五和第六个儿子。然而，这些上帝的子民无一例外地选择了赴死。儿子们为信仰从容就义的凛然正气得到了母亲的赞许。

极度失望的统治者最后只能寄希望在最小的儿子身上。他们千方百计地对他进行引诱，允诺给他钱财和名声，赐他大公的爵位，只要他愿意放弃祖先的传统，在大庭广众面前食用猪肉。谁知，小儿子压根不理睬统治者的诱惑，和他的兄长一样恪守摩西律法，坚定地选择赴死。恼羞成怒的统治者竟然采用比迫害其兄长还要残忍的手段将他折磨至死。在折磨死他之前，统治者居然劝孩子的母亲做工作，然而，哈拿以十足的勇气对儿子说了这样一番话："不要惧怕这个屠夫。心甘情愿地舍弃自己的生命，从而证实你配得上自己的哥哥。这样，依靠上帝的怜悯，在复活之时，我还会把你和哥哥们一起接回来。"在母亲的鼓励下，小儿子对统治者厉声说道："你还等什么？我拒不服从你的命令。我只服从摩西赐给我们祖先的律法上的诫命。"在小儿子被折磨死之后，母亲哈拿也接受了同样的命运，从容就义。

母亲哈拿和她的七个儿子大义凛然、视死如归的气概对后世产生了巨大的影响，连中世纪的基督教都把他们称为"烈士"，封为圣人加以纪念。例如，在中世纪的艺术作品中，母亲哈拿出现在圣母玛利亚的身旁，儿子们被画成握着七把剑的天使。

犹太民族在历史上虽曾遭受过多次严重打击，但他们的宗教活动从来没有被禁止过，现在塞琉古王朝竟然宣布他们的宗教、他们的传统生活方式为非法。这对于始终固守自己文化传统的犹太人来说可谓"是可忍，孰不可忍"。安条克四世的倒行逆施引起犹太人的无比痛恨，受到如此迫害的犹太人终于在公元前168年揭竿而起，打响了反对塞琉古王朝的起义。一场武装的反抗起义就此爆发，史称"马加比起义"。

起义在犹地亚地区一个叫作莫迪因的小镇首先打响，并很快得到广大民众的响应。犹地亚地区是孕育犹太传统的摇篮，生活在那里的犹太人有着强烈的传统意识。当安条克四世的官员在莫迪因的小镇设希腊祭坛，强迫当地的犹太人在祭坛前按异教礼仪献祭时，祭司马他提亚（Mattathias）和他的五个儿子以及犹太族人坚决不从。他们再也无法忍受安条克四世政权的倒行逆施，杀死了强迫人们献祭的朝廷命官，接着又捣毁了祭坛，从而打响了反对塞琉古王朝的起义。

他们采取灵活的游击战术进行抗击战斗，同时号召所有的犹太人加入起义的行列。民众纷纷响应，参加起义队伍，其中包括众多主张严格遵守摩西律法的哈西德派。经过一段时间的锤炼，犹太起义者以灵活机动的迂回战术，以少胜多，积小胜为大胜，逐步赢得了战斗的主动权。公元前166年前后，起义领导人马他提亚不幸战死，他的第三个儿子犹大·马加比（起义被称为"马加比起义"的缘由）毫无畏惧地挺身而出，成为抗敌起义的新领导人。在他领导的第一次战斗中，他就以勇敢与指挥才能大获全胜，抓获了安条克四世的卫队指挥官与一些官员。起义军队开始向京城耶路撒冷挺进。

公元前165年犹太历基斯流月，也就是相当于公历的12月，马加比终于成功进军耶路撒冷，收复了遭希腊异教亵渎的圣殿。起义者净化了圣殿，清除了异教痕迹。为了纪念这一事件，犹太人将每年的基斯流月25日作为庆祝这一胜利的节日——哈努卡节的首日。

面对马加比起义的节节胜利，疲惫的塞琉古王朝统治者不得不做出一定的妥协和让步，宣布放弃先前的一些反犹太教的政策，允许犹太人按照自己的传统方式生活，犹太教重新受到了尊重。起义者获得自主自治权利后最终建立起了具有半独立性质的马加比王朝（公元前143年—公元前63年），国号为哈斯蒙尼（Hasmonean）。马加比起义遂成为犹太历史上少有的一次反抗异族迫害并取得完全胜利的起义。

马加比起义从一开始就不是一场政治运动，也不是民族独立战争，而是一场捍卫信仰和传统文化的斗争，是一种有意识的抵制异质文化之举，所以这显然是一次文明的冲突。因此，起义获得胜利的意义非常重要，它不仅仅体现在政治上或者犹太人获得了自主自治权上，更为重要的是，它是犹太民族捍卫自身信仰的胜利，是犹太人创造并坚持的独一神信仰思想对希腊人所推行的多神偶像崇拜的胜利。正是这一胜利使得犹太人开创的独一神信仰得以留存，并在日后影响到世界其他两大独一神信仰——基督教和伊斯兰教的出现。

设想一下，倘若马加比起义失败，犹太教思想便很可能从此不复存在。如果以独一神信仰为基础的犹太教在当时消失，那么，我们今日所熟知的西方社会的信仰体系和伊斯兰教大概就根本不会出现。因此，在犹太历史上，马加比起义胜利的意义远远超出了它的直接成果，其历史意义无论如何评价也不会过高。

此外，马加比起义完全可以视为是犹太民族文化自觉的一种表现，是犹太民族把自己创造的文化看成如同生命一般珍贵的东西，需要用鲜血来捍卫的一种表示。从历史上看，这一时期中东众多民族族群可以说是不断消亡，是中东诸民族创造出的辉煌灿烂上古文明逐步丢失的年代。但由于犹太人对自己文化的固守和捍卫，以犹太教为核心的犹太文化不仅得到了保存，成了中东地区唯一留存下来的一种文明样式，而且还得到了进一步的发展。

犹太教在马加比起义胜利后一度成为一种对外传教的宗教，许多生活在中东地区的土著民族纷纷皈依犹太教就是最好的说明。后来成为犹太人王的希律实际上就是来自一个以土买人的皈依家庭，犹太教的影响可见一斑。

马加比起义也带来了政治上的影响。马加比起义胜利后，犹太民族建立了国号为哈斯蒙尼的王朝。尽管这只是一个半自主性质的王朝，整个地区依然在塞琉古王朝的统治下，但犹太人开创了一个新的历史时期，是自犹大王国被灭亡以来，犹太人第一次真正享有自治的权力。

回望历史，哈斯蒙尼王朝可以算是犹太民族史上的又一个辉煌时期。哈斯蒙尼王朝的几位王扩大了王朝的版图，为国家带来了大量的财富。在亚历山大·亚奈王统治时期（公元前 103 年—公元前 76 年），王国的疆域扩张达到了最大。在他之前，他的兄弟犹大·亚里士多布鲁已经征服了加利利。亚历山大·亚奈王从塞琉古那里得到了沿海的斯特拉顿诺·佩各斯城（后来称之为凯撒利亚）以及多珥城。亚奈王还占领了迦萨，并继续向南推进。亚奈王时期，以色列地沿海平原的犹太化进程得到了加强，统治者用驱逐非犹太人和让更多犹太人来此定居的方式使城市犹太化。自此，沿海城镇的希腊化特征逐渐消退，开始与哈斯蒙尼王朝融为一体。

第9章

罗马暴政　犹太战争

　　不过，以抵制希腊化、维护犹太自身传统为宗旨的哈斯蒙尼王朝的建立并没有能够完全阻止希腊思想影响的深入，毕竟希腊文明具有的历史高度是摆在那里的。特别是在耶奈王之后，王朝的继任者对当时在世界上成为主流的希腊化生活方式的追捧，以及家族内部出现的分歧和对王位的争夺，导致正在崛起的罗马帝国对王朝内部事务进行干涉。此时的罗马人已经在军事上和政治上击败希腊人，在欧洲建立起罗马帝国，并开始了对周边地区的征战。罗马帝国的将军庞培于公元前63年趁哈斯蒙尼王朝内乱率军占领了耶路撒冷，犹太人的家园从此沦为罗马帝国行省的一个组成部分。哈斯蒙尼王朝时期则随着罗马统治的开始而宣告结束，犹太人开始生活在罗马人的统治下。

　　罗马帝国铁蹄踏入耶路撒冷意味着犹太民族的灾难开始。城内的1.5万犹太人被屠杀，巴勒斯坦因此长期被纳入罗马帝国的版图。在罗马统治者野蛮残暴统治期间，犹太人先后举行过八次大规模起义，但均遭到了血腥镇压，历史认为有近百万犹太人遭到杀戮。罗马统治者为防止犹太人的反抗，将耶路撒冷内幸存的犹太人全部掳往欧洲卖为奴隶，劫后余生的犹太民族作为一个整体被强行驱逐流散到北非、小亚细亚、欧洲一带，结束了犹太民族在巴勒斯坦生存繁衍的历史，犹太人开始成为有家无国、流散世界的民族。

　　在犹太人爆发起义之前，罗马人对犹太人在政治上的统治具有双重性：一方面派出罗马巡抚，掌握最高的政治行政权力；另一方面又任命犹太王，让其拥有一定的治权。这时成功获得王位的是希律家族，该家族统治的时期史称"希律时期"。

大希律王（Herod the Great，公元前 37 年—公元前 4 年在位）在罗马人的庇护下实行极端的专制暴政统治。他生性多疑、冷酷无情、手段残忍，被他处死的人不计其数，包括四十五位王国的贵族成员、他的妻子和两个儿子都先后被判处死刑，上了绞刑架。故王国流传这样的一句话："宁可做希律的猪，也不愿成为他的儿。"

然而，大希律王在位期间，以色列却处在一个经济和社会发展的繁荣兴盛时期。大希律王当政后，在以色列地大兴土木，其规模超过先前任何一个时期。这场大兴土木运动的高潮是对圣殿山上圣殿的重新维修，维修规模之大是当时世界上其他任何地方无法比拟的。圣殿辉煌壮丽的程度令他的众多对手都感到吃惊。与此同时，希律王还建造了凯撒利亚城和撒马利亚城。不过，最为重要的是他对都城耶路撒冷的不断扩建，同时还在城里建造了许多希腊风格的公共建筑。保存至今的著名西墙（或曰"哭墙"）实际上就是希律王维修圣殿时加固墙体的一部分。由于异常牢固，该墙一直屹立两千年不倒，成为今天犹太民族和以色列最著名的圣地之一。

在罗马人统治期间，暴政和异族统治引起了犹太人社会的急剧动荡和不安，导致犹太文化生存危机的再次出现。此外，由于犹太人社会、经济地位的分化和对异族统治采取的不同政治态度，犹太民族内部自哈斯蒙尼王朝以来开始出现的派别种类越来越多。犹太教内部就出现了数以百计的宗派团体，他们试图从不同的角度和立场向社会发表自己的看法，从不同的角度解释世界，寻找救赎的方法，慰藉人生。在这些众多派别中，真正在犹太人社会上发挥作用并具有影响的是：以祭司为代表的圣殿当权者、希腊化上流贵族和富商组成的撒都该派；由以解经为生的文士阶层组成的法利赛派；注重虔修祈祷殷切盼望救世主"弥赛亚"来临的艾赛尼派；以及由激进好战人士组成的奋锐党人。

这些派别是当时犹太人社会的中坚力量，有必要进一步介绍。

撒都该派：是掌握社会权力的一个阶层群体，由犹太民族中的祭司、贵族和富商组成。在巴比伦流放归来后的犹太社会中，祭司一直被视为犹太民族的精神领袖，无论是占据高位的亚伦系祭司还是占据低位的利未系祭司，都以他们对圣殿的神圣义务和严格的祭祀仪式统治着这个由犹太教教义维系并以圣殿为中心的犹太社会。不仅如此，祭司还是社会事务的仲裁者和对族人进行文化控制的执行者。到了罗马时代，以祭司为代表的圣殿当权派与希腊化上流贵族、富商组成犹太历史上的一个派别，称之为"撒都该派"。在政治上，撒都该派基本屈从于罗马人的统治；在生活上，由于享有管理耶路撒冷圣殿的特权，以圣殿为生活中心的撒都该派具有严格的组织结构。在他们的心目中，圣殿是神圣和纯洁的中心，越是远离这个中心，世界就变得越污秽，因此，他们并不关心以色列在世界各民族关系中的历史意义。在文化上，撒都该派坚持要按字面意义解释被视为成文法的《托拉》，一切观点如果不能直接出自《托拉》或从《托拉》中引申而出，都将受到怀疑和拒绝。这种教条主义的僵化做法使得犹太传统文化失去了应有的生气，无法应对新形势下犹太民族所面临的问题。后来，在公元70年犹太圣殿被焚毁之后，撒都该派因失去依托而不复存在。

法利赛派：主要由当时以解经为生的文士阶层组成，可以说是犹太民族中的知识分子阶层。法利赛派认为在解释《托拉》时不应盲从《托拉》中的文字，而应该用上帝赋予的理性进行解释，因此，他们拒绝撒都该派那种只按字面意义解释《托拉》的做法，反对排斥成文法以外的犹太律法的观点，而是在尊重成文法的同时接受犹太民族的口传法传统，主张在更广泛的意义上来把握《托拉》的精髓。在具体解释每一条律法时，法利赛派更是着眼于其精神，挖掘其深层含义，不断赋予律法新的、更加切合此时此地条件、易为人接受的意义。圣殿被毁后，法利赛派即成为史书所说的"拉比"派。

艾赛尼派：其成员主要来自以农牧民为主的社会下层人民。他们经济地位低下，但信仰虔诚。出于对罗马统治的不满和对现实的失望，艾赛尼派多避居偏僻山区、死海沿岸，建立互助集体社团，过着清贫苦修的生活，以期从日常生活的污秽中隐退到自己纯洁的修所，注重虔修祈祷，殷切盼望救世主"弥赛亚"的来临。与法利赛派不同，他们脱离社会，脱离圣殿，比法利赛派更严格地禁欲。他们反对世俗的奢华安乐，主张过淡泊清贫的生活，严守安息日。安息日的全部时间用作祈祷、默想与读经。艾赛尼派社团组织严密，加入者需经历一年的考察期，然后举行正式的入会仪式，包括宣誓和行洁净礼。誓词包括对上帝始终虔诚；对人公正，憎恨邪恶，维护正义；不存非分；不偷窃，不隐瞒，不出卖兄弟。研究认为，"基督教"的最早雏形"拿撒勒派"与该派有着千丝万缕的联系，早期基督教的不少思想亦来源于它。

奋锐党人：由激进好战的犹太人士组成。罗马人的统治和暴政，特别是对犹太教的迫害导致了这一派别的出现和壮大。尽管奋锐党人在宗教观点上与法利赛派相近，但他们是弥赛亚救世主义者，相信异族统治者将被驱逐出圣地，上帝将统治犹太人。在政治斗争上，他们与法利赛派走截然不同的路线。他们崇尚军事民族主义，不断进行针对罗马统治者的武装反抗，是公元66年至70年那场犹太战争的发起者和中坚力量。

希律时期，罗马当局的暴虐和对犹太教的亵渎，以及希律王朝对罗马人的言听计从和对暴行的纵容，迫使犹太人多次举行反对罗马人的起义。公元67年，罗马巡抚对圣殿财物的抢掠导致了一场大规模的起义爆发。这是迄今为止犹太人反对罗马统治最大规模的起义，史称"第一次犹太战争"。

起义迅速在以色列地全境展开，起义者一度击败了罗马雇佣军，控制了耶路撒冷。面对犹太人的起义，身在罗马的帝国皇帝尼禄意识到问题的严重性，派韦斯巴芗大将率领罗马军团前往镇压。在强大的罗马军队面前，犹太起义节节败退，以色列北部地区首先被从北方开进的罗马军队占领。

公元70年，犹太人当时的政治中心耶路撒冷被罗马军队攻破，战死者数以万计。破城后的罗马人不仅抢劫盗走了圣殿的宝物，而且放火焚毁了圣殿。第二圣殿时期到此结束。

近千名犹太将士及其家人在耶路撒冷失陷后，退守到死海西岸的马萨达要塞，在那里坚守了三年时间。最后，在寡不敌众的情况下集体自杀，壮烈牺牲。由于马萨达抵抗是犹太历史上少有的一次对外族占领者的抵抗，再加上惨烈的结局，马萨达的英勇抵抗成为犹太民族"宁死不做奴隶"英雄气概的象征，是一场完全值得在犹太史上大书特书的起义，历来为人们所崇敬。

马萨达的沦陷标志着第一次犹太战争的结束和彻底失败。起义失败的后果是严重的，犹太人不仅失去了圣殿和自马加比起义以来获得的政治上的自治权，而且在自己家园的生活变得越来越困难，除了成千上万的犹太人作为俘虏被带到以色列地以外的地方，更多的犹太人开始向家园以外的地区流散。耶路撒冷残垣断壁的局面持续了六十余年。

公元129年，罗马帝国皇帝哈德良来到耶路撒冷，决定在那里建造一座异教徒的新城，取名为"爱利亚·卡皮托林纳"（Aelia Capitolina）。"爱利亚"是根据哈德良本人名字所起［哈德良的全名是普布利乌斯·埃利乌斯·哈德良（Publius Aelius Hadrianus）］，"卡皮托林纳"是根据卡皮托尔山朱比特神庙中朱比特（Jupiter）、朱诺（Juno）和密捏瓦（Minera）三位一体而起的名字。密捏瓦是罗马城的庇护神。哈德良还有意在其中建造一座罗马神殿，并禁止犹太人在新建的城中居住生活。

消息传开后激起了犹太人的极大愤怒。在公元132年建城这一天到来时，忍无可忍的犹太人在大卫王家族后裔巴尔·科赫巴领导下再次揭竿而起，发动了第二次反对罗马统治的大起义，史称"第二次犹太战争"。这次起义持续了三年半之久，还一度成功地夺回了圣城耶路撒冷。但在强大的罗马军团面前，犹太人终因势单力薄、寡不敌众，起义于公元135年被彻底镇压下去。巴尔·科赫巴起义失败的后果十分严重，不仅起义者遭到杀害，一些支持起义的学者，包括著名的阿奇巴拉比也遭到杀戮，而且犹太人被赶出犹地亚和耶路撒冷南部这两个地区。罗马统治者为了防止犹太人再进行反抗，宣布完全禁止犹太人在圣城耶路撒冷内居住。

这两次犹太人大起义以及两度被罗马统治者用暴力镇压下去的事情给犹太民族带来了巨大的损失，据历史学家估计，至少有159万以上的犹太人在这期间惨遭屠杀，1000座以上的犹太村镇被摧毁。幸存下来的犹太人被迫逃离故土，向世界各地流散。犹太民族不仅遭受了巨大的人员、财产损失，更为严重的是，犹太人从此彻底丧失了独立地位，失去自己的家园。随着犹太人被罗马帝国暴力赶出自己的家园故土，以色列历史进入了人们通常所说的长达一千八百年的"大流散时期"。

犹太民族的古代历史部分到此结束。犹太人之后的历史只能在犹太民族故土以外的地方延续，尽管不胜凄惨悲凉，却也有精彩纷呈之处。

中 篇

逐出家园：千年流散史

第 10 章

民族留存的法宝　传统文化的构建

众所周知，在公元 70 年第二圣殿被毁，特别是公元 135 年巴尔·科赫巴起义被完全镇压后，犹太民族不仅彻底丧失了独立地位，而且失去在自己家园生活的权利，开始了长达一千八百年的"大流散历史"。不过，犹太民族在失去家园和被集体放逐的年代里并没有消失或者被同化，而是作为一个坚守同一信仰传统和遵循同一种生活方式的民族生活在世界各地，并最终于 20 世纪 40 年代在自己古老的家园复国。因此，在讲述犹太民族的大流散史之前，似有必要先重点讲述一下犹太传统的构建过程。说到底，一个民族能否留存通常取决于该民族是否已经形成自身的传统，是否有良好、行之有效的手段确保自身的传统能够传承下去。

犹太民族日后的历史表明，犹太民族之所以能够在失去家园和被集体放逐的年代里留存下来，在很大程度上与两个事件有关。一是发生在贾布奈的变革，二是《塔木德》的成功编撰。这两个事件的发生标志着犹太民族传统的最终形成，犹太文化得以以一种创新且不忘传统的方式重塑犹太民族，使在随后年代不得不过着长期流亡生活的犹太人拥有了一种可以随身携带、永不过时的强大思想武器，拥有了确保民族能够留存的法宝。

贾布奈：一场影响深远的文化变革

公元 70 年，当罗马大军在梯图斯的率领下攻陷耶路撒冷城池、放火焚毁第二圣殿、残酷镇压犹太民族的反抗时，人们开始担心犹太民族的命运，担心犹太民族在过去上千年历史时期中创造出的独特文明形式——犹太文化的命运。没有多少人对犹太民族及其文化的留存抱有太大的希望，因为当时中东地区的历史已经清楚地表明，没有任何一个族群民族能在失去地域联系和散亡状态下将自身的文化传统延续下去。"失落"的民族一个接着一个消失在历史的舞台上，成为历史的匆匆过客，犹太文化的命运自然也岌岌可危，正所谓"皮之不存，毛将焉附"。

客观上说，犹太民族及其以犹太教为核心的犹太文明的确到了生死存亡的关头。然而，后来的历史却表明，落在中东其他诸民族头上的命运并没有落到犹太民族头上。犹太民族和犹太文化不仅奇迹般地得到留存和延续，而且在随后的年代里为人类文明的发展，特别是西方文明的发展做出了巨大贡献。

历史上为何会出现这一"奇迹"？具体地说，犹太民族如何在失去地域联系的情况下生存？如何在散亡状态下保持自身统一的文化传统？如何避免在散居地被主流文化彻底同化？

今天，当人们仔细审视这一历史时期时就会惊奇地发现，这一"奇迹"的出现竟与一个名叫"贾布奈"（Yabneh）的犹太人学院紧密地联系在一起，与起义失败后在那里聚集、终日研读的一群犹太知识分子紧紧地联系在一起，与在那里发生的一系列具有变革意义的思辨活动紧紧地联系在一起。尽管当时发生在贾布奈的一切都是在学院内悄悄进行的，没有任何人制造任何声势，也无外邦人给予过任何关注，但在贾布奈出现的变革不仅奇迹般地保存了犹太民族，保存了犹太精神，还使犹太文化的核心——犹太教进入了一个新时期，即从"经典犹太教时期"步入了后人所说的"拉比犹太教时期"。犹太民族的主导权开始完全掌握在犹太拉比群体的手中，犹太民族的历史从此翻开了新的一页。因此，无论从什么角度来审视，发生在贾布奈的变革应该被视为一场名副其实的革命，一场彻底改变犹太人命运、改变犹太文化发展方向的革命，是犹太历史上一个极其重要的转折点。

变革措施

在贾布奈开始的这场文化变革主要表现在以律法确立犹太民族的义务和同一性方面。具体地说，是用解释《托拉》律法的方法确立民族意识、倡导全民教育、营建一系列文化，以及构建犹太人与圣地和圣殿的永久精神联系。

聚集在贾布奈的犹太拉比以其特有的预见性，对犹太民族在圣殿被毁之后所面临的一系列危险进行梳理和思考。他们分析时局后认识到，犹太民族面临的迫在眉睫的危机是：

1. 亡国后沦为奴隶的犹太人经过世界奴隶市场而消亡的危险；

2. 犹太人因散居而互不联系，忘记自己文化（特别是语言和传统）的危险；

3. 犹太人在散居地被其他民族文化彻底同化的危险；

4. 犹太人的信仰传统被其他宗教取代的危险等。

据此，贾布奈的犹太拉比通过对犹太经典的认真研读，有针对性地提出了可用来应付这一系列民族危机的具体措施。

第一项措施：确立犹太生活的群体主义意识

有关历史资料表明，仅罗马人占领耶路撒冷后被卖为奴的犹太人就达 7 万人之众，为了化解犹太人有可能终生为奴的危险，贾布奈的犹太拉比以文化论证的方式阐述"每个犹太人都是自己同胞守护人"的观念，以此培养和确立犹太人的群体主义意识。在此基础上他们提出：任何犹太人若是沦为或被卖为奴，他所生活地区的犹太人有义务尽其所能将其赎出。事实证明，这一群体主义意识对化解犹太民族可能终生成为奴隶的危险是卓有成效的。历史学家萨富莱在对历史文献研究后发现："许多在战争中被俘的'犹太'人由生活在以色列或散居地、他们被卖为奴的城市的同胞赎出。"到了中世纪，每个犹太人都是自己同胞守护人的观念还演变为犹太人有义务救赎其生活地区被俘、遭绑架或被关押犹太同胞的传统，这使得散居的犹太人有了一个群体靠山。

除了赎出同胞，更为重要的是如何设法保持分散犹太人之间的沟通和团结，不被所在的社会同化。贾布奈犹太拉比为此创造性地提出了"法

定人数"（minyan）的概念，以律法的形式规定进行正式宗教仪式的会
众最低人数，即犹太人若要进行集体祈祷或举行割礼、婚礼、葬礼等人
生仪式时，至少得有十名年满 13 岁并行过成年礼的犹太男子在场。倘若
达不到该法定人数，集体祈祷等活动就不能进行，前来集会的人只能以
个人身份祈祷。

　　由于犹太文化的核心是宗教，宗教生活是犹太人生活中不可或缺的
部分，因此，这一独特的观念使得犹太意义上的生活不再可能是个体式
的，单个的犹太人是无法过犹太式生活的，宗教文化意义上的犹太式生
活只能以群体形式存在。这一概念一旦得到犹太人的认可，无论何时何
地，仅仅为了宗教，散居的犹太人也会想方设法相互联系、沟通和聚集。
历史表明，"法定人数"这一概念在加强散居犹太人联系和团结方面发
挥了关键的作用。犹太人不再是以个体存在，而是相互依赖、相互依存。
这种生活的相互依赖依存自然而然培养出了犹太民族的群体主义意识。

　　不仅如此，这一"法定人数"的概念更意为：无论何时何地，只要
有十名年龄在 13 岁以上的犹太男子生活在能够相互联系的范围内，便可
以（实际上更有义务）自行组成一个犹太人会集（设立犹太会堂），进
行集体宗教活动。这样，分散的犹太人便有了一个定期聚集的场所。倘
若一个地区的犹太人数达到 120 人，便有权组成自己的社区。而根据犹
太人的传统，犹太社区有权处理本社区的一切事务，规范社区内犹太人
的生活，同时还具有民事司法权，可以处理包括宗教、民事纠纷在内的
案件。此外，每一个社区都有权（也应该）征收一部分国家税以外的税额。
这部分税金用来保证犹太人在经济上的独立，使生活在该社区的犹太人
在任何时候都无需向非犹太人政府和机构寻求财政上的帮助，而可以直
接从犹太人自己的社团得到救助。

　　这种由"法定人数"的概念形成的带有强烈自治色彩的社区机制，
在之后的千百年里成为散居在世界各地犹太人的基本组织形态，从而在
组织上确保犹太民族的散而不亡，在没有政治权力、没有共同地域生活
的情况下，有一个可以信赖和依赖的权威机构。

第二项措施：倡导全民教育

　　尽管犹太人素有热爱学习的传统，但贾布奈的犹太拉比还是从文化

佩戴经匣、祈祷披巾的犹太教徒

层面上发起了倡导实现全民教育的号召，即每一个犹太社区都应建有自行管理、能向所有适龄犹太儿童提供受教育机会的教育体系。讲授和研习犹太教经典是学校教育的主要内容，学校的规模和教师的人数依据社区适龄儿童的人数而定。更为重要的是，这样的教育对于孤儿和穷人的孩子必须是免费的，以确保每一个适龄儿童都有受教育的机会。

从某种意义上说，犹太民族的全民义务教育制度早在贾布奈时代就已建立并付诸实践。这一倡导实行全民义务教育的做法在确保犹太精神代代相传的同时，还使得犹太人成为一个崇尚知识、尊重知识分子的民族，由知识分子为本民族的前途掌舵也就顺理成章了。

第三项措施：确立希伯来语作为犹太民族"圣语"的地位

为确保犹太民族自己的母语——撰写《圣经》所用的语言希伯来语在犹太民族的大流散中不至消亡，贾布奈的犹太拉比把希伯来语解释为"上帝的语言"，因为与上帝交流（即举行宗教活动）自然需使用上帝的语言。这样，希伯来语便名正言顺地成为犹太会堂中使用的唯一用语。于是，在随后的年代，在犹太会堂中，不论是祈祷，还是诵读，或者是布道，犹太人均使用希伯来语。希伯来语作为"圣语"的地位就这样得到了确定。为了防止希伯来语在散居地分裂成不同的方言，犹太学者还着手编写了第一部希伯来辞典和语法书。

事实证明，这一解释和做法意义非凡，在长达一千八百年的历史中，分散在世界各地的犹太人基本以希伯来语为语言纽带保持相互间的联系。这种联系既有宗教文化上的，也有经济生活上的。此外，在世界各地生活的犹太人基本同时使用两种语言：一种是希伯来语，另一种是当地的语言。这不仅逐渐培养了犹太人的语言天赋，而且极大地丰富了散居地犹太人的文化生活。贾布奈知识分子此举使得犹太民族的古老语言希伯来语"死"而不"亡"。虽然在大多数情况下，希伯来语已经不再是犹太人的日常用语，但仍然作为一种书面用语而延续。如果没有这一措施，停止作为日常生活用语的希伯来语不可能在 19 世纪末犹太人的民族复兴运动中"复活"，重新成为犹太人的日常用语。

第四项措施：确定《希伯来圣经》文本的最终内容

贾布奈的犹太拉比经过一系列讨论，终于在公元90年对书卷的收入工作进行了最终裁决，从而完成《圣经》正典的全过程。这是继公元前440年《托拉》正典之后的一项极其重要的举措，一劳永逸地锁定了犹太教经典应包含的内容。

《圣经》的正典化对于犹太教而言意义极为重大。从当时流行、日后收入《次经》和《伪经》中的一系列作品可以看出，希腊文化对犹太教，特别是生活在希腊地区的犹太人的影响越来越大。犹太人若不能为其传统信念找出一种永存的形式，使其具有权威性，犹太教的正统信念无疑要面临巨大危机。

贾布奈知识分子正是在这一形势下，讨论并最终确定正典内容，从而将《希伯来圣经》的全部内容建立在传统信仰的基础之上，维护了犹太教的纯洁性，确保了犹太教教义的独特性和对全体犹太人的权威性。从某种意义上来说，《圣经》的正典实际上给了犹太民族一个新的定义——犹太民族是一个以摩西律法为核心的共同体。犹太教是一个以律法为中心的宗教。

在《圣经》正典化后的近两千年时间里，散居在世界各地的犹太人正是以这部《圣经》建立起与犹太历史和耶路撒冷圣殿的联系，维系了犹太人作为一个统一、有别于其他民族的民族。此外，《圣经》的正典还是人类历史上出现的最伟大的文化建设活动之一，在对一本书的权威进行确立的过程中，知识的力量和犹太拉比的作用得到了空前的加强。在此之后，围绕《圣经》而进行的一系列文化活动成为人类历史上最为持久和波澜壮阔的一种文化活动。

第五项措施：规范和统一犹太教祈祷仪式的基本内容和框架

当时另一个极有可能导致犹太民族分裂的棘手问题是：在失去圣殿的情况下该如何祈祷？于是，贾布奈犹太拉比确定了祈祷的基本内容，对于什么样的祈祷词可以代替圣殿的献祭、哪些新的祈祷词和祈祷仪式可以使用，以及祈祷顺序等做出了统一的规范，从而避免了在这一重要问题上可能出现的混乱，使得散居在世界各地的犹太人在犹太会堂举行宗教礼仪时有了统一的标准。

今天，犹太人在祈祷时所使用的祈祷词内容基本上是贾布奈时代确立的框架。同时，祈祷仪式的确立还使得传统犹太会堂祈祷仪式中每周的《托拉》诵读活动不再是一小部分人的专利，而是会众中的任何一员，只要仪表得体，均可以上台诵读。这使得《托拉》的诵读活动成为全民活动，使得研习犹太经典的活动深入人心。

此外，为了设法保留犹太民族对圣殿和历史的回忆并永志不忘，并将其与祖先曾经生活过的地方在精神上联系起来，贾布奈的犹太拉比创造出一种象征，代表着对失去故乡的怀念。例如，他们将罗马人攻陷圣城耶路撒冷和焚毁圣殿的日子（根据犹太历，这一日为阿布月初九，相当于公历的七、八月间）定为犹太人的哀悼日，以纪念耶路撒冷圣殿被毁事件。在这以后的每一年，犹太人都要在哀悼日禁食一天并诵读《耶利米哀歌》以示悼念。这一纪念日的确定保留了犹太民族对圣殿的永恒回忆。

从这一系列措施的提出，我们可以清晰地看出，作为知识分子的拉比不同于犹太历史上的先知。先知尽管谴责一切形式的不公正，却不相信人能够为进步和历史立下法规，他们对犹太民族的唯一要求是用忍受和服从上帝的方式等待救赎。而拉比则号召人们"打开律法书，寻求上帝的指导"。打开书本意味着学习和讨论，意味着思考和提出新的看法，意味着对知识和律法的尊重，意味着对知识分子的尊重和对有知识的领导的服从。难怪人们把这一时期看成是犹太民族历史上"从圣殿崇拜向书本崇拜"的过渡期。

在罗马人镇压犹太起义、摧毁第二圣殿之际，犹太历史上发生了两个重大事件：一是马萨达的抵抗，二是贾布奈的变革。毫无疑问，近千名犹太将士及其家人在马萨达要塞坚持抗击罗马人的镇压三年后，在寡不敌众的情况下进行集体自杀的行动是伟大壮烈的，是可歌可泣的。

与轰轰烈烈的马萨达抵抗相比，犹太拉比在贾布奈进行的是一场静悄悄的变革。然而，对于犹太民族的留存而言，对于犹太文化的延续和发展而言，贾布奈变革的作用显然要重要得多。不仅如此，我们在审视贾布奈的这场变革时，不难看出犹太知识分子在犹太民族与犹太文化存亡之际所做出的反应绝非懦弱与漠然，而是远见卓识的体现。

　　如同犹太思想家阿哈德·哈姆所说，"起初只是作为保存犹太民族的临时措施，很快变成了犹太人的学术中心。从贾布奈开始，犹太学者在精神上达及并哺育了散居地每一个角落的守教犹太人"。

　　贾布奈变革在"为犹太教的特性重新定型"的同时，还用一种崭新的、重文化的形式重塑了犹太民族。而这种重塑使得犹太民族的同一性不再取决于共同的地域或任何特定的政治结构，而是共同拥有的文化传统，"在远离家乡和经历漫长的时间后，犹太人仍能永久保持自己的特征"。

　　难怪犹太思想家罗伯特·高迪斯做出了"使犹太教和犹太民族得以保存的是贾布奈而不是马萨达"这样的评判。

第 11 章

《塔木德》：犹太传统千年大厦的中心支柱

在此期间发生的第二件影响深远的事情是《塔木德》的编撰。

被誉为犹太教"第二经典"的《塔木德》是一部百科全书，反映了公元 1 世纪末到公元 500 年间犹太的古代宗教、哲学、历史、生活习俗等各方面，成为人们了解那一时期犹太人生活和历史最重要的资料来源。它的编撰过程实际上就是犹太传统的形成过程。当这一过程结束时，犹太文化已经发展到了一个新的高度，不仅使犹太教进入了"拉比犹太教"（Rabbinic Judaism）时期，而且使犹太民族完成了"从圣殿崇拜向书本崇拜"的彻底过渡，对犹太经典，特别是对《塔木德》本身的研习成了传统犹太人日常生活中不可分割的部分，犹太民族从而成为一个地地道道、名副其实以研读经典为生活追求的民族。不仅如此，《塔木德》的成功编撰还为犹太文化的千年大厦树立起了中心支柱，为随后一千多年犹太文化的发展指明了方向。更为重要的是，对《塔木德》的研习成为犹太民族的伟大传统，日子越久，传统越牢固。

《塔木德》被认为是继《圣经》之后犹太民族编撰的又一部极为重要的文化典籍，是仅次于《圣经》的"第二经典"，自然也成为犹太文化史上的第二个高峰。不过，《塔木德》并不是一部普通意义上的书，而是在大约七百年时间内（公元前 200 年—公元 500 年）以色列地和巴比伦流传的犹太教口传律法及其解释的权威文献总汇。

《塔木德》的构成

《塔木德》如同《圣经》一样，由不同部分组成，《塔木德》的组成部分有两个：第一部分称《密西拿》，第二部分称《革马拉》。

《密西拿》（Mishnah，在希伯来语中含"重述"之意）是对《圣经》中的律法内容进行系统梳理、重新阐述的文献集，构成《塔木德》的核心部分。于公元 200 年前后由著名犹太拉比、巴勒斯坦犹太教公会首领犹大亲王（Judah the Prince）主持编撰成册。

《密西拿》问世后，人们发现它实际上并没有囊括它试图包含的全部已有律法材料，此外，一些律法条例在犹太人生活的实际应用中还需要更明确的注释与补充。后来，隶属于巴勒斯坦和巴比伦犹太学院的拉比分别从各自的研究和理解出发，开始整理遗漏部分，并对已经过梳理和重新阐述的部分加以诠释评注，编撰成另外一部律法的释义汇编，取名为《革马拉》。

《革马拉》（Gemara）一词在希伯来语中含"补全""完成"之意，使用该词显然有补充《密西拿》的遗漏部分并对其未竟事业加以完成之意。由于《革马拉》主要是对《密西拿》的内容进行补充和诠释，而不是另起炉灶，因此，《革马拉》的内容在编排上完全围绕《密西拿》进行，没有自己的独立体系，只能附着在《密西拿》文本中。

《密西拿》与《革马拉》合在一起（在早年的手抄本上，《密西拿》和《革马拉》两部分在书页上左右并列），组成了一部更大的书籍，这就是《塔木德》（Talmud）。

《革马拉》部分是由两个不同群体的犹太拉比在两个不同的地方于两个不同年代分别编撰的，自然存在着两个不同的版本。两个不同版本的《革马拉》又必然导致两个不同版本的《塔木德》出现。因此，《塔木德》有《耶路撒冷塔木德》（又称《巴勒斯坦塔木德》）和《巴比伦塔木德》之分。

《耶路撒冷塔木德》的编撰工作是由位于巴勒斯坦地区太巴列的犹太学院院长约哈南·巴尔·纳帕哈（Johanan bar Nappaha，公元 180—279 年）开始的，在 4 世纪下半叶完成。《巴比伦塔木德》的编撰工作最初由位于巴比伦地区的苏拉犹太学院院长阿什拉比（Ashi，公元 352—427 年）

开始，他倾力三十年，但没有能够完成便去世了，后来由苏拉学院院长继任者拉必那拉比（Ravina）于公元 499 年编撰完成。

在对《密西拿》进行研究和补充时的过程中，巴勒斯坦地区的编撰者侧重于讲述巴勒斯坦的传统和实际情况，因而，相对于《巴比伦塔木德》，《耶路撒冷塔木德》内容不够完整，缺乏连续性，不过还是反映了当时巴勒斯坦犹太人的生活和思想，具有重要的史料价值。

《巴比伦塔木德》则是由生活在巴比伦的编撰者从散居地巴比伦的实际情况出发，对《密西拿》进行研究和补充。加之巴比伦的政治条件较为宽松，涉及的问题多与散居地犹太人的实际生活联系密切，所以《巴比伦塔木德》的涵盖面和律法权威性超过《耶路撒冷塔木德》。正因如此，一般律法问题的争论往往以《巴比伦塔木德》作为正确与否的衡量标准。此外，《巴比伦塔木德》体量庞大、卷帙浩繁，共 35 卷，总词数多达 250 万个，是《耶路撒冷塔木德》篇幅的 7 ~ 8 倍。在历史上，当人们提及《塔木德》时，通常指的是《巴比伦塔木德》。

《塔木德》出自被称为"拉比"的一群犹太知识分子之手。拉比是什么样的人？与普通受过教育的犹太人有什么区别？他们在什么层面上为犹太民族的前途和犹太文化的发展方向奠定了坚实的基础？

"拉比"（Rabbi）一词在希伯来语中的含义是"我的老师"，他们不同于犹太历史上的先知。严格地说，先知虽然伟大并受到世人的尊重，但由于他们被视为是上帝的代言人，因此不具备独立的人格，即他们所表达的思想被认为是直接来自上帝，而不是来自本身。拉比则不同，他们不是上帝的代言人，不代表上帝，代表的只是他们自己。于是，他们所表达的思想被认为是纯粹的个人观点，是个人对上帝思想的解读。尽管拉比的思想不能像先知思想因神行而具有永恒的魅力，可人的作用在拉比身上得到了充分展现和张扬。

此外，先知尽管谴责一切形式的不公正，却不相信人能够为进步和历史立下法规，他们对犹太民族的唯一要求是以忍受和服从上帝的方式等待救赎。而拉比则号召人们"打开律法书，寻求上帝的指导"，打开书本就意味着学习和讨论，意味着思考和提出新的看法，意味着对知识的尊重（可以进一步解释为对律法的遵守），对知识分子的尊重（可以进一步解释为对有知识的领导的服从）。

虽然拉比必须言而有据，言之有理，但是他们表达的思想并不具备"圣神性"或"权威性"，因此，从根本上来说，拉比的话语只具有参照性。这就为后人对他们的观点、立场、意见进行再解释，对他们的思想进行扬弃，甚至为"批判"之举奠定了基础。

《塔木德》的特点

从上面这些内容，我们可以看出《塔木德》作为一部特定的律法文献汇编，展示的是一个庞大而博杂的"拉比犹太教"。那《塔木德》有什么样的特点呢？

首先，《塔木德》不是真正意义上的一部书，而是一种传统。它邀请每位读者参加到它的讨论中去。《塔木德》所展示给我们的并不是已经完成的定论，而是对于一个论题的某些要点所提出的一些心得。这些心得使我们可以对争论的事由和问题，以及对提出的事实和对这些事实的利用进行重新构建。这种开放性在随后的年代成为犹太人的传统，每一代犹太人都用自己的方式加入其中，为理解《塔木德》所代表的思想做出自己的贡献。

其次，《塔木德》具有思辩性。通过反复的思考和论辩，《塔木德》启迪犹太人的不仅是他们应思考什么，更重要的是应如何思考。通过对《塔木德》的学习，一代又一代的犹太人经常性地锻炼自己的敏锐，他们的智力从孩提时就变得异常突出。事实上，犹太人所具有的那种不同寻常、不可思议的智慧和精神洞察力，不是源于别的什么东西，而是源于《塔木德》式的思辩。

《塔木德》为犹太人恒久学习提供了一个蓝本。在学习过程中，没有所谓的"学而优则仕"的思想，为学习而学习可以说就是犹太人学习《塔木德》的最根本动因，因为专心致力于研究上帝的律法被认为是每一个犹太人的权利和义务。犹太思想家阿哈德·哈姆称之为"内在律法，具有道德意义的律法"，学习《塔木德》是犹太人通向"圣洁"之路的途径。

最后，《塔木德》还是一部文明的法典，一部在随后一千五百余年指导犹太人生活的法典。它所确立的生活方式为所有犹太人所接受，使得呈散居状态的犹太人成为一个整体。无论犹太人走到哪里，无论犹太人被隔绝多久，无论犹太人生活在世界上的哪一个角落，《塔木德》都始终将他们维系在一起，使他们永远是一个有着同样认同感的民族。

《塔木德》编撰的完成标志着拉比犹太教的确立，犹太教终于从经典犹太教阶段完全过渡到拉比犹太教阶段。犹太人对待《塔木德》的态度犹如对待《托拉》一样，对它进行不间断的终生学习。守教的犹太人通常每天自觉学习一页《塔木德》，由于存在《塔木德》的传统阅读规范，因此，全世界的犹太人每天阅读的内容和进度是统一的，即通读一遍《塔木德》需要七年半的时间。

当代法国犹太哲学家勒维纳斯对《塔木德》看法是："行文风趣，简洁明快，或热嘲或冷讽，都执着于可能性，字里行间保留了口传偶尔变为一种书面诫命的特点，因而有必要唤起人们对当时对话活动的关注。其中每一场讨论都是各抒己见，众说纷纭，歧义迭出，但又毫不专断。每一页都在寻找矛盾，期盼读者的自由、创意和胆识。"

著名史学家罗斯是这样说的："《塔木德》在犹太生活中的重要性绝不纯粹是学术上的。它是犹太民族许许多多代人智慧的结晶。它里面包含了希伯来思想的每一个方面、人类精神的每一个话题。它的编写时期正好同边远地区的独立生活中心的发展相吻合，而这些中心无论从政治上还是语言上都已经被原先的那个真正的核心隔离了开来。犹太人民正在迈向一个生存形式完全不同的生活阶段，他们将要去到那些他们的祖先从来没有听说过的国家，去从事他们以前一无所知的职业，去面对过去从来没有想象过的各种困难。但是，他们拥有一部法典，不仅是宗教或律法的法典，而且是一部文明的法典。他们要带着它进入属于自己的新的生活。《塔木德》中如此细致地阐明和描述的生活方式，使得所有以色列人民融为成一个整体。无论他们在哪里，无论他们被分成多少政治派别，他们都已经无法分开了。《塔木德》给了他们那种区别于他人的具有明显特征的印记，也给了他们异乎寻常的抵抗力和凝聚力。《塔木德》的论证使他们的才智更加敏锐，从而赋予了他们一种不可思议的精神洞察力。如果说在以后的漫长的岁月里，在任何别的民族都不能克服的环境中，他们仍然能够保持自己的独特个性，那么，首先应当归功于《塔木德》。"

《塔木德》对犹太人而言还是一处心灵的庇护所，受迫害的犹太人往往能在《塔木德》中找到慰藉，学习《塔木德》常常成为受迫害的犹太人排遣愤恨和减轻伤害的方式。犹太历史学家罗斯这样描述道："对于犹太人来说，在日常生活中接连不断地遭受屈辱之后，《塔木德》带给他们另外一个生动、安静而和平的世界。它给了犹太人第二种全然不同的生活，完全摆脱了那种日复一日的肮脏。每当一连串的暴力事件平息下来，暴徒们的喊叫声消失之后，犹太人会回到自己那个支离破碎的家，把耻辱的犹太标志放在一边，开始研读那些发了黄的书页。此时，他们被带回到一千年前的巴比伦学院之中。在那里，他们痛苦的灵魂得到了真正的安宁。"

回眸这一历史时期，在犹太人社会发生的这一切都是决定犹太民族是否能最终留存的关键。面对险恶的生存环境，以法利赛为代表的犹太拉比力挽狂澜，勇敢地担当起挽救犹太民族文化的历史重任。他们中的代表人物最初在这个被称为贾布奈的犹太学院聚集，带领犹太民族从文化层面入手，逐步建立起了一整套完备的文化防卫机制，把犹太人重新塑造成一个既不以种族为取向，也不以地域或政治体制为根基，而是以文化生活方式为自我认同标准的民族。在他们的率领下，犹太民族最终不仅完成了《圣经》的正典工作，一劳永逸地锁定了犹太教经典的基础，划定了犹太思想的边界，更为重要的是编撰出了被称为"第二经典"的《塔木德》，为犹太文化的千年大厦树立起中心支柱。经历了这一过程的犹太民族终于成为人类历史上一个不朽的、以文化传统为核心认同准则的"圣书之民"（People of the Book）。

第 12 章

沦落天涯的散居式生活

如前所述，公元 70 年第一次犹太战争失败、第二圣殿被毁，以及 132 年至 135 年巴尔－科赫巴起义的失败，使得犹太民族在古典时期失去了在自己固有家园——以色列地自由自在生活的权利。大多数犹太人不得不离乡背井，生活在以色列地以外的地方。

对于犹太民族而言，离开故土的生活是一种流散式的生活。更多的时候，犹太人称这一生活方式为"散居"（diaspora），一种身处故土以色列地以外地方的生活方式。流散包括被迫流散（即被强权或暴力赶出家园的流散）和自愿流散（即出于经济和其他原因而自愿选择的流散）两种。不过，在大多数情况下，这两种流散是结合在一起的，通常先是被迫流散，然后是自愿流散。特别需要指出的是，犹太人的流散不仅仅指犹太人离开家园以色列地的过程，更多的是指犹太人由于反犹主义的存在，很难在一个地区或城镇长期定居生活，而不得不在散居地不断流动。犹太人通常在一个地区或一个国家生活一段时间后，又不得不前往另外一个地区或国家，通常是因为居住地主流民族或当权者施加的种种迫害或驱逐，这导致犹太民族的散居呈永恒的流动状态。

流散生活的特征

犹太民族的流散特征大体上可以归纳为这样几点：

首先，持续时间长、分布广，范围不断扩大，几乎遍及世界所有地区。具体地说，在一千八百余年的时间内，犹太人的流散范围从最初的西亚地区扩大到整个地中海地区（包括欧洲南部和非洲的北部），从南欧延伸到中欧再到北欧、东欧，从近东到远东，从东半球到西半球，从北半球到南半球，遍布世界各地。

其次，犹太人无论被放逐到哪里，无论最终在哪里安身立命，他们都能很快建立起自身的繁荣文化和商业社区，对自己的事务实行自我管理。在散居地建立起来的犹太社区具有强烈的犹太性，社区的存在是犹太民族散居的标志。社区的犹太人通过行割礼、守安息日、欢庆犹太人节日、祈祷等活动保持犹太民族的认同感。不仅如此，一个地区的犹太社区常常会通过举办自己的文化活动逐步形成一个文化中心，以指导自己的生活和建立与其他地区犹太人的联系。

最后，在流散地生活的犹太人从来没有割断与故土的联系，除了有形的联系，如不断有生活在散居地的犹太人返回以色列地、将钱物捐给生活在以色列地的人和机构外，更多的是精神上、思想上的联系。生活在散居地的犹太人一刻也没有忘记自己的故土，从一日三祷到所有节日庆典，都在精神上与故土联系在一起。有朝一日能够返回故土"锡安"，可以说是每一个流散犹太人的"梦"。离开故土的时间、离故土的距离往往与眷念故土的热忱成永恒的正比，犹太民族因此成为一个不断"回望"历史的民族。

大流散时期，犹太民族不得不在以色列故土以外的地方分散生活的事实，使得犹太民族的留存无法再依靠传统意义上的地域来维系。事实上，长期生活在各散居地犹太人的留存和联系依靠的也不再是地域或亲缘，而主要是共同的文化传统、共同的生活习俗，以及共同的经历和非犹太人社会施加在他们身上的迫害。在几乎没有任何有效、及时联系手段的年代，犹太人的留存主要靠的是强大的《塔木德》传统。

犹太人的散居尽管是遭受迫害和驱逐的产物，但犹太人的文化和生活并没有因此沉寂和暗淡。相反，由于犹太民族旺盛的生命力和较强的适应力，散居的犹太人在最不利民族文化发展、最不利民族生活和生存的散居地创造了非凡的新文化和丰富多彩的新生活，使得同为天涯沦落人的犹太民族成为一个遍布全球且生气勃勃的非凡族群。

流散生活的肇始

尽管犹太民族的全民大流散始于巴尔 - 科赫巴起义失败之后，但犹太人的流散生活肇始于更早的年代。历史表明，以色列地以外的犹太散居中心最早出现在埃及。埃及犹太中心的开端完全可以追溯到巴比伦犹太中心形成之前的巴比伦帝国时期。那时，埃及已经开始涉足以色列地的事务，并成为犹太人移民的一个目的地。当然，犹太人对埃及并不陌生，在历史上，一直有犹太人因为种种原因前往埃及，并在那里生活（或称"寄居"）。正如我们在前面章节中所说，根据犹太人的传说，早在亚伯拉罕时期，犹太人就去过埃及，雅各的子孙更是在那里生活了近四百年。据认为，在亚述帝国消灭以色列王国的过程中，以色列王国中的一部分犹太人就曾逃到埃及，并在那里定居，最早构筑了埃及犹太中心的基础。第一圣殿被毁后，犹大王国部分被驱逐的人不顾先知耶利米的明确反对，移居埃及，后来连耶利米本人也去了埃及。埃及的犹太中心得到了相当的稳固。应该说，散居埃及的人中有很大一部分是为了躲避屠杀的犹太难民，其中也包括犹太士兵。

在第二圣殿期间，埃及是以色列地以外出现的较为重要的一个犹太文化中心。著名的《七十子译本》可以说就是公元前 3 世纪埃及犹太散居社区做出的最重要文化贡献之一。《七十子译本》是第一个《托拉》希腊文的译本，有史以来第一次把一种东方思想翻译成希腊文。根据传说，国王托勒密二世曾经派遣一个官方使团去耶路撒冷会见大祭司以利亚撒，希望翻译《托拉》的工作能够得到这位犹太大祭司的帮助。大祭司同意了使者的请求，派了 72 位圣贤去亚历山大城。在抵达亚历山大城，72 位圣贤被问及了 72 个问题，他们两人一组进行翻译，在 72 天内完成了该项译事。当所有的译文被拿出来进行比对时，人们发现译文的每一个细节都惊人的一致。该传说故事的核心部分很可能是基于某一真实发生过的事件，如在对东方文化表现出理性好奇的氛围下，希腊学者对犹太教及其价值开始有了某种兴趣。正是在这一情况下，国王托勒密二世才下令翻译《托拉》。

《七十子译本》的出现意义重大，历来被视为是古代一项最重要的文化活动，是人类有记载的大型翻译活动的开端。对于之后生活在希腊化时代的若干代犹太人来说，《七十子译本》既是他们精神创造活动的一个基础，也是对他们精神创造活动的一种激励。后来，《七十子译本》为早期操希腊语的基督徒所选中，并成为《新约》和其他基督教圣典的来源。若是没有《七十子译本》的存在，人们很难想象脱胎于犹太教的基督教会在罗马帝国得到迅速传播，并最终发展成为一个占据主导统治地位的宗教。需要指出的是，《七十子译本》对于犹太文化而言同样具有重要意义，许多犹太人早期作品的希伯来文本后来失传，但在希腊文的《七十子译本》中得到保留，埃及犹太中心的贡献可见一斑。

在埃及犹太中心生活的犹太人中，斐洛是一位成就显赫的犹太人。他是一位希腊化的犹太哲学家，是第一位对《托拉》进行哲学阐述并卓有成效的学者。他采用隐喻式的叙述手法，将犹太律法的内在含义转化为一系列抽象哲学概念，为犹太教信仰注入一种新的活力，使之在新形势下能延续和发扬光大。同时，他有意识地将希腊哲学融入希伯来传统，致力阐发犹太教神学思想，进而把犹太教中包含的神秘主义成分理论化、体系化。斐洛是第一个指出上帝存在的可知性与上帝本质的不可知性是有区别的思想家，是一个将犹太神学与柏拉图的理念说调和起来的人。他认为理念就是上帝的永恒思想，为此，引进了希腊哲学"逻各斯"（logos）概念。根据逻各斯概念，斐洛将宇宙看成一个为逻各斯所控制的巨大连锁，并把逻各斯解释为上帝和人联系的"中介"。他认为逻各斯作为一种"神圣的智慧"，具有全知全能的品格，是和上帝的意志一致的，同时它又代表上帝所具有的"仁慈"和"公正"这两种品格和能力，故逻各斯的活动便成了上帝自身业绩的表现。斐洛以此证明上帝与人之间的联系不是直接的，而是通过逻各斯这个中介来保持和发展的。这样，上帝的独立存在和绝对尊严得到了保持。从另一个角度来看，上帝通过逻各斯使自己创造的过程具体化和合理化。而这一切成为之后出现的基督教的核心思想。

公元前48年，罗马将军乌利尤斯·凯撒在埃及的亚力山大港登陆，遭到该城居民的激烈抵抗，但是，却得到了居住在城中的犹太人的帮助。作为回报，凯撒向犹太人颁布了特许状，允许犹太人在亚力山大港生活。这一特许状成为以后生活在整个罗马帝国境内的若干代犹太人享受应有权利的司法和政治依据。同时，由于这一特许状的存在，生活在罗马帝国境内的犹太社团素来不在被禁止的政治团体之列，他们的宗教和司法自治权利始终得到当局的认可。犹太人获得的这一权利后来为奥古斯都皇帝和克劳迪斯皇帝进一步确认。

巴比伦流散生活的启示

尽管巴比伦是犹太人祖籍所在地美索不达米亚的一个组成部分，但巴比伦成为犹太人的居住地完全是巴比伦囚虏事件的产物。犹太人在第一圣殿被毁和国家灭亡后，作为新巴比伦帝国的囚虏被带至巴比伦，并从此开始了在那里的生活。

众所周知，历史上，巴比伦一向是美索不达米亚地区最为繁荣的城池，是西亚地区重要的政治、经济、文化中心。到了新巴比伦帝国时代，巴比伦城市的规模更是无与伦比，"富庶、壮观的巴比伦城吸引亚非各地的商人远道而来，巴比伦成为世界著名的商业中心"。

此外，巴比伦的文化事业也空前繁荣，例如，巴比伦的图书馆就有藏书 10 万余册。被掳至巴比伦的犹太人如同从边远乡村来到大都市的人，对看到的一切不能不感到兴奋和向往。在巴比伦人的影响下，生活在巴比伦的犹太人不再囿于传统的职业，开始在商业领域大显身手，并开始了跨地区贸易活动，许多人因此变得富有起来。在巴比伦经商的经历对于犹太人在中世纪成为一个经验丰富的经商民族有着重要的意义。正因如此，在巴比伦囚居的绝大多数犹太人没有因居鲁士国王颁布的允许犹太人返乡令而返回以色列故乡，而是选择在巴比伦永久定居。

当然，留下不归的巴比伦犹太人并没有割断与故乡的联系，而是以捐钱捐物的方式表达自己的思乡之情、对复国活动的支持及对归国同胞的关心。在第二圣殿建成后的年代，他们一直像生活在以色列的犹太人那样交纳圣殿税，前往耶路撒冷朝圣。不仅如此，巴比伦犹太人与以色列地在文化上的联系也十分紧密。在 3 世纪前，犹太人在以色列故土上传播的文化一直为巴比伦犹太人所汲取，不断有巴比伦犹太人把自己的孩子送到以色列的学院就读，也不断有学者从巴比伦前往以色列地的犹太学院学习深造，了解正在形成的拉比犹太教的学习方法和成果，以完善自身，并把以色列犹太人形成的传统、学习方法和文化带回巴比伦。

这种文化上的联系不仅使巴比伦的犹太人在文化上与故土保持"一脉相传",而且在随后的几个世纪内将其发扬光大。

在社会生活方面,巴比伦犹太人一向遵循内部事务自我管理的原则,有一套健全的自治机构。他们创立的两个流散机构:流散地领袖和犹太学院,都是为了确保犹太人的自治和团结。在波斯萨珊王朝统治期间,流散地领袖通常在王室宫廷有一个永久性的职位,拥有大量财产,同时维持一个犹太人自己的法庭。而犹太学院不仅是培养学者的地方,还是一个具有宗教权威的机构,其领袖是由被称作"加昂"的圣贤担任。巴比伦两个历史最悠久的犹太学院分别是苏拉学院和篷贝迪塔学院,它们在犹太社区处理与犹太律法相关的事务时发挥着一个最高宗教法庭的作用。

公元 3 世纪左右,在罗马人的打击和迫害下,巴勒斯坦地区的犹太文化及精神中心衰落,巴比伦犹太社区便成为新的犹太民族文化及精神中心。犹太人在巴比伦发展了一种以《托拉》为核心的文化宗教生活方式,编纂了著名的《巴比伦塔木德》。这部在公元 500 年由巴比伦犹太人完成的犹太典籍因其不容忽视的权威性,被视为犹太教的第二经典。在它编纂完成后的近一千五百年中,它一直是全世界犹太人生活的规范。更为重要的是,《巴比伦塔木德》是拉比犹太教的核心和现代犹太教赖以建立的基础。对生活在散居地的犹太人而言,这部《塔木德》比《圣经》还要重要,巴比伦犹太中心的伟大贡献可见一斑。在《巴比伦塔木德》编纂完成之后,巴比伦犹太社团继续发展,其人数一度超过 50 万。苏拉和篷贝迪塔犹太学院的院长被公认为是整个犹太世界最有权威的宗教领袖。

不过,随着伊斯兰教的出现和伊斯兰教势力的迅速扩张,7 世纪以后的巴比伦犹太社团开始生活在伊斯兰教统治的世界,成为伊斯兰世界犹太人的一个组成部分。

第 13 章

圣书之民：伊斯兰世界的犹太人

公元 7 世纪，当时仍然是犹太人主要生活区域的中东地区发生了翻天覆地的历史性变革，日后发展成世界三大宗教之一的伊斯兰教突然兴起，并迅速传播。伊斯兰教的兴起和传播不仅是中东历史上一件较为重大的宗教和政治事件，也是世界文明史上的一大事件，中东文明的发展航向从此改变。一向以游牧和经商为主要生活手段的阿拉伯人由于伊斯兰教的皈依开创了中东地区由多种信仰向一种信仰转变的新时代，从而彻底改变了阿拉伯半岛，乃至整个近东地区的政治格局和历史进程。

从 632 年起，在麦加站稳脚跟的伊斯兰军从阿拉伯半岛出发，高举伊斯兰圣战的旗帜，东征西讨，在三十年左右的时间内控制了中东的绝大部分地区，建立了哈里发制度，统治范围从印度、波斯、叙利亚、北非到比利牛斯山脉。一个地域广阔、人口众多、信仰伊斯兰教的世界就此形成。伊斯兰教在一个不太长的时期内不仅传播了教义，夺取了政权，而且成功地拉拢了除犹太教徒和基督教徒以外的几乎所有阿拉伯部落和民族，为阿拉伯半岛的统一扫清了道路。711 年，穆斯林军队又从直布罗陀海峡渡海征讨欧洲，轻而易举地将西班牙纳入伊斯兰世界之壤中。尽管伊斯兰教的扩张行径遭到了拜占庭的坚决抵抗，伊斯兰没有能够将势力延伸到西班牙以外的欧洲大陆，但是此时的地中海基本上成了伊斯兰世界的内陆湖。从此，原先生活在这一地区的犹太人中的大多数（某一个时期超过 90%）开始生活在同一个伊斯兰政权屋檐下，分享同一种文化。犹太人面对的不再是一个分散的、有着不同民间信仰的阿拉伯部落群体，而是一个统一在伊斯兰教信仰之下的、以麦地那穆斯林政教合一政权为中心的穆斯林帝国。他们的地位和处境从此受到极大的影响。

犹太人与阿拉伯人的历史联系

犹太人与阿拉伯人之间是一种什么样的关系呢？

从史学和人类学的观点出发，信仰犹太教的犹太人和信仰伊斯兰教的阿拉伯人既是种族上的近亲，同属闪族，又是地理上的近邻，同居中东地区。有相当一部分历史学家和考古学家甚至认为犹太人与阿拉伯人本同出一源，都是从阿拉伯沙漠中走出来的游牧部落。

如果从《圣经》传说出发，犹太人和阿拉伯人之间的血缘关系则还要密切一层，他们的祖先在公元前1800年左右曾为同一人，两民族可以说是同父异母两兄弟的后裔。圣经《创世记》对此是这样记载的：犹太人的始祖亚伯拉罕的妻子撒拉婚后一直未能生育，两人甚为忧虑苦闷。撒拉便按古代遗风劝亚伯拉罕纳妾，并把她的埃及使女夏甲推荐给丈夫做妾。亚伯拉罕接受妻子的劝告与夏甲同房。夏甲怀孕后生下一子，取名为以实玛利，亚伯拉罕终于有了后代。谁知13年后，由于亚伯拉罕与上帝立约，上帝为了对这位"众多民族的始祖"表示特殊的关照，允诺其妻子撒拉在90岁高龄时怀孕生子。果然，撒拉在亚伯拉罕100岁时为其产下一子，取名以撒。随着以撒的长大，其母撒拉恐夏甲之子以实玛利以长子名分得到亚伯拉罕的大部分财产，遂要求亚伯拉罕赶走夏甲和她的儿子以实玛利。亚伯拉罕对此甚感为难，这时上帝却对他说："不要为那孩子和使女而感到为难。按撒拉说的做吧！因为你要靠以撒来繁衍后代。我也要让使女的儿子在那边建成一个大国，因为他也是你的亲儿子。"有了上帝的旨意，亚伯拉罕只好忍痛割爱，打发夏甲母子俩远走埃及。以实玛利长大后娶了一位埃及女子为妻，其后代逐渐形成阿拉伯地区的各个民族。夏甲母子的离去让以撒成了亚伯拉罕的独生子，并繁衍出一代又一代犹太人。尽管这只是传说，不足为训，但故事所表达的内容仍不失为犹太人和阿拉伯人血脉相通的一种佐证。

根据历史记载，犹太人和阿拉伯人在上古时期就来往密切且有联姻关系的过往还可从若干历史记载中得到进一步证实。例如，犹太民族英雄摩西从埃及出走后，曾在亚喀巴湾沿岸的米甸地区居住了近四十年。在这期间，他与米甸的大祭司流珥的女儿西坡拉结婚。西坡拉是个纯粹的阿拉伯女子，她为摩西生下二子。很显然摩西后人的血管里流淌着阿拉伯人的血液。至于所罗门王与示巴女王巴尔姬丝之间友好交往的故事，更是犹太人和阿拉伯人历史亲密关系的佳话。

伊斯兰世界的犹太人地位

在穆斯林帝国出现之前，犹太人曾经受到拜占庭人和西哥特人的迫害，因此对穆斯林在中东地区的崛起和统治没有多少排斥的心理。更何况，在实际社会生活中，他们也感受到穆斯林统治政权的宽容，特别是生活在安达卢西亚的犹太人更是如此认为。

在伊斯兰世界，犹太人被看作是"圣书之民"，一个同样拥有类似《古兰经》圣书的"有经人"。伊斯兰社会允许他们维持犹太人一直具有的社会自治地位和信奉自己固有的宗教。在交纳了人头税和土地税之后（穆斯林则无需交纳此税），犹太人便能获得"迪米"（dhimmah, 受保护的二等之民）的社会地位。尽管犹太人被迫放弃拥有武器的权利，但他们的生命安全和财产通常是可以受到社会保护的。

阿拔斯王朝统治下的犹太人在文化上贡献良多。萨阿迪·加昂拉比（Saadia Gaon, 公元 882—942 年）鹤立鸡群，出自他之手的宗教和文学著作可以说改变了中世纪犹太社会的文化模式。他将绝大多数希伯来文经典译成阿拉伯文，并对其中的大部分进行了评注。由他领导的翻译与评注的工程还对卡拉派（Karaite）运动的强有力影响产生了一种制衡作用。与此同时，他把阿拉伯文化里新的文学模式引入到犹太文学中，是编纂希伯来－阿拉伯词典的第一人。利用从阿拉伯语法学中获取的灵感，他制订出一套犹太语法体系，又撰写出重要的哲学著作《信仰与观念》，将犹太宗教的原则构建在理性的基础上。受穆斯林凯拉姆哲学思潮的影响，他在《信仰与观念》一书中将犹太思想梳理成一个有序的体系。

犹太民族对伊斯兰社会文化多样性所持的开放性态度在穆斯林统治下的西班牙得到明显表露。历史学家普遍认为，在穆斯林统治下的西班

今耶路撒冷穆斯林区清真寺的宣礼塔 徐新 摄

牙犹太人，经历了一个犹太历史上少有的"黄金时代"。当穆斯林攻占第一座较大的西班牙设防城市科尔多瓦时，只有犹太人把他们当作粉碎基督教残酷统治的解放者来欢迎。穆斯林占领者为了感谢犹太人，便委托他们警戒这座城市。其他被穆斯林攻占的城市中的犹太人，凡具备防守能力的也都得到了同样的委托。所以，犹太人作为少数民族在穆斯林统治下的西班牙，从一开始就受到了新当权者的信任。

西班牙犹太人的"黄金时代"

随着法蒂玛帝国和摩尔人的西班牙的崛起，越来越多的犹太人在阿拉伯人的宫廷中担当顾问，甚至军事顾问。这些宫廷犹太官吏由于擅长外交和语言，很快地晋升到最高行政职位并能够顺利地处理国务，为国家做出了重要贡献。

这些来自东方的穆斯林统治者，给予犹太人信仰、居住、职业以及行动的无限自由。犹太人获得了在异族统治下可能得到的最高行政职位，并在经济领域里赢得了威望。譬如，在倭马亚的哈里发阿卜杜拉赫曼三世统治期间，犹太医生海斯达·伊本－夏普如特地位显赫。在他的促成下，拜占庭和德国代表团在科尔多瓦进行了外交接触，而且他还参与了与纳瓦拉王国和里昂王国的政治谈判。他凭借着自己在哈里发宫廷中的显赫地位，建立了一个采用阿拉伯文化模式的犹太法庭。他还资助犹太作家与科学家，让他们得以致力于宗教和世俗领域的创造性工作，促进了犹太人对《托拉》和律法（《哈拉哈》）的宗教学习以及与"希腊智慧"之间富有成效的整合。这是一种宗教和世俗的融合，代表着犹太人在西班牙未来几个世纪中具有开创性精神的特征。此外，伊本－夏普如特还将犹太学者从遥远的地方请到科尔多瓦，达纳什·本－拉布拉特就是其中一员，他出生在摩洛哥的非斯，曾经在萨阿迪·加昂领导下的苏拉学院学习。本－拉布拉特将长短元音相异的阿拉伯文作诗法引用到安达卢西亚希伯来文诗体中，使其变得更加丰富。毋庸置疑，这是一个被很多人称之为西班牙犹太人"黄金时代"的开端。

一代又一代犹太宗教哲人、科学家、诗人不断在西班牙涌现。这一时期，生活在格拉纳达王国的诗人撒母耳·哈列维·伊本－纳各雷拉（公元 993—1056 年），即著名的撒母耳·哈－纳吉德，是辅助哈布斯和巴底斯国王的两朝重臣。他的诗描述了他领导格拉纳达军队抗击周边公国的战争场面，以及充满着盛大酒会、豪华花园、赛诗会的宫廷享乐生活。撒母耳·哈－纳吉德同时还从事对《塔木德》的评注工作，赞助西班牙和来自其他一些国家的宗教学者。

这一时期，世俗和科学知识与犹太宗教知识的融合可以从诗人所罗门·伊本·盖比鲁勒（约公元 1021—1058 年）的作品中明显看出来。他写的极具情感的宗教诗，比如祈祷诗《国王的王冠》被收录到犹太教塞法迪版本的祈祷书中。他还著有反映新柏拉图哲学思想的著作《生命的起源》。伊本·盖比鲁勒的著作对中世纪后期西欧的哲学发展有着重要的影响。当然，最为著名的是摩西·迈蒙拉比（即迈蒙尼德，或 "the RaMBaM"），他写的《密西拿托拉》成为犹太律法《哈拉哈》裁决的经典，而他的哲学著作《迷途指津》则成为中世纪后期犹太哲学学派的经典性著作。

犹太人在穆斯林西班牙的经历是犹太流散史上极其美好和光辉的一页。西班牙犹太中心在异教社会所取得的成就表明，只要相互宽容，不同信仰的人民完全可以共存共荣。

奥斯曼帝国的犹太人

到了 16 世纪，伊斯兰世界由奥斯曼帝国主宰。奥斯曼帝国的范围大体与原先的伊斯兰世界重叠，许多原先生活在那里的犹太人自然而然生活在了奥斯曼帝国。不仅如此，大多数被西班牙和葡萄牙驱逐的犹太难民也迁移到了北非和奥斯曼帝国控制下的国家，他们中的一部分人曾经一度移居到意大利，但是，当意大利被法国征服后，这些人中的许多人加入在奥斯曼帝国的同胞的行列。在摩洛哥，来自西班牙的犹太人大多定居在大城市里，如非斯、梅克内斯和马拉喀什等，另一些人则定居在海滨城市。

从西班牙和葡萄牙被逐出的犹太人成群结队地来到奥斯曼帝国统治下的巴尔干和小亚细亚等城市。从第一代开始，他们的人数就超过了先前在该地定居的犹太人，比如，在讲希腊语的罗曼尼奥，在萨洛尼卡和采法特这些城市，犹太人占了人口的大多数。在伊斯坦布尔，犹太人占了总人口的 10% 左右。在有犹太人居住的国家、行省、城市，他们通常在分隔开的社区（犹太社区）定居。

被逐的犹太人及其后代主要从事国际贸易，他们建立了家族和经济联系网，这样的联系网得益于犹太人在环地中海盆地一带广泛的地理分布，他们成功地融入了奥斯曼帝国的经济体系中。许多人成为苏丹宫廷的医生和金融家，获得了很高的地位。他们从西班牙带来许多新知识，用在发展纺织领域的新产业上。例如，采法特的喀巴拉中心之所以能够存在，主要得益于编织业和羊毛染色业的建立，产业的兴盛促进了该城镇经济的迅速发展。

在西欧被逐的犹太人中，还有相当一批犹太人返回他们的故有家园——以色列地生活（这时的以色列地已经在奥斯曼帝国统治下），并再次使以色列成为一个有影响力的文化中心。例如，16 世纪，采法特的喀巴拉中心在宗教上的繁荣就是以撒·卢里亚（"HaARI"）、摩西·考多维罗、哈伊姆·卫塔尔、所罗门·哈列维·阿尔卡贝兹和其他一些人来到此镇的一个结果。在采法特被逐的犹太人中，最有名望的宗教学者是教授《哈拉卡》的喀巴拉主义者约瑟·卡罗拉比（公元 1488—1575 年），他是《约瑟之家》和《布就之席》的作者。这两部书后来成为对犹太人具有约束作用的、涉及《哈拉哈》裁决的经典法典。

来自葡萄牙的犹太人拥有财富和博学的背景，成为促进犹太民族历史上最大的救世运动——"沙巴特运动"兴起的动力。这场运动由出生于伊兹密尔的沙巴特·泽维（Sabbatai Zevi，公元 1626—1676 年）领导。该运动的狂热鼓吹者是来自加沙的拿单，他在耶路撒冷见到过沙巴特·泽维，宣称他察觉到泽维就是救世主。救世运动的狂热席卷了东欧、西欧、奥斯曼帝国、北非和也门等地的犹太社区。在一段很短的时间里，整个犹太世界形成了一个内在的精神统一体。希望当下就能获得救赎的幻想在沙巴特·泽维受到土耳其的压力皈依伊斯兰教后才偃旗息鼓。

第 14 章

进入欧罗巴　西欧的犹太人群体

　　犹太人最初进入欧洲是在罗马帝国占领巴勒斯坦地区期间。由于罗马当局执行的是公民制度，理论上，在横跨欧亚非三大洲的罗马帝国境内，所有人都可以自由流动，生活在其中的犹太人当然也不例外。若干资料表明，都城罗马已经出现了不少犹太人。在罗马帝国鼎盛时期，特别是犹太人被赶出自己的家园——以色列地后，犹太社团可以说遍布地中海的罗马帝国全境：从伊比利亚半岛、高卢（法国）、意大利、希腊、巴尔干、到小亚细亚、叙利亚、塞浦路斯、克里特岛、埃及和北非。有成千上万的犹太人作为战俘奴隶被罗马人带至罗马帝国在欧洲的部分——从意大利到西班牙、高卢等地，但更多的犹太人是出于经济方面的考虑才去了那些地方。在罗马皇帝君士坦丁（执政期为 306 年至 337 年）于 313 年接受基督教作为一种信仰，使基督教在罗马帝国合法化后，罗马帝国境内的犹太社团依旧存在。犹太人从事商业和各种制造业，在很长一段时间里，因拥有绸缎纺织、漂染和制革方面的精湛技术而享有盛名。

　　当西罗马帝国在公元 476 年被欧洲蛮族打败而消亡后，作为罗马帝国一部分的东罗马却一直留存，以拜占庭帝国之名屹立在世界上，时间长达近千年。　犹太人在拜占庭帝国的法律地位一直依据早先制定的、在此时仍然具有权威和作用的罗马法，包括前面提及的凯撒向犹太人颁布的特许状的法律基础。然而，不可否认的现实是，一个缓慢且持续、旨在将犹太人逐出公职、干涉其宗教事务，并在经济和社会方面对他们实行限制的时期开始出现。对犹太人的歧视和限制突出表现在以下诸方面：犹太人开始被禁止拥有不动产和购买土地，被禁止担任公职，被禁止建造新的犹太会堂，犹太人指控基督徒的证词不为法庭接受等。犹太人沦为了罗马帝国境内事实上的二等公民。

拜占庭帝国

拜占庭帝国中的犹太人数量可观，这些犹太人所具有的宗教和政治影响力在介于主要地区权力之间的边远地区得到了验证。公元 500 年左右，海木亚王国（即今日也门地区）的国王摈弃异教信仰，而将犹太教遵奉为国教。据说海木亚国王从两位来自阿拉伯半岛麦地那城的犹太人那里听说了一则预言，看到了这两位犹太人行的神迹之后，便和王国的臣民一起皈依了犹太教。此时，犹太人的宗教文化在阿拉伯半岛已经是家喻户晓。而在此之前的许多年，独一神教的观念已经为信奉异教的阿拉伯部落吸收。自由迁移的犹太部落在伊斯兰时代兴起前的宗教蒙昧时期就已经生活在阿拉伯半岛了，他们从事农业、商业和制造业，与阿拉伯部落结盟，甚至在战斗中并肩作战。海木亚国王了解独一神思想后，他对犹太教皈依是想阻止拜占庭帝国和波斯帝国利用基督教和波斯教对其实行扩张。

大约两百年后，一个类似的现象出现在里海和黑海之间的中亚地区，当时一个被称为卡扎尔的王国（土库曼人的一支）选择了犹太教作为整个国家的宗教。与海木亚王国的传说相似，这个故事叙述了上帝的天使在卡扎尔国王的梦里显现，以及国王为犹太宗教的真理性所诚服，虔诚地信奉了犹太教。信奉犹太教的卡扎尔人为保持独立坚持战斗了近两百三十年，直至落入罗斯（即今天所说的俄罗斯）人之手，卡扎尔王国才不复存在。所有这一切表明，犹太人的生活圈子在不断扩大，犹太教的影响也不断扩大，散居地开始成为犹太人新的家园。

西欧犹太中心

在西欧大陆，特别是在法兰克王查理大帝（在位时间公元 768—814 年）及其继承者鼓励犹太人从意大利和西班牙向法兰西王国移民后，加洛林王朝的国王曾向犹太人颁布特许状，赋予犹太人定居权、人身及财产安全权、自由结社权、宗教事务自治权、海关免税权，以及为参加地区或国际贸易和促进封建经济在各地自由旅行的权利。西欧犹太中心得到发展并开始走向繁荣。

自 11 世纪起，西欧城市的发展加快了那里犹太社区的壮大。一个个重要而独立的《托拉》研习和礼拜诗写作中心在德国（阿什肯纳兹地区）莱茵河谷地带（如在施派尔、沃尔姆斯、美因兹、科隆、特里尔和波恩等地区）发展起来。该中心的宗教领袖大胆通过了与巴比伦加昂观点相左，并与以色列地的《哈拉哈》传统观念相悖的《哈拉哈》裁决，从而形成了具有自身特色的传统。这一时期阿什肯纳兹地区的犹太学者中，最著名的要数格尔绍姆·本·犹大（Gershom Ben Judah，公元 960—1040 年）。他在美因兹创建了自己的犹太学院，最早吸收巴比伦和巴勒斯坦犹太学院的研究方法和成果，把远自普罗旺斯和西班牙的学生吸引到美因兹的犹太社区中，可以说开创了西欧犹太教研究的先河。格尔绍姆针对中世纪欧洲犹太人社会的实际情况，制定了一系列影响深远、对所有阿什肯纳兹犹太人都具有强制性质的法规，其中有一项就是禁止一夫多妻。这项法规生效后决定了在阿什肯纳兹地区一夫一妻制家庭的特性。格尔绍姆还规定私人信件的隐私权必须得到保护，禁止任何人拆看写给另外一个人的信件。格尔绍姆由于在规范犹太人生活方面的杰出贡献被誉为"散居地之光"。

1096 年，第一次十字军东征期间，前往圣地与穆斯林作战的十字军士兵对莱茵河地区的犹太人进行了迫害，逼迫他们转皈基督教。许多犹太人拒绝皈依，在信仰的祭坛上献出了自己的生命。从这时起，"Kiddush HaShem"（殉道，字面意思为"圣化圣名"）的观念开始成为阿什肯纳兹地区犹太人的一个中心理念，并于 12—13 世纪在阿什肯纳兹哈西德派中得到发展。

西欧犹太人主要是通过编纂和分发约瑟·托夫·埃勒姆拉比的文

章接触到巴比伦加昂教义的。约瑟·托夫·埃勒姆拉比当时就生活在法国中部地区。法国的《托拉》中心在很长一段时间一直依靠德国和普罗旺斯的学者，但是，随着曾求学于沃尔姆斯和美因兹犹太学院的所罗门·本·以撒拉比（史称"拉希"）到达特鲁瓦，法国开始成为一个独立的教学与研习中心。

拉希是第一位对整部《托拉》进行系统评注的犹太学者，他对《托拉》的评注深入浅出、清晰易懂，深受犹太人民众的喜爱，获得很高的赞誉，并流传至西班牙。在当时，阅读带有拉希评注的《托拉》成为犹太男童基础教育的一部分。许多《托拉》学者在引用《托拉》时，都很难把事实上的经文与拉希的评注区分开来。不过，拉希最重要的学术成就是对《塔木德》的研究，他撰写的《塔木德》评注风格清新、言简意明，研究水准大大超过了前辈学者，为以后的《塔木德》研究树立了风范。从13 世纪起，几乎所有的《塔木德》学者都遵循他所确立的标准，引用他的论述。经他注释和修改的《塔木德》文本是公认的权威本。在后来印刷出版的《塔木德》中，他所撰写的评注一直刊印其中，成为《塔木德》的一个有机组成部分。

拉希的评注为一代又一代学生与学者（以托萨福分子闻名，"托萨福"有"补充"之义）提供了基础，这些托萨福分子以批判的眼光审读拉希的评注，并对之进行圈点。随着时间的推移，这种以"批尔普尔"（pilpul）闻名的学习方法在法国和德国的犹太学院发展起来。所谓"批尔普尔"的学习方法，是一种将《塔木德》不同章节的内容进行复杂的比较，从中找出不同之处，然后以不同的方式加以解释。在对有关内容进行评判时，不仅需要指正，还需要指谬，以求做到公正合理。这种学习方法需要很强的记忆力和高度集中的注意力。一个擅长于《哈拉哈》"批尔普尔"学习方法的学者往往被认为是一个具有很高宗教地位的大师。拉希的思想作为一种具有特色的体系开始在中世纪的欧洲流传。当 15 世纪西班牙犹太社团和文化中心被暴力摧毁后，拉希所倡导的学派终于成为在西方社会占主导地位的一个犹太学派，这可以说是西欧犹太人中心对犹太文化发展做出的最伟大的贡献。

西欧地区最后一个接受犹太定居者的国家是英格兰。随着 1066 年"诺曼征服"把英格兰纳入欧洲的势力范围，犹太人开始了在那里的生活。

不久之后，英格兰的主要城市纷纷出现了犹太人的社区。

大批犹太人在西欧生活标志着犹太人由亚洲人向欧洲人的转变，欧罗巴成为犹太人的主要聚集地。经过近千年的历史整合，到了 19 世纪，犹太人的主体已经不再只有东方人了，而出现了越来越多的西方社会的成员。

对犹太人的迫害

自十字军运动之后，特别是到了 13 世纪，基督徒与犹太人之间的关系开始恶化。犹太人和其他少数人群体（如卡特里特派异端和麻风病患者等）一道不断遭排挤，被推向社会的边缘。在教皇英诺森三世召开的第四次拉特兰会议上，基督教会重新定义了基督教的界限，这次会议的决议同样也影响了犹太人。会议对犹太人借贷的利息做出了限制，禁止犹太人担任涉及基督教徒权利的公职等。在着装上也要求有所区别，犹太人被迫穿上佩戴有"犹太标志"的服饰（一般是戴黄、红或白色的领圈），或者像在德国一样，戴犹太式的尖顶帽。

与此同时，在大城市里，犹太人与正处于上升势头的基督教徒市民阶层之间的关系日趋紧张，犹太人被排挤出国际贸易领域和行业协会。在许多国家，如德、法、英格兰，他们只被允许从事赚取利息的借贷业。这期间，血祭诽谤又重现于英格兰和德国，并从那里向四处散布开来。欧洲各国的君主逐渐不再需要犹太人的服务了，犹太人又开始遭到主流社会的不断驱逐，最先遭到大规模驱逐的是在英格兰，后来在法国。由于德国一直没有出现中央集权式的政府，因此生活在德意志地区的犹太人仅从某些个别地区和城镇被驱逐出去。

在西欧，犹太人此时最大的聚居地在伊比利亚半岛。自 13 世纪以来，西班牙的基督教势力呈上升趋势，开始了在伊比利亚半岛与穆斯林的第二次争夺，争夺的结果是基督教重新控制了阿拉伯人 8 世纪以来征服的地区。穆斯林最终被逐出，西班牙恢复为一个信仰基督教的国家。

不幸的是，1391 年，西班牙开始对犹太人进行大规模迫害，结局十分惨烈。暴民闯入犹太居住区，屠杀犹太人并强夺他们的财产，许多犹太社区遭到破坏甚至被整个摧毁。

　　许多西班牙犹太人为了"圣化圣名"而献出生命，也有许多犹太人为了保全性命而皈依基督教。此后，强迫皈依的历史现象在西班牙开始蔓延。到了 15 世纪，成千上万的犹太人在教会、社会和经济法令的压力下自愿地加入那些被称为"新基督徒"的行列。然而，西班牙基督徒称他们为"马拉诺"（Marrano），该词在西班牙语中的含义为"猪"，以表示对皈依犹太人的侮辱。在基督徒当中，这些皈依者引起了强烈的嫉妒和经济上的竞争，导致了敌视性社会民意的增长，种族仇恨的出现，以及建立在"血统纯正"基础上的歧视性法律不断出笼。

　　这期间，基督教会对皈依者仍然秘密遵守犹太教诫命和习俗的猜疑不断增长。在神甫施加的压力下，西班牙国王费迪南德和王后伊莎贝拉同意在西班牙设立国家宗教裁判所，其职责是调查和根除在犹太皈依者中传播的宗教异端思想。15 世纪 80 年代，该宗教裁判所活动十分猖獗，指控大批人在暗地里信奉犹太教。成百的犹太皈依者在"信仰行动"中被烧死，成千的人被迫进行各种形式的"忏悔"。

　　最后，在最高宗教裁判所裁判官托马斯·德·托尔克马达的施压下，国王费迪南德和王后伊莎贝拉认为解决异端的唯一途径是驱逐那些皈依者身边对他们产生有害影响的犹太人。1492 年，费迪南德和伊莎贝拉终于做出将犹太人全部赶出西班牙的决定。

　　被逐出西班牙的犹太人数量巨大，估计在 10 万到 30 万人之间。由于西班牙和葡萄牙两国有着共同的陆地边界，大部分被逐出的犹太人首先来到葡萄牙，然而，他们仅被允许在这里停留不超过 8 个月，许多人没有及时离开，最后被当作奴隶卖了。1497 年，葡萄牙国王曼努埃尔一世想要娶西班牙公主为妻，因而被迫接受国王费迪南德和王后伊莎贝拉提出的条件——驱逐国内所有的犹太人。在颁布驱逐诏书后，曼努埃尔一世认定驱逐犹太人会给自己的王国带来危害，因此，又颁布了一份强制皈依令，迫使所有葡萄牙犹太人一夜之间成为皈依者。

　　欧洲文艺复兴的出现几乎没有为欧洲犹太人带来任何地位的改善和益处，相反，西欧犹太人自 16 世纪初以来开始被迫生活在"隔都"（ghetto）之中，与主流社会隔绝隔离。意大利是第一个以法律手段强迫犹太人集中居住在一个与城市其他部分隔开的街区的国家。1516 年，威尼斯共和国率先建立了四周筑了大墙、被人们冠之以"犹太隔都"的犹太人居住区，犹太人被统统赶入其中居住。稍后，意大利其他地区和西欧其他国家纷纷效仿，西欧犹太人被迫在有限范围内生活。"犹太隔都"的出现，形象地展现了犹太人在政治、社会以及生活方面被排斥在主流社会之外，与非犹太人社会的交流遭到阻碍的历史。同时，它的出现致使欧洲犹太人与文艺复兴运动、17 世纪的科学革命等擦肩而过。犹太人仿佛生活在蒙昧的中世纪，思想和文化发展受到严重阻碍。

　　爆发于 1789 年的法国大革命是导致欧洲大陆犹太人社会地位变化的一个重要的转折点。1790 年，在法国的塞法迪犹太人，即源自西班牙和葡萄牙的犹太人，在获得了完全平等权利的一年后，法国全境的犹太人都得到解放。拿破仑出于希望犹太人融入法国政治体系中的考量，在法国成立了"犹太长老会"，这是法国犹太人的中央机构。法国军队对欧洲其他地区的征服将解放犹太人的思想和具体做法传播至意大利和低地国家。19 世纪，在奥匈帝国，以及丹麦、瑞典、瑞士国家的犹太人陆续被宣布解放，获得了平等的社会权利。解放运动加快了犹太人现代化的进程以及融入他们所在社会的速度。但是，这一系列的发展在使得犹太人带着自己的文化和自由价值观向欧洲社会越来越靠近的同时，也导致了现代反犹主义思潮的兴起，并在随后的年代给犹太人造成更大的伤害。

第 15 章

中世纪欧洲商海的弄潮儿

　　生活在西欧的犹太人由于大环境的影响，成为犹太民族在经济生活中走在时代前列的一个群体。事实上，自欧洲进入中世纪不久，生活在那里的犹太人就开始以经商为主要谋生手段之一，成为当时欧洲商海的弄潮儿。近现代欧洲出现的犹太商人的传奇故事则进一步表明犹太人不仅是商海的弄潮儿，而且在很多情况下还是商海的"大腕"。尽管如此，犹太人事实上并不像许多人认为的那样是一个"天生"的经商民族。已经讲述的犹太历史清楚地告诉人们：犹太人首先是作为一个游牧民族出现在世界大家庭内的，在迦南地定居后成为耕种土地的农人。在经济活动方面，他们与上古时期两河流域的其他民族没有什么差别。犹太人之所以在之后的年代成为经商的民族，或者说成为人们眼中的经商民族，从某种意义上说，与他们在主流社会遭受的歧视和迫害有关。

　　历史表明，犹太人是在沦为"巴比伦囚虏"的年代里，从古巴比伦人那里学会了经商的本领，加入中东地区经商人的队伍，但那只是少数人所为，整个民族并没有表现出任何特殊的经商天赋。到了犹太人在世界各地散居的年代，他们几乎从事过其他民族所从事的一切职业，包括农人、牧民、屠户、匠人、裁缝、商贩、医生等，其中一些人曾拥有庄园、果园、葡萄园、作坊和贸易行。然而，随着基督教社会对犹太人的歧视和迫害加剧，以及主政的基督教教会越来越多地限制犹太人的经济活动范围，犹太人在职业选择上的余地也就越来越小、越来越窄，最终被限制在一些为当时主流社会所看轻甚至不齿的行业中。

涌入商界的原因

欧洲犹太人在经济生活中最早受到限制的领域是农业。从 5 世纪末开始，欧洲便出现了禁止犹太人拥有土地的法令。正如学者指出："西哥特人的法律使全部犹太人丧失了他们的地产。"

众所周知，中世纪的欧洲社会是一种以农耕为主的封建社会，除了僧侣阶层外，社会基本上分为两大阶级：一是拥有大片土地的世袭封建领主（包括各种大小贵族），二是为封建领主服役耕种的农奴。因此，当时最基本的经济组织是封建庄园，社会基层的掌权人是拥有土地的封建领主。禁止犹太人拥有土地的法令使得犹太人不可能成为拥有大片地产的领主，犹太人若是还想与土地产生联系，只有像欧洲民众一样成为依附封建领主的农奴。然而，犹太人很难在信仰基督教的领主庄园上务农，因为根据犹太教的习俗，犹太人在安息日（即星期六）是不可以工作的，那是犹太教献给上帝的圣日。但信仰基督教的庄园领主又禁止其帮工在星期天去田间劳动，因为那是基督教献给上帝的圣日，劳作者必须在这天歇息和去教堂祈祷。这样，在领主庄园上务农的犹太人一周内便得停止劳作两天，这对于季节时令不等人的农业来说，就意味着大量减产歉收，于是越来越多的犹太人开始脱离农业生产。加之此起彼伏的欧洲排犹浪潮，不时将犹太人驱逐出境，致使犹太人最终不得不完全脱离土地、脱离农业，成为欧洲社会中最早出现的一个主要居住在城镇中的民族群体。失去了土地依托并脱离农业的犹太人，自然会集中到农业以外的经济领域，于是手工业和商业成为他们赖以生存的主要行业。

就连那些对农业特别感兴趣的犹太人，也只能在靠近城镇的领地经营与农业挂钩的果园和葡萄园，或者办一些与农业有关的手工业作坊，如磨面坊、葡萄酒坊、纺织坊、印染坊、缫丝坊、鞣皮坊等。这正是"犹太人在中世纪就是一个与农业脱钩的民族"这一表述可以成立的原委。

犹太人不得不脱离农业一事究竟是祸是福，人们可以有不同的看法，我们暂时按下不议。不过，我们不应忘记这样一个事实：中世纪社会最主要的经济活动是农业，其他任何行业都可以说是边缘化的经济活动，后来被人们看好的手工业和商业（主要是因为这些行业的收益高于农业）在当时也并没有受到重视。脱离农业、失去土地依托的犹太人只能从事在当时属于"边缘性"的工作，从而也被社会边缘化。尽管从收入的角度出发，犹太人的收入的角度不一定很低，其经济地位也并不一定很低，却基本没有社会地位可言，完完全全被孤立在主流社会之外，是社会的"边缘人"，通常被视为社会的"另类"，悲惨处境是难以描述的。

9 世纪前后，自罗马帝国被蛮族打败以来退回到原始状态的欧洲社会开始向着城镇化过程复苏。除了农业以外，手工业在经济生活中的重要性越显突出，越来越被人看好，从事手工业的基督徒自然也就越来越多。为了垄断当地的手工业，城市非犹太人手工业者（他们因为信仰基督教而自然属于主流社会的人）纷纷组成行会，并对加入行会的手工业者做出严格的规定，并将信仰基督教作为入会条件之一。这样，最早兴办和从事城市手工业并在这一领域独占鳌头的犹太手工业者，现在却因为具有不同的信仰而遭到歧视，被广泛排斥在手工业行会大门之外。犹太人办的手工业也越来越难雇到基督徒工人，因为他们不愿意在信仰犹太教的人手下工作。而在欧洲社会的雇工人员中，犹太人通常是"最后一个被雇佣，第一个遭解雇"的群体。这种不成文的歧视性"惯例"使犹太人无法同时也不愿意进入雇工行列。欧洲基督教社会的这一做法实际上是将犹太人从手工业和作坊业中排挤出去。因此，当欧洲基督教国家手工业行会制度普遍确立后，犹太人经营手工业的各种路子便被阻断了。摆在犹太人面前的，除了服务性行业如行医、教书、记账、文书等，以及一些特殊行业如制作犹太礼仪用品、首饰等，基本只剩下经商这一条路。这样，越来越多的犹太人自然也就只能从事商业活动了。

应该说绝大多数经商的犹太人干的都是小商小贩一类的行当，或是走街串巷，或是从事地区性商业买卖或贸易活动，与其他经商的非犹太人并没有什么区别，但是不可否认的是也有相当一部分犹太人从事大宗贸易和跨地区商业活动。尽管这样的人数量不是很多，但若是与其他人群（譬如基督徒）相比，比例就相当高了。而且这一部分犹太人往往视野开阔、眼光敏锐、深谙经商之道，有良好的商业网络渠道和合伙人，成功的机会大，自然也获得丰厚的利润。历史上为人们津津乐道的犹太商人，大多数指的就是这些人。

人们常说商海无常，没有任何保障，那无权无势的犹太人为何能够在这无常的商海大显身手、有所作为呢？为何能够在中世纪商界立足并取得成功呢？这与当时欧洲社会的现实以及犹太人的处境直接相关。

就社会内部而言，欧洲在5世纪至11世纪之间，除了宗教生活的大统一外，未能建立起任何具有普遍性、为所有欧洲人接受的东西。12世纪十字军东征前的欧洲社会基本上是一个相对封闭、自给自足的农业社会，封建割据使得一切都是局部的、地方性的，国家、生活和思想都局限在狭小的天地里。由于欧洲的大部分民众一生从未离开过家乡或领主势力范围，因此闭塞和对外界一无所知是一种十分正常的现象。就欧洲外部而言，这时的欧洲作为一个纯粹的基督教社会，与7世纪在地中海周边地区日渐强大的伊斯兰教社会之间严重对立，完全可以说是两个分割开来的世界，无论是人员还是经济往来，相互间鲜有接触。

当然，封闭和对立并不意味着社会不需要交流，特别是商业（货物）之间。社会生活的实际需要，物品的相互补缺，使得经商不仅成为可能，而且一直在进行着，尽管规模不大。虽说从事这一经商活动的什么样的人都有，但其中最活跃的群体无疑是犹太人。

犹太人的经商优势

应该说，当时欧洲商界中犹太商人的活跃与他们具有的一系列非犹太人无法具备的"优势"有关，这些优势主要体现在人员联系、语言能力、信任信用等方面。

第一，散居在欧洲各地的犹太人是欧洲相对封闭社会内部一个流动强度较大和联系最为紧密的团体。不同地区的犹太人之间通常保持着一定程度的接触和交往，一方面是因为犹太人内部的需要，例如，出于族内婚的考虑，许多规模较小的犹太社团成员往往需要到其他犹太社团为自己的子女寻找配偶，这样便因为联姻联系在一起。还有就是出于犹太教育的需要，生活在一地的犹太青年常常到另一地求学，或追随另一地有名望的拉比，这就使得不同地区的犹太人联系在一起。另一方面，应该说是更为主要的方面，是非犹太人社会对犹太人的迫害，这种迫害通常表现在对犹太人的驱逐上。当犹太人不得不从一地向另一地流亡时，不可避免地导致犹太人之间的联系更为紧密。欧洲犹太人这种流动频繁和联系紧密的特征，对地区间的商业活动和贸易往来而言是有百利而无一害的，难怪人们发现中世纪的欧洲犹太商人之间存在着联系广泛的网络，犹太商人几乎在欧洲的任何一个地区都有自己的同伴和生意合伙人。前面提到的"每个犹太人都是自己同胞保护人"观念的存在，使得在各地经商的犹太人又多了一层保护。在外地经商的犹太人若是碰上匪徒或绑匪，当地的犹太人会想方设法将其救出或赎出，这对流动的犹太人来说多了一份保障。

第二，犹太人具有语言的优势。众所周知，商业往来需要语言的交往。中世纪的欧洲，人们使用不同的语言，无形中为跨地区的贸易带来了巨大的阻碍，特别表现在欧洲基督教社会和环地中海地区的伊斯兰教社会之间。然而，犹太商人却不受此影响，因为犹太人拥有一种统一的、相互间能够交流的语言——希伯来语。用希伯来语写的文书和签订的商业合同，是任何一个地方的犹太人都可以看懂和接受的。

第三，犹太人是一个公认的"守约"民族，他们对待合约的诚信态度，为不同地区商人之间的往来奠定了坚实、良好的基础。犹太人的"契约意识"来源于犹太文化和传统的长期熏陶。对于犹太人而言，遵守契约不仅是犹太伦理道德之需，而且是犹太民族安身立命之本，自然也是他们进行商业经营的价值底线。因此，凡是签订的商业贸易合同都会得到很好的遵守和履行。犹太人深谙自己同胞对合约的态度，人与人之间的信任度历来较高，几乎每一个犹太商人都会认真对待彼此间达成的协议，尊重对方的签名。此外，由于犹太人拥有为全体犹太人认可的统一律法，一旦商业往来出现了争端，无论在何地，犹太人都可以在犹太法庭依据统一的《塔木德》律法进行仲裁，得到合理的解决，不至于投诉无门。

第四，犹太人由于长期受到迫害，处于永恒的动荡之中，不安全感使得他们对时局和市场动态反应异常敏锐，且在应对中不惧古制、不受束缚、机智灵活、富有弹性。于是，凡有商机出现，总能获得先手，屡战屡胜。

第五，犹太人之间的信用传统使得那些从事地区间贸易的犹太商人建立了最早的地方代理人和经纪人制度。有了这样的制度，犹太人就可以在不同地区委任该地区的犹太人作为自己的代理，全权处理受委托事宜，用不着自己亲自看货验货就可以成交。在支付方面，出于资金安全和方便交易的考虑，犹太商人早在中世纪就开创了使用信用状（letters of credit）、汇票等作为支付手段的制度，以取代现金。犹太人的这一系列做法实际上已经建构出了一整套较为完备的商业体系，难怪他们能够在商界如鱼得水。

犹太人具有的优势还突出表现在跨文明的东西方贸易中（即欧洲基督教文明的西方和地中海地区伊斯兰教文明的东方）。由于犹太民族是当时唯一既生活在基督教社会也生活在伊斯兰教社会的民族，在欧洲的基督徒与伊斯兰教徒互不往来的情况下，生活在这两个社会中的犹太人之间的联系自然就成为沟通这两个社会的桥梁，社会生活中商品货物补缺和交流的任务也就落到了犹太人肩上。犹太商人不失时机地成为两个不同文明的隔绝社会的商品货物交流的供应商。

中世纪的犹太商人拥有上述得天独厚的优势，在当时商界一直为人称道。正因如此，在9世纪的法律文件中，"犹太人"和"商人"这两个词有时竟然可以互换，这从侧面表明犹太人在商界的影响。法国、德国和中欧地区主要商路沿线坐落的一个个犹太社区以有形的方式表明犹太商人在商界占据的位置。实际上，中世纪犹太商人的足迹还远不止欧洲境内及地中海沿岸，11世纪抵达中国宋朝京都开封并在那里定居的犹太商贾，就足以说明犹太商人的活动已经遍布当时已知世界的每一个角落。

不过，随着十字军东征打通了欧洲通向东方的商道，意大利威尼斯等商业城邦兴起，欧洲非犹太人在商业领域中的地位逐渐崛起，他们对地中海东部贸易的重新控制以及对犹太人的打压，致使犹太贸易衰落，犹太人的经商优势日渐削弱。

作为"高利贷者"的犹太人

历史也许印证了"天无绝人之路"这句古语。就在犹太人在商业和跨地区贸易等领域受到排挤之时，另一个新兴的经济领域——放贷业却向犹太人敞开大门。然而，这一行业在中世纪所有职业中是最为人所不齿的，从事这一行业的人都被冠以"高利贷者"的恶名，为社会所厌恶和憎恨。中世纪欧洲基督教社会的犹太人由于生活所迫，走上了放贷之路，"不幸"与这一职业牢牢地挂上了钩，也更加深了非犹太社会对他们的厌恶和憎恨。

严格来说，犹太人并非欧洲从事这一职业的唯一人群，不少基督徒也是放贷人，有的还是放贷巨头，但在世人的眼中，只有犹太人是"高利贷者"。犹太人的称谓本身在某些西方语言中，如英语中的 Jew，德语中的 Jude，都同时有着"放高利贷者"的含义。莎士比亚的戏剧《威尼斯商人》使得犹太人"高利贷者"的形象更加家喻户晓、妇孺皆知。1963 年，苏联基辅出版的《毫不夸张的犹太教》一书中有一幅插图：一个贪婪的大鼻子犹太老人，袖管高高捋起，毛茸茸的手臂伸向一个盘子，瘦骨嶙峋的大手紧紧抓住盘子里的纸币和硬币，更是把犹太"高利贷者"的形象深深地印在人们的头脑中。

不过，话说回来，回溯历史，犹太人确实是中世纪放贷业的主角，欧洲各国的金融放贷活动大多由犹太人承担。尽管如此，犹太人也并不是后人所说的天生金融家，犹太人之所以操起这一职业，一个最主要的原因是反犹主义的存在。

众所周知，放贷业实际上是一个非常古老的行业，《圣经》中对此就有记载。不过，放贷在自给自足的农业社会中发挥的作用是十分有限的，成不了气候。犹太人较多地进入放贷业是在 12 世纪至 13 世纪。12 世纪被称为"美丽的中世纪"，欧洲社会经过几百年缓慢的积攒终于爆发出快速发展的势头，其特征之一是城市复兴步伐加快。古罗马时期建立起来的城市，如罗马、比萨、佛罗伦萨、马赛、里昂、美因兹、伦敦、约克等相继恢复了中心城市的地位，一大批新兴城镇也如雨后春笋般出现。欧洲城市化进程以前所未有的速度发展，越来越多的人被吸引到城市来生活，欧洲社会的人员流动加剧，一个新兴的市民阶层开始形成。城市的重要性也开始日渐凸显，它不仅发展成为建筑业、制造业、服务业、商业和贸易的中心，也成为政治、文化和社会民主的中心。城市的发展和整个经济体系的繁荣使得货币经济兴起，社会对贷款产生了较大的需求。就在这时，基督教会严令禁止基督徒从事有息贷款活动的法令生效①，大部分基督徒被迫服从这项禁令，不少原先从事放贷活动的基督徒退出这一行业。而犹太人则不受该禁令限制，于是，越来越多在商业等领域受到排挤的犹太人，开始从纯贸易经商转向对犹太人敞开且有利可图的放贷业。犹太史学家罗斯对此是这样说的：一个不能从事贸易的商人，的确只能在这一方面为他的资本找到出路②。后来的学者在探讨这一历史现象时，提出犹太人是"被迫从事中世纪放贷业"的论点，确实道出了几分历史的真实。另一位犹太学者在分析犹太人进入放贷业时所说的，"犹太人并非因放债才遭受人们的憎恨，而是因为遭受憎恨才走上放债之路"，重新理顺了反犹主义与中世纪犹太放债现象之间的因果关系。

　　迫使犹太人走上这条道路的另一个原因是"犹太人只能靠钱生存"这一历史现象。对于散居在非犹太社会的犹太人来说，生活的权利与其说是一个人与生俱来的，不如说是用金钱买来的。人们在论述犹太人"客民"身份时曾指出，散居时代开始后，世界各地的犹太人都被看成是"异族"，在任何地方生活都被视为"寄居"。这样，他们的居住权便不是自然拥有的，而是有条件的恩准。最重要的条件之一就是拿出钱来。无论钱最后是归统治国家的国王所有，还是归教会所有，或是归贵族所有，只要是犹太人就得出钱。这种拿钱买生活的权利的行为在中世纪已约定俗成，得钱的统治者是这么看的，掏钱的犹太人也是这么认为的。当然，掏钱的方式常因时因地而异。在一些地方，犹太人通过交人丁税获得居住的权利；在另一些地方，犹太人必须缴纳多于非犹太人一倍乃至数倍的税额才能生活在那里。此外，为了避免迫害，犹太人常常需要有个保护人，他们要向保护人交纳特别款项或提供大笔捐赠。在社会发生动乱时，作为首当其冲受害者的犹太人常常在拿出一笔钱后才能免于一死，于是金钱变成保障犹太人生命安全的"保险金"。史学家莱昂·波利亚科夫对此有过下列一番观察：

---

① 1179 年在罗马召开的第三次拉特兰公会议上教会颁布了关于高利贷的禁令，规定凡是从事这一伤风败俗之事的人一律不得按照基督教的礼仪下葬。

② 塞西尔·罗斯：《简明犹太民族史》，第 241 页。罗斯还这样推测：当没有放高利贷的人时，很自然地要向商人求助，犹太人可能就是通过这种方式首先进入了这项新的行业。

犹太人发现对钱的尊崇是全部生活的源泉。犹太人日常生活中的每一次行动越来越受制于纳税。他来去必须纳税，为了与信奉同一宗教的人一起祈祷必须纳税，结婚要纳税，生孩子要纳税，甚至连给死者举行葬礼也要纳税。没有钱，犹太人就不可避免地注定灭绝。

另一位史学家杰拉尔德·克雷夫茨也说过类似的话，他说："没有钱，犹太人在敌人面前就没有任何护身之物。"一千多年来的历史证明了他们的论断是正确的。

"生存需要金钱"的法则，迫使犹太人不得不较多地考虑获得金钱的渠道和办法，并导致犹太人对金钱的一种特殊崇拜。法国哲学家孟德斯鸠所说的"记住，有钱的地方就有犹太人"（孟德斯鸠：《波斯人信札》）的观点是正确的。由于放贷业在包含高风险的同时也包含高回报，而除此以外又很少有其他职业能确保犹太人获取所需的收入，因此，许许多多的犹太人都被吸引到这一行当中来。犹太人的理财、生财、发财、积财的本领由此而来，并经世代承袭终于发展成为犹太人的第二本能。

现在的问题是：既然放贷业有利可图，为什么中世纪的教会要禁止基督徒从事这一职业呢？答案得从当时基督教会对放贷业的定义中去寻找。用现在的观念说，所谓放贷业实际上是一种金融活动，它通过资金的借贷收取，维持社会经济活动的开展和进一步发展，保障人民生活水平的持续提高。然而，当时的基督教会却不称之为"金融活动"，而将其论为"高利贷活动"，并从当时的伦理观出发，把通过借贷收取利息的活动一律视为罪孽，严令禁止基督徒从事任何放贷取息的"勾当"。

需要特别提出的是，当时教会使用的"高利贷"一词并不专门指今人所说的"索取特别高额利息的放贷"，而是指收取利息（不论利息是何等低）的借贷活动，也就是说，即使借出 100 块钱，在一年之后只收取 1 块钱或 1 毛钱利息的借贷也被认为是高利贷。

实际上，中世纪犹太人的放贷观基本与今人的放贷观类似，并不追求高额利息。犹太人的律法《塔木德》就禁止以索取超额利息为目的的放贷活动，并把这样的行为与谋杀等同起来，但它不讳言牟利，要求理性处事，鼓励借贷活动，把它看成是商业、贸易等经济活动中一个不可缺少的部分，并认为借贷后收取一定利息是一种合理的经济活动。在贷款利率的问题上，《塔木德》认为应由犹太拉比根据当时当地的供求关系决定。不过，中世纪留给人们的史料表明，当时贷款的利率并不是由犹太人制定的，而是教皇本人或一国国王制定出来的，如在西班牙，决定贷款利率的法令是由国王本人亲自制定和颁布的。

尽管当时的基督教会鄙视放贷业，并明令禁止基督徒从事这一"肮脏"的不正当行业，却为何准许犹太人操起这一行业呢？原因有二。

首先应该说是社会需要，无论是作为统治机器的国家、教会，还是生活在其中的王公贵族、普通民众，都有需要借贷的可能。如当时的欧洲王室兴建王宫、教会建造教堂就可能面临资金短缺的问题，需要通过借贷才能完成。王公贵族由于奢侈的生活方式也常常会碰上一时"手头紧"的情况，需要借钱才能度过暂时的难关。据称，当时在牛津大学上学的许多公子哥就是当地犹太高利贷者的最大客户群。这些出身贵族的公子哥过着放浪形骸的生活，常常入不敷出，为了保持其贵族身份和奢侈的生活方式，在下一笔家里的钱到来之前只能靠借贷维持。普通民众也很难摆脱需要借钱生活的局面，如遇上天灾，庄稼绝收，农人只有借贷进行下一年的耕种，以确保来年的收获；家中遇到不幸也少不了需要借钱度日。就连国家也常常需要借钱维持，如国库空虚时需要借钱，有了战争也需要借钱。从事经济活动的人更是少不了资金，在开发新的有利可图的项目之前最需要的可能就是一笔贷款，而在银行没有出现之前，由个人从事的放贷业就成了唯一的社会借款渠道。凡此种种，都说明放贷业显然是社会缺少不得的行业。12世纪的欧洲已经进入中世纪的盛期，经济活动异常活跃，对资金的需求越来越大，既然社会不允许基督徒去做，那就只能由犹太人去做。

其次是犹太人不信基督，不肯皈依基督教，因此在教会看来，犹太人命中注定要下地狱，是一个"罪恶的民族"。对于这样一个民族，多一条罪孽并不是坏事。于是，被基督教社会视为最下等、最肮脏、最可鄙却又缺少不得的行业，便被犹太人从事起来，罪名又落在他们所憎恨的人身上，真可谓一石二鸟。

贷款活动存在着巨大的风险，谁也不能保证放出去的贷款能够全部收回。对犹太人来说风险可能要更大，因为他们可能随时随地受到陷入其债务之中人的迫害而无法收回放出去的贷款，所以根据不同情况索取适当的利息，是回避风险和确保资本不至于完全损失的一种主要手段。对于放贷人来说，这既是对其能力的挑战，也是对其智慧的考验。事实上，犹太人较好地应对了这样的挑战和考验，在欧洲社会转型时期，为当时的教会、国家、贵族、民众提供了他们所急需的资金款项，以其独特的方式和贡献支撑着欧洲中世纪社会的发展，推动着被今人称为社会三大支柱产业之一的金融业的成长。20 世纪初的德国思想家维尔纳·桑巴特（Werner Sombast）在他的《犹太人和现代资本主义》（1911）一书中，曾以一种全新的眼光看待犹太人对金融和商业的贡献。他在大量研究的基础上指出，犹太教是一种有利于资本主义发展的宗教，犹太人是"第一个把现代商业的大宗商品投入到世界市场的人"。而犹太人在诸如股票交易、可转让票据、政府债券和钞票使用方面表现出的创造力，更有力地推动了社会的现代化和新型经济制度的出现。

但长期以来，犹太人在这一领域的贡献不仅没有得到认可和肯定，而且，随着基督社会以歪曲历史的手段把放高利贷同犹太人紧密地联系在一起，导致了犹太人和基督教环境的对立。与宗教排他性一起，这种对立促使 13 世纪至 14 世纪的迫害浪潮发生。铁石心肠逼债的犹太高利贷者的形象长久地根置于基督教徒的想象中，而国王、主教和封建统治者却乐意利用犹太放贷人，因为犹太放贷人通常要向他们支付比其他臣民高得多的税款。每当国库或统治者本人需要钱的时候，统治者就向犹太人课以重税，犹太人从事贷款的活动实际上也就成为基督教统治者补充国库和个人财富来源的手段。而犹太放贷人本身常常被敲诈得一文不名，如著名的英国犹太放贷人——约克郡的亚伦（Aaron of York，约公元1190—1268 年），由于英王亨利三世的贪得无厌和无休无止的勒索，在其死的时候竟没有留下半点财产。更有甚者，由于反犹主义的存在，犹太人背上了永世的骂名，留给后人一幅"高利贷者"邪恶和丑陋的画像。

第 16 章

步入现代　再现江湖

　　欧洲中世纪结束步入文艺复兴后，犹太人受到基督教社会的进一步排斥，被迫生活在犹太隔都中，犹太人不仅丧失了在商业和金融业中的地位，而且在相当长的一段时期内十分沉寂，陷入了悲惨的境地。犹太人重新在商界和金融领域显露头角是在历史进入现代时期，特别是在法国大革命之后的 19 世纪，从犹太隔都中解放出来的犹太人迸发出新的生机。他们抓住时代赋予的机会，以犹太人固有的、经过研习《塔木德》磨练的智慧和聪明才干开创了现代金融业，在商界开辟出一片新天地。

　　时势造英雄。19 世纪应该说是一个造就犹太金融家和商业大腕的时代。在英国人的带领下，工业革命如火如荼地在欧洲大陆展开，传统的手工和分散的生产经营方式被机械、集约型的产业方式所取代，机器生产最终代替了手工劳动。西欧诸国在制造业发展方面一马当先，几乎成了当时世界商品的"制造车间"。世界上几乎所有的新产品都是在那里最先出现，每一件商品都是用最新发明的机器制造出来，然后由蒸汽推动的船只运送到地球的每一个角落。以制造业为核心的工业革命的原动力是资本，工业发展需要大笔的投资，金融业由此成为工业革命的真正动力和支柱。一大批犹太人金融家就是在这一形势下涌现出来的。最早崭露头角并建立起持久声望的是著名的罗斯柴尔德家族。

　　长期以来，被世人誉为"金融巨头"的罗斯柴尔德家族创始人梅厄·罗斯柴尔德出生在法兰克福犹太隔都的一个犹太人家庭，早年只是一个经营古旧钱币和在银行当学徒的普通商人，却凭借其极有创意的经营法为自己的前程铺设了康庄大道，并在机会到来时，毫不犹豫地抓住它，终于在一代人的时间里建立起一个金融王国。他和他分别坐镇法兰克福、伦敦、巴黎、维也纳、那不勒斯的五个儿子一道利用自身的智慧、胆识、才干，在 19 世纪欧洲的金融界呼风唤雨，不仅几乎控制了欧洲金融命脉，而且同时经营铁路、采矿等实业，对欧洲的经济发展和政治历史产生了深远的影响。对于罗斯柴尔德家族具有的影响力，历史学家曾作出过以下描述：

> 没有他们的支持，任何庞大企业的生产都是不可能的。没有他们的合作，任何重要的贷款都无法募集。他们的一句话或一个警告往往决定着战争与和平之间的平衡。国家的大使们和部长们络绎不绝地前来造访，挤破了他们家的大门。

当然，罗斯柴尔德家族并不是当时仅有的具有影响力的犹太金融家，像英国的戈拉斯密德家族、法国的佩雷拉兄弟、比利时的奥本海默家族、遍布欧洲的斯特恩家族等，都是欧洲金融界的重量级人士，在 19 世纪欧洲的金融界占据鳌头。在欧洲之外，原籍在巴格达的沙逊家族也享有盛名，他们最初在孟买建立的金融王朝很快成为远东最具影响力的金融机构，20 世纪初在远东和中国上海的金融界一直扮演着举足轻重的角色。

回顾历史，人们不难发现犹太人对于 19 世纪出现的现代金融业的最大贡献，与其说是在资金的积累上，不如说是在资金运转的方式上，特别是在资金的流动的方式上。犹太金融家建立起来的跨国金融机构，使得资金的流动第一次不受国家和地域的限制。他们用信贷的方式完善了整个运转过程，从而使资金可以灵活地聚集起来，为投资和生产提供资金来源和保障，一旦出现大笔资金的需要或紧急的需要，可以立即把资金从一个国家转移到另一个国家。这样，资金的效应得到了最大的发挥，他们自己也因此获得了巨大的成功。20 世纪下半叶，纵横在国际金融市场的犹太投资家索罗斯可以说把这一做法发挥到了极致，成为公认的"金融炒家"。

在现代金融界大显身手的犹太人也重新在现代商海脱颖而出。他们之所以能够在现代商海有不俗的表现，是因为他们通常对现存的经济体制认同淡漠，不太受传统观念束缚，经商手法冷酷精准，故常常能够独辟蹊径，走在时代的前列，超越时代，独占鳌头。

牛仔裤服装的出现和流行凸显了犹太人的敏锐和智慧。其发明人李维·斯特劳斯原本是美国19世纪淘金潮中千万名淘金者中的一员，基于自己的敏锐和智慧，他并没有进入矿石淘金业，而是加入了为淘金者服务的行业，用谁也不会想到的帐篷布作为衣服的布料，制造出深受淘金矿工欢迎的牛仔裤，迅速致富。当然，李维·斯特劳斯及其公司的成功还在于不断进取的精神，不断地开发新的产品和宣传新的时尚。李维斯牌牛仔裤服装一百多年的发展史和取得的成就表明，这位犹太商人不仅创立了一个品牌，更是引领了时尚潮流。时至今日，李维斯牌牛仔裤服装早已成为美国乃至全世界大众文化的一大象征。

在美国的零售业界，犹太人是执牛耳的先锋，自从来自德国巴伐利亚的犹太商贩（亚当·吉姆贝尔）在美国创办了第一家百货公司起，犹太人一直领导着美国的零售业。他们或者是开办连锁店的第一人（大卫·鲁宾），或者是著名百货公司创办人（美国梅西公司的施特劳斯）。著名的商业巨头罗森沃德经营西尔斯公司取得的成功则主要靠经营理念，他不仅把邮购销售推到了一个新的高度，而且创造性地推出了"顾客不满意即可退款"的经营理念，公司营业额成倍增长的同时，他本人也成了商界的骄子。"顾客不满意即可退款"的经营理念对于当时的商界而言是闻所未闻的，包含着很大的风险，提出之初曾在公司内部遭到许多人的反对，然而，新的理念却又孕育着巨大的成功。今天，"不满意即退款"已经成为众多商家的经营理念。罗森沃德的成功展现了犹太人的敏锐和智慧。

犹太人在世界各地均生活在城镇，熟悉城市生活，对城市大众的品位和需求甚为敏感，善于采用创新的手法丰富人们的生活、引领生活的潮流，从而为自己创造成功的机会。新闻业和影视娱乐业的成功就是极好的说明。在新闻界，犹太人路透引入一种全新的时事新闻传递模式的故事早已为人们所熟知，速度就是新闻的价值在他们的身上得到了最好的体现。如果说路透新闻社服务的对象主要还是商界的话，犹太办报人奥克斯的宗旨就是应对城市大众的品位和需求。《纽约时报》19世纪末曾一度连年亏损，几乎难以为继。奥克斯主持报社工作之后进行了一系列改革，最重要的是对报纸的内容编排进行了大的改动，大量增加了经济和金融新闻。当时的纽约正值经济起飞时期，城市面貌日新月异，金融活动异常活跃，生活在那里的人对经济的关心可想而知，报纸增加这方面的热门新闻显然迎合了民众的需要。几年后，《纽约时报》一举成为美国纽约最有影响力的一份刊物，奥克斯本人也被誉为报业奇才。

世界著名的电影城好莱坞就是犹太人在 20 世纪初创建的。在西方社会朝着消费型、享受型社会过渡之初，犹太人把握先机，在影视娱乐业大力发展，享誉世界影坛的"环球""派拉蒙""华纳兄弟""福克斯""米高梅"五大制片公司均为犹太人开创和拥有，这无疑展现了犹太人的敏锐目光。事实上，好莱坞的电影不仅是为民众提供了一种娱乐消遣的方式，更为重要的是引领着生活的潮流。20 世纪 20 年代以来，好莱坞电影无论是对人们服装的样式、生活的方式，还是对社会时尚、时代潮流，都产生了巨大而深远的影响。

由此可见，犹太人在当代经济领域的重要贡献早已不再限于某个具体行业，而是在观念更新和理论突破方面。这些观念在改变犹太人的同时，也改变着我们这个世界。正是在这个意义上，犹太人成为我们这个时代经济领域名副其实的不朽者。

第 17 章

东欧犹太人中心：近代最大的犹太人聚集区

在犹太启蒙运动到来之前的 19 世纪，生活在东欧的犹太人就已经构成了世界上最大的犹太人散居群体——东欧犹太中心。尽管已经掌握的关于俄罗斯和波兰犹太人的最早资料来源于中世纪早期，但那里犹太人生活的发展和巩固应该说主要始于 12 世纪末和 13 世纪初。当时是波兰王国开始繁荣的时期，王国统治者鼓励商人（包括犹太人）从西欧（主要来自德国和波希米亚）移民到波兰。第一份授予波兰犹太人的权利特许状由卡利萨的伯雷斯劳公爵于公元 1264 年颁发，这成为日后东欧犹太人享有其他特权的基础。14、15 世纪，生活在德国阿什肯纳兹地区的犹太人在遭到迫害和驱逐后，大多选择了向东迁徙来到波兰。

波兰的犹太人社区

16 世纪时，作为当时欧洲国土面积最大的国家，波兰境内已经生活着一个规模相当大的犹太社群。这个社群迅速发展成为世界犹太人的《塔木德》研究中心，并且此后一直是近代传统的犹太学术中心，直到二战时由纳粹德国对犹太人的屠杀而被摧毁。这里的犹太民间文化是意第绪语文化，世俗教育很少，艺术和科学教育实际上几乎没有开展。从 1648 年起，在哥萨克人和乌克兰人掀起的反抗波兰统治的战争中，数以万计的犹太人死于非命。

　　波兰犹太人人口地理分布增长最快的时期是 1500 年到 1654 年的屠杀迫害之间。1648 年至 1654 年期间，数以百计的犹太社区被由哥萨克、塔塔尔和乌克兰农民组成的军团摧毁。大多数的波兰犹太人生活在小镇里，只有三分之一的人生活在乡村。他们从事贸易、房地产租赁、手工艺和放贷等行业，或者提供管理和市场服务。随着镇上基督徒人口的日渐减少和犹太人出生率的增高，那些城镇犹太人口的增长达到了一个极点，出现了"犹太区"（shtetl）现象，即一个镇上犹太人占绝大多数，城镇生活也带有明显的犹太风格。

　　散居地犹太人的组织机构通常主要是地方社区。每一个社区通过选出的机构管理各自的事务，这些机构包括宗教法庭、文士、领诵员、评税员、社区领导班子。但是，波兰犹太人口的规模及犹太社区在地理上的分散产生了一种对超社区组织的需求，因此，到了 16 世纪中期，犹太人在波兰王国成立了"四省议会"的机构，在立陶宛公国成立了"立陶宛议会"的机构。这两个议会以最高宗教法庭和可以颁布条令法规的权威对地方社区进行监督，但并不违反犹太社区自治的原则。它们统一收缴王国中犹太人应缴的税，征收应付给社区的钱款。它们还对犹太人的经济生活进行指导，做出各种与土地租赁和不动产管理有关的安排。

　　波兰《托拉》研习中心声名远扬，这应归功于 16、17 世纪在波兰出现的耶希瓦，以及耶希瓦的领袖，他们吸引了大批来自意大利、德国、荷兰、波希米亚和其他国家的犹太学生。到了 18 世纪的后半叶，哈西德运动席卷了东欧。这场运动的发起者以色列美名大师发明了一种崇拜上帝的方法，这种方法建立在喀巴拉教义的基础之上，对传统的神秘主义思想做出了令人兴奋的解释，其精髓要义是让个人通过对上帝的虔诚感受上帝所产生的内在体验。他把自己的学说传授给一小群经过筛选的学生，多夫·贝尔，即来自梅济耶尔的"马吉德"，是其中最为著名的一个。"马吉德"的学生创造出了哈西德"法庭"形式以及"柴达克教义"的样式。他们组成的犹太法庭成为最受犹太民众喜爱的朝圣地。

17、18世纪波兰的木质犹太会堂

波兰犹太会堂内景

俄国犹太人的不断增长与衰落

可以说，在 18 世纪沙皇俄国西扩以前，基本上没有多少犹太人生活在俄国固有的疆土上，只是在波兰被瓜分后，波兰的犹太人才被包括在俄罗斯帝国的疆界之内。1772 年至 1795 年间，波兰三次遭到欧洲列强的瓜分，沙皇俄国作为一个瓜分者获得了大片原属于波兰的领土，大批原先生活在波兰的犹太人遂成为俄国统治下的侨民。一些犹太人出于生计考虑，开始向东进入俄国固有的地区，在那里形成了一些犹太人居住区。然而，俄国当局对犹太人存在偏见和歧视，不愿看到犹太人在俄国境内自由移居，于是开始制定相关法令，限制犹太人活动和居住的范围，设立了一块被称为"栅栏区"的地区，即俄国政府规定允许犹太人居住和谋生的地区。俄国的犹太栅栏区最早出现于 1792 年，其范围基本上是第一次瓜分波兰时俄国得到的领土，生活在其中的约有 120 万波兰犹太人。为了防止犹太人向俄国腹地移居，沙皇叶卡捷琳娜二世曾多次颁布法令，规定犹太人只能在黑海沿岸地区生活、工作、经商。后来，由于俄国领土疆界的变化，栅栏区有所扩大。1835 年后，栅栏区的范围包括立陶宛、沃吕尼亚、波多里亚、白俄罗斯、乌兰克、新俄罗斯、基辅省，以及波罗的海沿岸各省，生活在其中的犹太人约有 400 万。1881 年，亚历山大三世发布"临时法令"，重申禁止犹太人在栅栏区以外地区居住的规定，并准许乡村居民把"有罪的犹太人"赶出去。即使在栅栏区以内，犹太人也常常受到种种不公平待遇，如规定犹太人必须交纳双倍的税赋等。划定栅栏区的做法是沙俄当局对犹太民族歧视和迫害的产物，它不仅剥夺了犹太人应有的权利，而且加剧了俄国犹太人与非犹太人之间的隔阂和矛盾。

到了 1815 年，俄国犹太人已经成为世界上最大的犹太人群体。然而，直到 19 世纪后半叶，现代化的进程通过犹太启蒙运动才开始渗透到传统犹太社会。沙皇亚历山大二世（1855—1881 年在位）在俄国社会推行的改革不仅导致了俄国大农庄制度崩溃，也破坏了犹太区犹太人的经济基础。不过，应该说俄国犹太人还是从其政治权利的提高中获利，他们第一次得以合法走出栅栏区，进入俄国的腹地和主流社会，扩大了犹太人在俄国的生存空间。

　　1881 年俄国发生的沙皇亚历山大二世遭刺杀事件极大地影响和改变了俄国犹太人的命运。沙皇政府为了转移国内民众对统治的不满情绪，把这一刺杀行为归罪于犹太人。这与俄国社会长期存在的将犹太人视为社会的"替罪羊"的传统一脉相承，社会出现的任何动乱、不安都可以归罪于犹太人。1882 年"五月法"的颁布是俄国对犹太人大规模迫害的开始。俄国犹太人为了躲避可能的迫害，开始大规模外迁，再次用犹太人传统的以"脚投票"的方式对暴政说"不"。到 1900 年，约有 200 万犹太人离开俄国，出现了有史以来最大的一场犹太人集体迁徙。绝大多数被迫迁徙的犹太人的目的地是北美的美国和加拿大，不过，仍然有一小部分犹太人选择以色列地作为目的地，成为第一批在现代回归故土的犹太集体。

　　20 世纪初在俄国发生的一系列革命和战争使得更多的犹太人离开俄国。到了 20 世纪最后十年，有近百万俄罗斯犹太人移居以色列、美国等地。

第 18 章

美国犹太社团的崛起　流散力量的展示

　　如前所说，犹太人在美洲的出现是在航海家哥伦布"发现"新大陆之后。许多被西班牙驱逐的犹太人以及被迫改信基督教的西班牙犹太人越过大西洋，逃到了西班牙在南美洲的新殖民地，以逃避宗教裁判所的迫害。更多的犹太人是随荷兰、葡萄牙、英国、法国对美洲的殖民浪潮来到美洲，不过，当时的犹太人主要生活在南美洲。由于主要由天主教实施的宗教迫害仍然不时出现，来到南美洲的犹太人常常被驱逐。而他们的下一站往往就是北美。

不断增长的犹太人社团

　　犹太人到达北美洲的日期具体定格在 1654 年 8 月。当时有 23 个犹太难民在葡萄牙人占领巴西后因担心受到迫害而离开巴西，没有证据表明这 23 人的目的地是北美洲。他们搭乘的船只后被西班牙士兵截获，船上那些愿意皈依基督教的犹太人被带走，这 23 个不愿改变信仰的犹太人被扔到另一艘船上，最终被船长带到了北美的新阿姆斯特丹（当时荷兰的殖民地，即后来的纽约）。当他们登上曼哈顿岛时已被劫掠一空，穷困潦倒。然而，当时北美殖民地的总督斯图文森特起初拒绝那 23 个潦倒的犹太人在纽约定居。斯图文森特以宗教和经济理由为自己的决定辩护，他说这些人反对基督教，并且有可能成为殖民地的社会负担。

　　但这些犹太难民决心要留在北美殖民地，因为他们已经别无选择。如何才能获得许可在那里生活呢？处于极度困境中的这批犹太难民想到了在荷兰的犹太同胞，于是他们向生活在荷兰阿姆斯特丹的犹太人发出了求助的请求。当时的荷兰由于受到新教思想的影响，不仅经济得到较快的发展，而且社会比较宽容，生活在那里的犹太人在 17 世纪就对荷兰社会具有相当大的影响，在经济领域更是具有非同寻常的影响力，他们中的一些人当时已是荷兰西印度公司的重要信托人。尽管这些生活在荷兰的犹太人与在大西洋对岸的犹太难民素昧平生，但是"犹太人一体观"发挥了作用。那些在荷兰西印度公司具有影响力的犹太人收到求助请求后，立即对此事进行了干预，力争为自己的同胞赢得在新阿姆斯特丹留居的权利。1655 年春，阿姆斯特丹当局以文告的方式向担任北美殖民地总督的斯图文森特发出指令：允许犹太人在那里"居住生活"。这一类似中世纪"特许状"的指令的颁布可以说拉开了犹太人在北美（即后来的美国）生活的序幕，23 名来自巴西的犹太人组成的犹太社团，成为北美有史以来的第一个犹太社团。350 年后的今天，这个最初只有数十人的犹太社团终于成长为一个人数超过五百万的"超级"犹太社团，是整个犹太历史上最大、最富庶、最具影响力的犹太人群体。不过，这都是后话了。

　　一年后，英国人夺取了该市镇，新阿姆斯特丹更名纽约。17 世纪 90 年代，陆续抵达那里的犹太人越来越多，组成了一个有自身犹太会堂的犹太社区，犹太人开始在那里站住了脚。18 世纪 40 年代开始，有人定期在费城（当时是纽约的属地）举行犹太教祷告仪式。

　　随后，来自立陶宛、俄国、波兰、匈牙利、普鲁士、黑森、巴伐利亚、荷兰、法国、葡萄牙和西班牙的犹太人不断来到北美地区，以一个全新的北美犹太人的面貌出现。他们认真地对待北美的生活，因为在那里没有把犹太人和基督徒邻居隔离开来的障碍。犹太人在这片土地上不感到陌生，这里成了他们的家。

　　到了 18 世纪中期，许多来自德国、波兰的犹太人纷纷移居到北美的英属殖民地，也有不少人移居到法属殖民地，在那里的犹太社区中建立了阿什肯纳兹犹太人区。北美大陆作为一个新兴的移民地区，在对待少数民族的问题上采取了多元化的态度，因此英属殖民地的犹太人享有很多公民权。

1776 年 7 月 4 日，随着《独立宣言》的发表，一个新的国家——美利坚合众国诞生了。当时这个国家的大多数犹太人还都生活在这五个城市：北方的纽波特，纽约和费城；南方的查尔斯顿和萨凡纳。在这个总人口不到 300 万的国家，犹太人总计有 2000 ~ 2500 人左右。

到 19 世纪 30 年代后期，有 1 万 ~ 1.5 万犹太人生活在美国，大部分是阿什肯纳兹犹太人，即来自"德国"和"东欧"的犹太人。1837 年前后，德意志地区时局动荡，德国犹太人加快了向外移民的步伐，到 1881 年，可能有超过 10 万德国犹太人移民来到美国。

19 世纪 30 年代后期开始，抵达美国的中欧犹太人把精力花在扎根和谋生上。当他们和自己的孩子安定下来后，一部分犹太人开始把目光投向政治领域，他们是正直的公民，勇于负责，诚实可信，很少有哪个州没有犹太人在市议会担任市长或立法议员。到 1906 年，奥斯卡·S. 斯特劳斯已在西奥多·罗斯福的内阁中任商业和劳动部部长，1916 年，路易斯·D. 布兰代斯穿上了美国最高法院法官的长袍。自南北战争后，许多犹太人把票投给共和党，但在伍德罗·威尔逊 1913 年当选为总统后，大部分犹太人似乎转向了民主党，并在整个 20 世纪忠诚于这个更加自由的政党。到 1924 年，美国犹太人口大约达到了 350 万，他们住在城市，参与投票，发挥作用。

19 世纪来到美国的欧洲犹太移民对这里独一无二的宗教自由气氛、知识分子可能有机会施展才华，以及国家提供的经济福利心存感激，他们决心成为好公民，回报社会。例如，约瑟夫·普利策曾拿出数百万美元创立了普利策奖；三个洛杉矶人，包括一个犹太人、一个天主教徒和一个新教教徒，把自己的土地捐献出来，帮助建立了南加利福尼亚大学，林肯去世时，纽约的"以色列遗民"犹太会堂——美国正统派犹太教的堡垒——特地为这位为国捐躯的总统诵读了悼念祈祷文（犹太安魂曲）。

受迫害者的庇护所

美国对犹太移民的接纳是慷慨和平等的。当时的美国总统约翰·泰勒曾经这样说："在其他地区受到迫害和压制的希伯来人，现在定居在我们中间，没有人会使他们感到害怕。"犹太人在那里的确有了安全感，并找到了自己的机会。

正因如此，犹太人全心全意地接受了美国。他们把美国看成是自己的家，是新的"应许之地"，这里的犹太人幸福而感恩。1812 年战争中，当英国人进攻到纽约西北部时，政府呼吁人民给予捐助，纽约市的犹太人（大概占所有市民人口的 0.5%）捐献了所有捐款中的 9%。

早在 1852 年，就已有相当数量来自东欧诸国的犹太人抵达纽约市下城东区，在那里建立了一个正统派犹太会堂和学习中心。到 19 世纪 70 年代，那里已建立了许多类似的集会场所。20 世纪初，有越来越多的东欧犹太人前往美国。仅 1914 年一年，就有超过 13 万的犹太人登陆美国，到 1924 年，美国接收了将近 200 万来自斯拉夫地区和罗马尼亚的犹太移民，而在 1837 年到 1924 年的近一百年间，所有登陆美国的中欧犹太人都未达到这个数目。

犹太人为什么来到美国？很简单，他们在欧洲几乎没有未来。他们痛恨压迫他们的统治者，那些统治者剥夺了他们的公民权和经济机遇，并对他们实行集体迫害。

实力和影响力日益增长的群体

虽然从总体上说，美国犹太人的总数从来只占美国人口的很小一部分，迄今也没有超出 3%，可是，他们却总是生气勃勃、奋发向上，在美国经济、文化和精神生活领域开拓进取，贡献才华。事实上，独立战争刚一打响，就有犹太人报名参军，为美国的最初建立做出了自己的贡献。自 20 世纪以来，犹太人在美国的政治、经济、科学、文化、教育等领域贡献卓著，人们不仅在领导着美国前进和发展的所有领域里可以看到他们的身影，而且也的的确确能感受到他们的贡献和影响。目前，犹太人显然已经成为美国社会中一个极具实力和影响力的少数裔群体。自从犹太人流散到世界各地以来，可能还没有一个犹太社团为它的生活和事业找到过这样广阔的活动舞台，也从来没有任何一个犹太社团具有美国犹太社团这样的实力和权力去左右自己的命运。美国犹太人不仅努力并成功地增强了自己在社会上的影响力，而且竭尽所能在政治、宗教上改善了自己的地位，并通过慈善事业帮助所有外国的犹太人。

　　1914 至 1915 年，第一次世界大战爆发后不久，美国犹太人成立了美国犹太人联合分配委员会，以帮助饱受战争摧残的欧洲犹太同胞。不久又成立了巴勒斯坦求助联合会。之后，这两个机构联合成为犹太求助联合会，以筹集资金帮助欧洲、北非、巴勒斯坦和亚洲地区的犹太社团。在犹太求助联合会和不断涌现的其他慈善联盟的领导下，美国数百个地方性的犹太社团为世界犹太人筹集到巨额经费。据不完全统计，从 20 世纪 30 年代末到 70 年代末，美国犹太人以现金或认购债券的方式捐给在巴勒斯坦的犹太人和日后成立的以色列的美元就超过 80 亿。其他犹太人机构，如美国犹太委员会、约言之子和美国犹太代表大会，几十年来与联盟的外国犹太机构紧密合作，而犹太劳工委员会则与欧洲的社会主义政府和劳联保持着密切联系。在宗教事务方面，以以色列正教党和卢巴维奇哈西德派为首的正流派与欧洲和以色列的正统派犹太人保持着密切联系；保守派有自己的犹太会堂世界委员会；改革派人士通过他们的进步犹太教世界联合会，已在英国、法国、荷兰、以色列、澳大利亚和新西兰发展出一批自己的成员。美国犹太人从 1965 年起与天主教教皇合作，最终发表了一份谴责反犹主义并承认基督教的犹太起源的权威声明——《我们的时代》，他们还支持以色列与梵蒂冈建立外交关系。在 20 世纪 60 年代，美国犹太人组织开始以各种方式向苏联政府施加压力，要求其允许境内的犹太人移居国外。当苏联最终在 80 年代末解体后，美国犹太人在成功协助近百万苏联犹太人移居以色列的同时，又积极地拯救和重建东欧的犹太社团。在以色列作为世界上唯一的一个犹太人国家成立后，美国犹太人便把很大一部分精力转到了维护以色列的利益上。

以色列的靠山

　　由于以色列作为一个国家的生存需要完全不同于个体犹太人的生存需要，因此世界上有不少犹太人并不一定完全赞同以色列政府的政策，但犹太人出于对自己国家具有的特殊情感，他们在保卫以色列的安全和捍卫以色列完整的问题上却立场坚定、团结一致。每当阿拉伯与以色列的战争爆发，全世界的犹太人都会立场坚定地站在以色列这边，毫不犹豫地伸出援助的手，以自己的实际行动支持以色列。如果说，前往以色列直接参加战斗的人数还不是很多的话，用经济手段表达支持的人则难以计数，人们在支持和保卫以色列上的慷慨是非同寻常的。例如，1967年"六日战争"爆发的当天，在一个饭店举行的聚餐会上，开始的 15 分钟，每分钟得到的捐款达到 100 万美元。芝加哥一次募集到 250 万美元，亚特兰大募捐到 100 万美元。犹太人捐出的除了现金、支票和实物外，还包括证券、股票，甚至契约。1973 年，在赎罪日战争爆发的一周内，美国犹太人就向以色列紧急基金捐献了 1 亿美元的现金，捐款的人包括男女老幼。源源不断的捐款甚至来自儿童的零花钱、老人的退休金；华尔街的经纪人送来了数字后面带有若干个零的支票；计划旅行度假的人取消行程，捐出了所有的旅行支票；几个在停车场看车的年轻人也送来了所得的停车费。在这一年，美国犹太人至少向以色列捐献了 10 个亿（其中包括 5 个亿的以色列政府发行的债券）。此外，世界各地都有犹太人奔赴以色列战场，为保卫世界上唯一的犹太人国家做出自己的贡献。尽管他们并不是以色列人，没有"义务"这样做，但人人都把在以色列发生的事看成是自己的事。"每个犹太人都是自己同胞守护人"的观念，在中东冲突问题上表现得淋漓尽致。

当然，在捍卫以色列生存权方面最为有效的举动是美国犹太人开展的一种被称为"院外游说"的活动，美国犹太人通过积极游说美国政府和立法机构，确保以色列不致受到不公平对待，并促使以色列和美国之间发展一种"特殊关系"。在这一问题上，一个被称为"美国犹太人院外活动集团"的机构发挥了巨大作用。美国犹太人院外活动集团不是一个单一的组织，而是一个组织群体，由若干关心以色列安危和亲以色列的团体构成，其核心是 1954 年组织起来的美国以色列公共事务委员会。作为一个唯一以开展游说活动为宗旨的院外活动组织，该委员会一经成立就展现出超强的能力。它积极调动一切可以调动的力量，在各个层面上对立法机构和政府领导人进行游说并施加影响，力保在涉及以色列问题的政策在制定过程中有利于以色列的利益。一年以后，另一个亲以色列的团体出现了，这就是美国主要犹太组织主席团会议。随着时间的推移，美国主要犹太组织主席团会议扩展了它的规划，成为准美国犹太总机构。这两个机构加上日后成立的其他亲以组织，共同构成了美国犹太人院外活动集团。

在强有力的美国犹太人院外活动集团的积极努力下，以色列与美国之间的关系获得了异乎寻常的发展。1962 年，肯尼迪政府与以色列确定了两国关系的"特殊性"，美国承担对以色列生存和安全的义务。1967 年，美国最高法院做出历史性的裁决，允许美国犹太人同时拥有以色列国籍，这意味着美国犹太人可以应征加入以色列国防军参战。在这以后，美国犹太人在以色列军队中服役和加入军事行动的例子屡见不鲜，急需人力资源的以色列军队从此有了一个新的人才来源。1983 年，美以正式签订《战略合作备忘录》，美国确认以色列是美国在海外的"战略资产"。1988 年，美以又正式签署《战略合作谅解备忘录》，以色列成为没有和美国正式结盟的"盟友"，成为除北约以外美国的主要盟国。这种特殊关系对于四面受敌的以色列来说意义重大。美国的支持不仅使以色列在中东冲突中有了一个可长期信赖的大国，而且使得以色列在国际政治舞台上有了一个坚定的支持者。不仅如此，美国以色列公共事务委员会和美国主要犹太组织主席团会议还通过游说政治活动，促使美国总统和国会为以色列国家筹集到巨额援助性质的资金，并在苏联所支持的穆斯林邻国用战争威胁到它的存在时，为它提供先进的武器装备。毋庸讳言，美以间存在的这一特殊关系已成为以色列生存和安全的最可靠保证。对此，以色列前外长阿巴·埃班曾直言不讳地说："在决定生命攸关的问题上，以色列几乎都可以得到美国的帮助。"对于美以这一特殊关系的确立，美国犹太人自然是功不可没。难怪以色列老资格政治家佩雷斯是用以下一番话来评价美国犹太人所发挥的作用的："美国的犹太人不仅仅是我们发展与美国关系的一种手段，更是我们的一个目标，没有美国犹太人对我们的支持，就谈不上美国政府对我们的支持。"

目前，美国犹太人不仅在人数上居各散居地犹太人之首，是当今世界上最具实力、最富足、最有影响力的犹太人群体，而且在国际犹太人事务中影响也越来越大。

涅槃重生：解放 复国 振兴 繁荣

第 19 章

引导犹太人步入现代社会的运动

　　18世纪末和19世纪初，在欧洲启蒙运动和法国大革命的双重影响下，民族自由、民族独立、民族平等的意识在欧洲大陆得到普遍传播，深入人心。欧洲非犹太人社会开始对过去实行的排犹反犹政策进行了反思，一些人从理性主义出发，意识到不应再将犹太人作为社会劣等人对待，应还他们自由平等的权利，给生活在那里的犹太人以公民权。1791年，法国首先以国家的名义宣布给生活在法国的犹太人以平等的公民身份，这标志着欧洲犹太人"解放"的时代到来。等到拿破仑登上权力顶峰，法国城市中存在了数百年的犹太隔都的大墙终于被推倒，犹太人因此走出封闭状态，获得了自由，第一次在社会上享有与非犹太公民一致的自由平等权利。接着，德意志各公国也在宪法中废除了"犹太人在法律上无权"的条款，还公民权于犹太人。随着拿破仑在欧洲征战规模的扩展，其军队所到之处均打出了法国大革命所宣扬的"自由、平等、博爱"大旗，被拿破仑征服的欧洲其他国家，如意大利、荷兰等国也相继推倒犹太隔都的大墙，宣布"解放"犹太人。

　　面对主流社会发出的"解放"宣言，生活在其中的犹太人开始思考自己即将面临的问题：既然人家不再把自己当成"外人"，自己如何走出封闭的隔都？如何融入开放的社会？如何迈入具有现代特征的新时代？如何使有着数千年悠久历史的古老民族成为一个现代民族？一句话，当外部的解放到来时，犹太人如何在内部实现自我解放？应该说，犹太人没有错过历史给予的这一难得的"解放"机会。在接下来的一百年里，犹太人之间兴起的"民族复兴"运动应该说是犹太人应对现代社会的最佳自我回应。这场民族复兴运动的成功开展在使得犹太人摆脱中世纪以来的"蒙昧、保守"状态且成为一个现代民族的同时，也为犹太民族的全面复兴乃至重新成为一个主权民族、建立自己的民族"家园"铺平了道路。犹太民族的涅槃重生从此开始，而这场犹太民族复兴运动的序幕就是人们所说的哈斯卡拉运动。

哈斯卡拉运动

　　哈斯卡拉运动的开展是犹太民族觉醒的标志，是犹太人面对"解放"作出的最初反应。"哈斯卡拉"（Haskalah）一词在希伯来文中意为"启蒙"，因此，这场运动实际上就是犹太民族的启蒙运动，一场开启理性、摆脱传统宗教束缚、拥抱现代世俗生活的运动。运动的初期以德国柏林为中心，逐步在西欧犹太人中展开，19世纪中期传入东欧犹太人社区。哈斯卡拉运动的目标在总体上是以鼓励犹太人通过世俗教育广泛接触和吸收欧洲文化的方式，在犹太人的文化生活中悄悄地发起一场变革，最终塑造出能在思想和经济上适应欧洲主流社会的一代新型"现代"犹太人。这场运动在使犹太人走出自我封闭、融入欧洲主流文化、成为欧洲社会一员的同时，也希望把传统的犹太教改造成为一个能够接受西方文化、习俗开明的犹太教。

　　与发生在前的欧洲启蒙运动一样，这场运动的主要矛头对准的是传统的宗教思想。为此，哈斯卡拉运动反对拉比的权威，主张改变注重《塔木德》的传统教育模式，接受世俗的、非宗教的教育，提倡传播科学新知识和现代化的生活方式，使犹太人能与所在社会广泛接触，选择新的职业。因此，可以看出哈斯卡拉运动的实质是18世纪末和19世纪在欧洲犹太人中广泛开展的社会文化和宗教改革运动，运动的开展标志着犹太民族的复兴以及犹太人生活、思想"现代化"的开始。

运动的先行者——门德尔松

哈斯卡拉思想最先在 18 世纪 70 年代欧洲开明犹太人中涌动，不过，作为一种运动，它首先出现在德国。一位名叫门德尔松（Moses Mendelssohn，1729—1786）的德国犹太人对于哈斯卡拉运动的开展贡献良多。作为一个追求理性的人，门德尔松以欧洲启蒙思想为武器，大胆否定传统犹太教中的蒙昧主义成分，以理性主义及自然神论重新解释犹太教。他认为除了超自然的鼓舞外，理性能够揭示上帝和灵魂不朽的实在性。他号召犹太人勇敢地走出与世隔绝的生活、进入欧洲主流社会，使其生活方式现代化，汲取流行于传统犹太教之外的新知识。门德尔松还提倡和鼓励犹太人掌握欧洲文化，争取在法律上的平等；主张以理性为基础的宗教信仰。他认为，犹太教仅为犹太人预备了一整套特殊律法和礼仪习俗，并非独特的信仰体系。犹太人应该在遵守犹太教律法和礼仪的同时，放弃文化孤立的传统，广泛吸收其他民族的文化知识和科学技术。

门德尔松的启蒙思想影响了一代德国犹太青年知识分子，这些接受哈斯卡拉思想的年轻人被称为"马斯基尔"，也就是启蒙运动的倡导者，他们在柏林成立了第一个哈斯卡拉中心，以传播启蒙思想为己任。思想激进的马斯基尔甚至强迫人们学习希伯来语和德语，接受德国文化。很快，社会上富有的犹太人、中产阶级都成为哈斯卡拉运动的热心赞助人与支持者，学习世俗科学文化知识成为时尚和风气，不少犹太人脱下自己的传统服装，穿上西装，在行为举止和生活方式上仿效德国人。

哈斯卡拉作为一种理性主义运动，在思想领域把批判的矛头对准宗教迷信也就十分自然了。宗教迷信被看成是思想混浊和社会落后的根源，是科学与进步的死敌，所以要改造犹太人社会必须先破除拉比犹太教的影响，用理性的思想和科学知识"照亮"人们的头脑。其发展结果必然导致犹太教内部的分化，产生类似宗教改革运动分道扬镳的局面。事实证明，经过哈斯卡拉思想的洗礼，开明的犹太人与传统拉比犹太教格格不入。尽管拉比多方诠释变通，但拘泥古制终究找不到根本的出路。于是根据哈斯卡拉运动的精神与涉及的内容，犹太教内部出现了改革的呼声。尽管坚持传统的犹太人从一开始就反对改革者的思想，认为它抛弃犹太教传统的生活方式，会破坏维系犹太人团结的纽带，进而危及犹太教的本身，但这场旨在进行宗教改革的运动潮流势不可挡。

随后一代的德国犹太人见证了犹太教内部发生的变化：改革派运动，新正统派运动，以及伴随着 1819 年成立的"犹太教文化和科学协会"而在柏林兴起的"犹太教科学研究"运动。在门德尔松死后十几年的 1801 年，德国终于出现了第一所与传统犹太教不同的新式会堂——改革派会堂，标志着犹太教的改革派运动的正式兴起，犹太教从此不再是一个统一体，而是开始多样化的进程，有了不同的派别。

而当时无限风光的"犹太教科学研究"运动认为，犹太人的解放和启蒙运动的巨大冲击最终会吞噬古老的犹太教，任何诠释变通都无济于事，只有科学的方法与态度才能改变犹太教江河日下的命运。而科学的方法与态度就是用批判的方法审视犹太教，揭示它在历史发展过程中的作用和社会意义，从理性审视的态度重新确立犹太教的价值和尊严。

在现代和传统的问题上，"犹太教科学研究"运动认为，现代主义是无法回避的时代潮流，犹太教必须要以积极的姿态迎接现代主义，传统既不是僵死的教条，也不是可以随意丢弃的落后习俗。科学的态度是将犹太教看成是动态的、不断进化的历史力量，具有自我更新传统和力量的文化，适应现代主义的同时保持与历史的联系。

在这一认识形成的过程中，现代犹太哲学家、史学家克拉赫马尔（Nachman Krochmal，1785—1840）的思想起到了重要的作用。作为一名犹太学者，克拉赫马尔的旨趣集中在哲学和史学方面，试图从历史的发展角度对犹太教做出新的解释。他继承了中世纪著名哲学家迈蒙尼德的传统，努力协调犹太教传统与世俗科学知识之间的关系。克拉赫马尔认为，要想实现这一目标，必须从历史、文学、宗教哲学等方面研究犹太精神。他的这一思想集中反映在其哲学著作《当今困惑指南》中，这本书不再把犹太教当作抽象的宗教，而把它看作是犹太民族的生活历史，使人们第一次从一个崭新的角度去看已存在数千年的犹太教，从而最先形成了科学研究犹太教的风气。

克拉赫马尔从哲学的角度对传统的上帝和创世观做出了自己的解释，他认为，如果承认上帝是绝对的存在，没有上帝就没有世间的一切，那么创世的过程就是一个上帝自我怀胎、生产的过程，上帝以自己的身体创造出整个世界。他的这一观点曾被一部分人看成是纯唯意志论。他还根据自己的哲学史观，把每个民族的历史分为三个阶段：产生、发展和衰亡。尽管各民族的历史受到一系列社会、文化因素的影响，但最终都可以用这一理论进行检验和解释。他还认为，犹太民族的历史也严格遵循这一理论，然而与其他民族发展史相比，其独特之处表现在犹太民族的再生能力上，也就是说当犹太民族史发展到衰亡阶段时，随即被再生取代，从而进入新一轮产生、发展、衰亡的循环，如此往复，周而复始。他指出，犹太民族的这一再生能力来源于犹太民族与上帝间的特殊关系，来源于它充实的精神生活。犹太民族因此成为一个永恒的民族。

席卷东欧的启蒙运动

　　哈斯卡拉运动有力促进西欧犹太人的解放和拥抱现代化进程的同时，逐渐往东发展，在东欧犹太人中造成影响，而当时生活在那里的犹太人是世界上最大的犹太人群体。运动首先由普鲁士扩展到奥地利，19世纪40年代时，运动开始波及东欧主要国家波兰、匈牙利、罗马尼亚和俄国。运动的开展使那里的犹太人开始摆脱与世隔绝的状态，为他们进入现代欧洲社会、吸纳现代文化和科学技术提供可能，把他们从中世纪的生活状态一下子推入了现代文明的新时代。

　　应该说，哈斯卡拉运动在东欧真正得到了广大犹太底层民众的响应，特别是在具有自由主义倾向的沙皇亚历山大二世统治的俄国达到了高潮。哈斯卡拉思想一传到俄罗斯，就受到那里犹太人的欢迎，并得到沙皇亚历山大二世的支持。俄罗斯希伯来语作家出版了一本名为《以色列的见证》的小册子，大力鼓吹发展犹太人的世俗教育。此后，近代希伯来文学在俄国大力发展。1860年之后，俄国的哈斯卡拉运动发展为实际的社会与经济改革，在宗教与文化方面，改变了注重学习希伯来语与德语的方向。犹太知识分子出版俄语的犹太刊物，鼓吹爱国主义与现代化，声称他们首先是俄罗斯人，其次才是犹太教徒。1863年，彼得堡、敖得赛富有的犹太人组织会社，借以促使犹太人成为"好俄罗斯人"。俄国哈斯卡拉运动的提倡者把启蒙思想，以及包括浪漫主义、唯心主义、实证主义、乌托邦社会主义等在欧洲出现的新思想统统传播给了犹太民众。"他们作为社会评论家和民族复兴的预言者所起的作用，至今仍为人们所铭记。他们对犹太社会的影响是可以与别林斯基和车尔尼雪夫斯基对俄国社会的影响相媲美……"

运动的得失与意义

哈斯卡拉运动是犹太民族复兴史上的第一次现代化努力和尝试。运动发起的对宗教神学的质疑与批判，对蒙昧状态的揭露，对理性、知识的推崇与讴歌，为犹太人走出"封闭"和"隔绝"，以及成为一个具有现代思想的民族做出了重要贡献。

哈斯卡拉运动不仅是一场知识分子发起的运动，其中也包含社会和民众自我觉醒的成分，东欧犹太人的觉醒预示着整个犹太民族的觉醒。哈斯卡拉运动的倡导者认为，犹太人面临的最大挑战是如何从狭小、封闭的隔都生活中走出来，"提高犹太人的自信，恢复他们的尊严，唤醒他们的情感，复苏他们对美的感受力，改变长期孤立和隔绝造成的思想僵化"。

在哈斯卡拉思想的影响下，犹太人对犹太传统文化之外的世俗文化产生了浓厚的兴趣，努力学习和掌握欧洲文化和科学技术，犹太人的聪明才智得到了最佳释放。犹太人中入学和进入大学人数的比例远远超过当地的非犹太人，很快在欧洲学界和文化科学领域崭露头角。犹太科学家、艺术家、思想家纷纷涌现，相当一部分犹太人在经济上取得了非凡的成就。其中一些精明者抓住在经济领域获得的权利和机会，凭借犹太人的传统经商和放贷优势，在贸易和投资中积累了巨额财富，并一跃成为近现代欧洲金融业的霸主，并推动现代金融业的到来，著名的罗斯柴尔德家族就是其中杰出的代表。甚至在自罗马时代以来一直将犹太人排除在外的政治领域，犹太人也不再默默无闻，无论是在法国、荷兰，还是在意大利、英国，人们都开始在政坛中看到他们的身影。

在 1800 年哈斯卡拉运动开展之前，中欧和西欧的文化史几乎可以不用提及犹太民族或某犹太个体，在欧洲政治界、文化界和研究与科学领域几乎找不到一个响当当的犹太人。然而到了 1900 年，这一局面完全被改变。这时，犹太人或有犹太血统的人在经济、金融、政治、科学和艺

术等领域占据着重要地位，比如在德国，犹太人总数虽然不到总人口的
1%，但犹太人很快成为社会各个行业的位高权重者和精英，特别是在艺
术、金融和科学研究领域。

不过，哈斯卡拉运动也付出了沉重的代价。首先，它导致了一个信
仰危机的时代出现，这一现象在犹太人的历史中还是第一次出现。不少
犹太人为了获得进入欧洲文明的"入场券"，不惜彻底放弃犹太人的传统，
在哈斯卡拉运动最初兴起的德国，同化现象更为严重。就连门德尔松的
一些子女在他生前就选择了皈依基督教，而在他死后，他的所有直系后
裔全都接受了基督教的洗礼，迈出彻底被同化的步伐。像海涅、马克思
这些著名的犹太人都皈依了基督教。

更多的犹太人在精神上受到折磨，成为"无所适从者"。那些急于
拥抱现代化、寻求彻底解放的犹太人往往在放弃传统和自己的文化后，
并不能得到主流社会的承认，即便是皈依基督教的人也还是被猜疑，被
认为是"不可信任者"。他们心目中的祖国仍然把他们视为"外来人"，
这使得拥抱同化之路的犹太人不知所措、无所适从，成为文学作品中所
描写的"失去根基"的人、异化的人。这种"失去根基"的异化人实际
上是一种从外表到内心都属于"无家可归的人"的典型。尽管他们熟悉
多种文化，但又觉得自己不属于其中任何一种。他们具有一种天生特殊、
敏锐的批判力，同时内心又总是充满了深沉的抑郁，这些人的性格和生
活道路反映了在哈斯卡拉时代欧洲犹太人，特别是东欧犹太人面临的困
惑状态。

而欧洲社会周而复始的反犹主义、当局执行的排犹政策更是加剧了
犹太人的困惑和失望。显然，哈斯卡拉运动没有能够给犹太人指明一条
真正的出路。

对于哈斯卡拉运动的缺失，犹太思想家塞尔茨做了这样的分析："哈
斯卡拉是一种以刚刚萌芽的现代化为典型的观念形态，因为像哈斯卡拉
那样的运动通常是在一个种族集团或民族开始为侵蚀它神圣生活方式的
经济和社会发展所影响，以及出现了深受先进民族的知识、期望和生活
发生影响的知识分子以后产生的。这一新的领导层最初将自己视为世界
主义的'人'，因此他们感到自己的同胞落后于时代并急需跟上时代。
这些对外部世界对犹太人的认识感到忧虑的理想家常常发表一些带有自

我否定格调的作品，对在他们民族中古代神圣的价值观念占据主导地位的状况提出了批评。"

　　尽管如此，哈斯卡拉运动留下的遗产是宝贵的。哈斯卡拉运动高举欧洲启蒙思想家所倡导的"思想自由"的旗帜，坚持信仰自由和宽容，捍卫人们的思想自由权利。哈斯卡拉运动的开展标志着犹太文化现代主义精神的形成及现代思想的确立，经历了哈斯卡拉洗礼的犹太人社会实际上已经步入了现代社会，经历了哈斯卡拉的犹太文明再也不同于从前。犹太启蒙运动——哈斯卡拉对于犹太民族步入现代社会，用理性武装自己的头脑，古老传统的犹太文明演变为现代文明的巨大意义也就无需赘言了。

第 20 章

复国：犹太人的复兴梦

以哈斯卡拉为开端的犹太民族复兴运动，在 19 世纪末开始进入一个崭新的阶段。在欧洲再次袭来的反犹主义以及对犹太人的新迫害等因素的作用下，一个被叫作犹太复国主义（Zionism）的运动开始兴起。尽管从总体上说，这一运动是哈斯卡拉运动的继续，但是它的奋斗目标已经不再是在犹太人中倡导理性主义、摆脱"蒙昧状态"，而是要为犹太民族在犹太人的故土——以色列地重新建立一个主权国家。

这一运动之所以被称为犹太复国主义运动，主要是因为该运动的目标是号召散居在世界各地的犹太人重返犹太人的故土，在那里重新建立一个以犹太人为主权民族的国家，复兴整个犹太民族。犹太复国主义运动的出现受到哈斯卡拉运动的直接影响，可以说它既是哈斯卡拉运动的继续，也是哈斯卡拉运动一条最终的出路。

该运动的出现和开展极大地影响了 20 世纪犹太民族的历史、生活和命运，并在运动开展的 50 年后直接导致一个以犹太人为主权民族的国家——以色列国的出现。

思想的历史由来

前面已经叙述的历史表明，犹太民族是一个在古代就被暴力赶出自己家园的民族。应该说，在崇尚暴力征服的古代，被暴力赶出家园的民族远非只有犹太民族。在帝国频繁崛起的中东地区更是如此，不知有多少民族被称霸一时的帝国征服并被赶出自己的家园。然而，犹太人却是少有的一个从未丧失复国希望的民族，不管他们离开家园流散在世界各地的时间有多长，他们的复国梦想从未泯灭。之所以如此，是因为它与犹太历史上形成的回乡观紧密联系在一起，希望有朝一日返回家园、重建自己的国家，可以说是每一代和每一个犹太人的梦想。

犹太人的回乡观可以追溯到数千年前，并且被记录在犹太典籍中。作为一种思潮，它早在犹太民族失去家园后的古代，即第一圣殿被毁后就已产生，是失国流亡的犹太人在异国他乡——巴比伦产生的一种希望重返家园、重建国家的观念。当这种回乡观与犹太人的宇宙观（因救世主降临而得到解放的思想）融合在一起时，便成了犹太人所特有的一种愿望——希望有朝一日会重新回到"上帝应许之地"，在那里自由自在地生活。

但是这种渴望的最终实现主要得益于犹太民族现代复兴运动的第二个组成部分——犹太复国主义。它的英语表达 Zionism 源自《圣经》中反复出现的 Zion 一词，Zion 原指耶路撒冷的一座小山——锡安山，自巴比伦之囚事件以来，锡安一直指代犹太人的家园，该词准确无误地反映了犹太复国主义所要实现的目标。由此可见，犹太复国主义既指犹太民族还乡复国的思潮，也指犹太人以还乡复国为宗旨的运动。犹太人的这一回乡观自产生以来在犹太人生活中造成实际影响，使散居在世界各地或流亡海外的犹太人不断采取回到故土以色列居住、生活的实际行动。作为一种运动，犹太复国主义与当时已经在犹太民族中广泛开展的复兴运动成为一体，现代以色列国的建立是这一运动的最终产物。

思想出现的背景

现代犹太复国主义思想作为一种系统理论，产生于 19 世纪中叶的欧洲，导致这一思想出现的主要因素有四：（1）欧洲启蒙运动和法国大革命民主、自由思想的影响；（2）重新在欧洲各国出现的反犹排犹思潮和迫害事件的反作用；（3）民族主义思想的影响；（4）犹太人传统回乡复国观念的新发展。

18 世纪末和 19 世纪初，在欧洲启蒙运动和法国大革命的影响下，民族自由、民族独立、民族平等的意识在欧洲大陆得到广泛传播，日益深入人心。在欧洲民族主义运动不断取得胜利的鼓舞下，一批受到民族主义和民主思想影响的犹太社会思想家开始对犹太民族的前途进行认真的思考。他们不仅探讨犹太民族在长达两千年历史中备受迫害的根源，同时还提出解决这历史难题的途径和办法。他们以批判的态度继承了犹太民族的传统复国观念，在扬弃坐等救世主降临的消极成分的同时，增加了通过犹太人的自身努力就能获得全民族自我解放的新内容。当把这一想法通过行动表达出来，犹太复国主义运动就开始朝着理想的方向发展。

思想家和领导者

在为早期犹太复国主义理论做出贡献的思想家和先驱者中，摩西·赫斯、利奥·平斯克、西奥多·赫茨尔三个人最具历史意义。

摩西·赫斯（Moses Hess, 1812—1875）是第一个提出犹太复国主义政治目标的犹太思想家。面对根深蒂固的欧洲反犹主义，赫斯把他对于犹太问题的思考写成了一本名叫《罗马和耶路撒冷》的书，该书于1862年出版。赫斯在书中指出，欧洲永远不会欢迎犹太人。他写道："我们在其他民族中一直被当作陌生人。他们可能会容忍我们的存在，甚至解放我们，但是，只要我们遵循'哪里好哪里是家乡'的原则苟且生活下去，不去复兴我们伟大的民族记忆，我们就永远无法得到他们的尊重。"他分析指出，犹太人问题是当前欧洲"最后一个重大民族问题"，对于一个寄居在其他民族土地上的犹太民族来说，想要摆脱反犹主义迫害的唯一办法是返回以色列故土，在那里重建一个犹太人的国家。他在书中明确提出，犹太人应该回到巴勒斯坦地区，回到那片他们上千年来魂牵梦绕、不断提及的土地，在那片土地上劳作，建立一个社会主义社会。他指出，这一做法不能依靠救世主的力量，而应通过每个犹太人的自身努力来实现。为此，他号召散居世界各地的犹太人向巴勒斯坦地区移居，并要求每一个犹太人都对以色列的复兴负起责任来。他提出："为了使犹太国复活，我们应当首先考虑从政治上复活我们的国家……这种复活就是向我们祖先的国家移民。"他还准确地预见：较好地保持着复国传统信仰的东欧犹太人将是这支移民队伍的主流。不过，赫斯的复国主张主要停留在理论剖析和探讨上，由于缺乏具体可行的实施办法，在当时并没有受到犹太人的重视。

1881 年发生在俄国的迫害犹太人事件导致大批犹太人出逃外迁，使得许许多多犹太人从同化梦中惊醒，重新思考他们的命运。

第一个觉醒并号召犹太人采取民族行动以反抗迫害的是俄籍犹太医生利奥·平斯克（Leo Pinsker，1821—1891）。1882 年他在《自我解放，一个俄国犹太人对他同族人的忠告》（以下简称《自我解放》）一书中，不仅从理论上分析了犹太人问题的症结，而且提出了犹太人还乡复国的实施原则和具体手段。

他指出：长期以来，在所有被压迫的少数民族中，只有犹太人没有生活在可以实现自己理想的土地上。同时他认为，没有土地的民族和没有影子的人一样是不正常的，犹太人因而成了这个世界上的一个幽灵民族。他们在世界上的所有地方都被看成少数民族，没有在任何一个地方被视为正常的多数，在世界的所有地方都被当作"异客"，没有在任何一个地方被视为"主人"。他分析说，只要这种现象存在一天，反犹主义就一天不会消失。因为从根本上说，反犹主义是一种对异邦人恐惧和憎恨的精神变态现象。他进而论证：那种认为只要犹太人改变他们的信仰，加入多数民族中去，便会为非犹太社会接受，而得到他们渴望已久的平等权利的说法，不仅在理论上是错误的，在实践中也是行不通的。其原因不是由于犹太人不能够被同化，而是在于多数民族最终不会允许犹太人与他们融合，同化到他们中去。在这里，平斯克实际上断然排除了各国犹太人与非犹太人在同等地位上生活的可能性。

他认为对于犹太民族而言，唯一的解决办法是必须掌握自己的命运，争取建立自己的国家。只有在犹太人自己的家园中，犹太民族才能恢复他们的尊严和健康心理，才能最终成为一个"正常"民族。平斯克在书中提出了一项具体的复国计划，包括召开所有俄国犹太团体代表参加的全国性会议，商讨购置一块可以供数百万犹太人居住的土地。不过，在当时，他并没有强调这块土地必须是巴勒斯坦。他认为，解决犹太人问题的关键"不是要有圣地，而是要有我们自己的土地"。而可供选择的土地"可以是北美的一小块土地，或是亚洲土耳其的一块享有主权的帕夏领地"。

平斯克《自我解放》一书的发表，为正在寻找自身解放出路的犹太民族提供了强大的思想武器。从某种意义上说，它为犹太复国主义运动的最终兴起奠定了思想理论基础。

出生在匈牙利的犹太人西奥多·赫茨尔（Theodor Herzl, 1860—1904），是早期将犹太复国主义理论系统化的思想家，也是运动的领导者。青年时代的赫茨尔，与大多数受到欧洲启蒙思想影响并接受了法国大革命思想的青年人一样，认为解决犹太人问题的最佳办法是实行同化，通过接受洗礼和通婚等方式，消除非犹太社会对犹太人的偏见和仇恨心理。但1894年出现在法国的德雷福斯事件对他的触动很大，他开始认识到同化的道路是走不通的，也是走不得的。他呼吁犹太人拿出实际行动恢复古代以色列的辉煌，结束漫长的、腐蚀人心的流散。犹太人不应该继续生活在异国他乡，看着别人的脸色过日子，而应该把历史掌握在自己手中。对于大多数想获得真正解放的犹太人来说，唯一的解决办法是有组织地移居到一个属于他们自己的家园中去。

赫茨尔把他对解决犹太民族问题的思考写入了他的著名小册子《犹太国：现代解决犹太人问题的一种尝试》（以下简称《犹太国》）。他在书中指出：犹太人问题并非社会或宗教问题，而是一个民族问题。只有作为"世界性的政治问题，由全世界各文明国家齐聚一堂加以讨论和处理，才能得到解决"。不过，他一直认为，建立犹太国的必要条件是犹太富人的金钱和大国的政治支持。因而他建议成立"犹太人协会"和"犹太公司"两个机构，专门负责组织工作、政治谈判、筹措移民经费，以及开展商业贸易活动。赫茨尔还特别重视政治领导作用，他指出：如果犹太人有了统一的政治领导，就可以着手解决犹太人问题。为此，他建议"召开一次知名人士大会，讨论把犹太人迁移到一个犹太主权国去的问题"。

赫茨尔的思考实际上真实地反映或代表了当时经历过哈斯卡拉洗礼的众多欧洲犹太人的内心想法。越来越多的欧洲犹太人意识到欧洲很快将没有他们的容身之地，他们下意识地认识到，在欧洲之外有一个属于他们的家园。不管是守教人士还是世俗人士，不管是知识分子还是普通民众，不管是东欧犹太人还是西欧犹太人，他们都在对锡安的憧憬中长大，对于赫茨尔的《犹太国》中所提出的梦想再熟悉不过。赫茨尔的思想之所以能迅速传播，获得越来越多人响应的一个重要原因是它并非一

犹太复国主义运动创始人、现代以色列之父赫茨尔

个全新的思想，它只是激活了犹太人千年来的梦想。赫茨尔不仅仅是一个思想家，一个理想主义者，还是一个行动派，一个实干家。日后的历史表明他就是犹太复国主义运动的旗手，现代以色列国的缔造者。

至此，一个完整清晰的犹太复国主义理论终于出现。它的出现为创建犹太复国主义运动组织提供了理论依据，直接导致了犹太复国主义运动的蓬勃兴起，同时还为该运动所要实现的政治目标指明了方向。

运动的开展

1897 年 8 月 29 日，在赫茨尔的倡议和亲自组织下，来自英国、美国、巴勒斯坦地区、阿拉伯地区、俄国、德国、法国等其他国家与地区的 197 名代表齐聚瑞士巴塞尔，参加了第一届犹太复国主义者代表大会。从第一届世界犹太复国主义者代表大会结束到第一次世界大战爆发前，运动的中心任务集中在壮大犹太复国主义运动群众基础，游说大国获取政治支持，组织犹太人向巴勒斯坦移民以及发展巴勒斯坦地区经济等方面。

截至 1914 年，直接投身犹太复国主义运动的犹太人已超过 13 万人，在巴勒斯坦地区建立起 43 个犹太定居点。可以说，现代犹太民族的根已经重新深深扎在了犹太人的故土上。

第一次世界大战爆发后，由于赫茨尔过早逝世，加上魏茨曼的出现，犹太复国主义运动领导中心从德国转移到英国。以英国犹太化学家、政治家魏茨曼为首的领导层抓住时机，通过不懈的艰苦游说，终于促使英国政府于 1917 年 11 月 2 日发表《贝尔福宣言》，赞同犹太人"在巴勒斯坦建立一个犹太人民的民族之家"的主张。

真正的转折点

《贝尔福宣言》的发表无疑是犹太复国主义运动取得的一项重大外交胜利，也是运动达到目标过程中的真正转折点。宣言发表后旋即得到了包括美国在内的协约国成员的赞成。在第一次世界大战结束后举行的巴黎和会上，《贝尔福宣言》的基本原则又被包含在战后成立的国际组织"国际联盟"通过的授予英国以治理巴勒斯坦地区权力的委任统治条款中。委任统治承认犹太人民与巴勒斯坦地区的历史联系，指示委任统治国鼓励犹太人移居巴勒斯坦地区，并在那里密集居住，规定希伯来语与阿拉伯语和英语一样是官方语言，同时还允许犹太人进行自治管理。和会之后，犹太复国主义运动中心开始移至巴勒斯坦地区，运动进入实质性的建国阶段，任务集中在犹太人组织机构的发展和社会、经济等各项事业的建设上。

随着希特勒在德国掌权和反犹政策的大规模推行，巴勒斯坦地区来自中欧地区犹太移民的数量开始增加，仅在 1934 年到 1939 年间，移民人数就是以往二十年移民总数的两倍多。然而，移民的增加也使得阿拉伯人的不安加剧，而这种不安很快发展成为反对英国托管当局的暴力行动。为了缓和阿拉伯人和犹太人之间的冲突，平息反对托管当局的行动，英国派出了皇家委员会到巴勒斯坦地区进行调查。经过数月的调查和一系列的走访，皇家委员会建议把巴勒斯坦地区分割为一个阿拉伯国家、一个犹太国家和一个英国区来代替委任统治，这是分治思想和原则的最早提出。经过认真权衡，犹太人接受分治原则，但由于阿拉伯人的反对，分治方案终被搁置。英国政府为了安抚阿拉伯人的不满情绪，于 1939 年发表了白皮书，对犹太移民的最高限额作出规定，导致英国当局与犹太人的冲突加剧。

第二次世界大战的爆发以及纳粹德国对欧洲犹太人的大规模迫害，使得数百万犹太人惨遭屠杀。面对空前的大屠杀，犹太复国主义运动不仅得到越来越多犹太人的支持，而且得到越来越多其他国家人民和政府的同情。

1946 年，第二十二届犹太复国主义者代表大会举行。代表们就当前的形势和犹太人应采取的对策进行了激烈辩论。最后，大会否决了莫里森计划中提出的在巴勒斯坦建立一个阿拉伯－犹太人联邦方案，拒绝参加拟议中的伦敦会议的邀请，而通过了在巴勒斯坦地区建立一个与世界民主体制相适应的犹太人国家的政治纲领，决心继续沿着第一届犹太复国主义者代表大会所确定的政治目标前进。

为了安置 10 万纳粹暴行的幸存者，犹太复国主义运动与英国托管当局和阿拉伯人的紧张关系很快达到了高峰，处于进退维谷的英国政府再也无法应对这一局面，他们先把巴勒斯坦问题提交给英美委员会，后又于 1947 年 4 月提交给战后成立的联合国处理。

在英国政府做出把整个巴勒斯坦问题提交给联合国处理的决定之后，犹太复国主义运动的领导人审时度势，利用这一机会，一面竭力向新成立的联合国安理会巴勒斯坦特别委员会陈述在巴勒斯坦进行分治、支持成立一个犹太人国家的重要性，一面积极游说各国政府，希望在犹太人建国问题上得到他们的同情和支持。更为重要的是，他们最紧急的目标是在联合国内争取得到支持分治方案所需要的三分之二多数票。很显然，犹太复国主义运动的这一努力奏效了。1947 年 11 月 29 日，联合国大会对巴勒斯坦分治方案进行了表决，结果以超过三分之二的多数通过该决议。决议实际上以国际组织名义宣布承认犹太民族有建立自己国家的合法权利。

不过，由于阿拉伯人以不妥协的立场坚决反对联合国决议，以及拒绝承认犹太人在巴勒斯坦的各项权利，犹太复国主义运动面临更加严峻的形势。犹太武装力量积极开展了保卫自治机构伊休夫的战斗，并为今后可能发生的大规模的军事冲突做了各方面的准备，海外犹太人也为此进行了多方面努力。犹太复国主义运动政治领导人则积极为成立犹太人国家而准备，他们制订了独立后行政管理的详细计划，印发了临时邮票和货币，成立了一套完整的临时机构。1948 年 5 月 14 日，随着英国委任统治的结束，以色列国宣告成立。犹太复国主义运动在 51 年前所确立的"为犹太民族建立一个由公共法律所保障的犹太人之家"这一目标终于实现。

然而，犹太复国主义运动的历史使命并没有因此而结束。随着 5 月 15 日由埃及、叙利亚、黎巴嫩、伊拉克、沙特阿拉伯、外约旦等国军队组成的阿拉伯联合部队发动了对新生以色列国的军事侵略，犹太复国主义运动把原有的创立一个犹太民族家园的目标，转换到维护一个犹太民族国家的目标上。

目前，犹太复国主义的组织已扩展到全世界所有犹太社团，其中心任务为：为以色列募捐，从财政上给予支持，鼓励犹太人移居以色列，设法解决阿以冲突，为以色列国争取和平环境、捍卫世界各地犹太人的权利，揭露和反对各种反犹主义行径。

第 21 章

回归故土　创建家园

　　如前所叙，犹太民族是一个在古代就被暴力赶出自己家园的民族。应该说，在崇尚暴力征服、弱肉强食的古代，被暴力赶出家园的民族远非只有犹太民族，在群雄争霸的中东地区更是如此，不知有多少民族被称霸一时的帝国消灭打败，而被赶出自己的家园。然而，犹太人却是少有的一个从来没有放弃返乡复国希望的民族，不管他们流散到世界各地的时间有多长，他们的返乡复国梦一直留存。有朝一日返回家园，重建自己的国家，作为一个主民自由自在地生活，可以说是每一代犹太人的梦想。这种经久不衰的返乡复国梦与犹太人的宗教思想结合在一起，便导致了一种特别的回乡观的产生——期盼在上帝的干预下，在救世主出现后，犹太人将重返故土。长期以来，尽管这一回乡观主要体现在犹太人的宗教生活中，然而，还是对犹太人的实际生活产生了影响，使散居流亡在世界各地的犹太人不断采取实际行动，回到故土以色列居住、生活。这样的举动被称为"阿利亚"。

　　若想在巴勒斯坦地区重建一个犹太人的国家，首先必须得有人，有一组达到一定数量、能够构成一个国家的人群。而在犹太复国主义运动兴起之初，整个巴勒斯坦地区的犹太人总数不足万人，因此，组织、动员流散在世界各地的犹太人返乡是犹太人复兴伟业的头等大事。在这一层面上，阿利亚思想对最终复兴建国伟业可谓意义重大。可以说，自第二圣殿被毁、犹太人被赶出家园以来，以色列故土，尤其是圣城耶路撒冷一直保持着一个有一定数量的犹太人社区主要应归功于阿利亚思想，是这一思想的存在让以色列故土的犹太社团有了一个可以不断为其注入"活水"的源头。现代以色列国的建立更是离不开这一以返乡定居生活为目的的阿利亚运动。

连绵不绝的阿利亚

尽管在近现代到来以前，以返回故土为目的的阿利亚规模一直不大——大多数是为了践行"要生活在圣地"的诫命，或是为了能够死后安葬在那里——却从来没有间断过，每个时期都有生活在异乡他国的犹太人踏上迢迢返乡路。

在络绎不绝的返乡犹太人中亦不乏著名人士。如 1165 年，中世纪著名犹太学者迈蒙尼德的父亲曾率子女返回。1210 年到 1211 年，约有 300 名法国和英国拉比由于不堪忍受欧洲基督教会的迫害，先后返回以色列，成为当时最重要的一次集体阿利亚行动。有关资料记载，当时巴勒斯坦的统治者曾热烈欢迎他们的到来，并为他们在以色列建造会堂和经学院。

1516 年是土耳其奥斯曼帝国对巴勒斯坦统治的开始。许多犹太人从西西里、意大利、法国、德国以及亚洲一些国家返回巴勒斯坦地区，不少被西班牙和葡萄牙逐出的犹太难民也纷纷回到那里。这些犹太移民的到来，使不少地区的犹太人社团得到了发展。移民中有一部分人在耶路撒冷定居，更多的是去北部的采法特落户。采法特在 16 世纪成为犹太神秘主义中心，吸引了不少犹太人从欧洲各国、亚洲地区和北非诸国去那里定居。据一位来自也门的犹太旅行家记载，16 世纪中叶，采法特的犹太人口已超过 1.4 万人。

17 世纪初，由犹大·哈西德拉比和哈伊姆·马拉拉比领导的沙贝塔伊阿利亚是当时规模最大的一次。尽管启程时只有 31 户人家，但抵达以色列时人数已达 1500～1700 人，其中绝大多数是途中加入的犹太人。

在整个 18 世纪，更是不断有犹太人成群结队返回以色列。1722 年，一批由意大利加昂以利亚组织的阿利亚成功抵达，并在耶路撒冷建立了自己的社团。到 1741 年，耶路撒冷犹太人达 1 万人，人数较多的阿利亚主要来自土耳其、也门、突尼斯、摩洛哥等地。18 世纪末，哈西德派信徒组成的阿利亚行动开始，哈西德派把返回故乡作为一条获得最终救赎的主要教义加以宣传，致使许多哈西德教徒纷纷加入阿利亚行动。1764年，第一批人员启程前往故乡。14 年后，一支由 300 人组成的移民队伍又开始朝以色列进发，许多人在采法特、太巴列、希伯仑等地定居。这一哈西德派行动一直持续到 19 世纪 30—40 年代。

1830 年，德国犹太人的阿利亚在摩西·萨克斯的带领下开始出现，萨克斯是第一位想到应该设法在故土以色列造就一个大规模犹太社团的人。来自德国的犹太移民中包括撰写著名以色列历史的学者杰霍塞夫·施瓦茨和埃利泽·伯格曼拉比。由荷兰犹太人组成的一次阿利亚也在这期间抵达以色列，他们和德国移民一起在以色列成立了荷兰－德国犹太社团。由摩西·索佛拉比掀起的来自匈牙利的阿利亚也颇具规模，这支主要由青年人组成的移民在日后对耶路撒冷发挥了重要作用。随着返回人数的增加，他们组成了自己的社区。19 世纪，有一定规模的阿利亚还包括来自土耳其、伊拉克、波斯、阿富汗、库尔斯坦等东方国家的犹太移民。到 1845 年，故土以色列全境约有 1.2 万犹太人，他们大部分居住在耶路撒冷、采法特、太巴列和希伯仑等犹太传统认定的圣地。当 1882 年锡安热爱运动在俄国出现，并开始有组织地向故土以色列回归时，故土以色列全境的犹太人数已翻了一倍，增至 2.4 万人。不过，犹太民族较大规模持续返回故土的阿利亚行动主要发生在 20 世纪，现代犹太复国主义运动开展之后。

组织动员民众群体返乡的运动

伴随着犹太复国主义思潮的出现，犹太人回归故土以色列的阿利亚行动发生了巨大的变化，不仅人数和频率激增，而且出现了有组织、有规模的回归潮。更为重要的是，这些返乡的犹太人的目的不再仅仅是遵守犹太教的诫命，生活在上帝"身边"，或是想安葬在故土，而是要重新建立一个犹太民族家园。

最早出现的有组织规模的阿利亚行动是受平斯克犹太复国主义思想影响的，由俄国和东欧犹太人在建立起来的"比卢"和"热爱圣山运动"动员和组织的，"比卢"和"热爱圣山运动"都是犹太人为了政治目的而自觉结合在一起的青年组织，在这些组织的号召和组织下，出现了犹太人向巴勒斯坦移民的阿利亚浪潮。1891 年 9 月，德国犹太人布丹哈米尔发出的"全世界犹太复国主义者联合起来！"的政治号召，预示着犹太复国主义运动将在世界范围内兴起。1893 年，在布丹哈米尔、威尔福逊、比兰包姆三人筹备下，德国犹太复国主义者代表大会首先在柏林召开。大会通过了建立犹太复国主义统一组织和财务基金会，鼓励并组织犹太人定居巴勒斯坦等方案。

1897 年 8 月 29 日，在赫茨尔的倡议和组织下，来自世界各地的数百名犹太人代表在瑞士巴塞尔召开了第一届世界犹太复国主义者代表大会。大会通过的《世界犹太复国主义纲领》明确宣布，犹太复国主义运动的目标是"在巴勒斯坦为犹太民族建立一个由公共法律所保障的犹太人之家"。这里所说的"犹太人之家"自然指的是"犹太人的国家"。至此，犹太民族的返乡朝着复国的方向发展。犹太人大会还宣布成立世界犹太复国主义者协会，作为运动的政治领导机构，赫茨尔被推选为协会第一任主席。

赫茨尔于当年 9 月 3 日在日记上写下了这样一段话，表达自己对未来犹太民族家园的预言："如果要我用一句话来概括巴塞尔大会，我会这样说，在巴塞尔，我创建了犹太国。如果我大声这样说，我将会受到人们的嘲笑，但是可能在今后五年，无论如何，肯定在今后五十年，每个人都将理解它。"

这次大会的成功召开，标志着犹太复国主义运动已由一个分散的、自发的地区性群众运动，发展成为一个有纲领、有组织、有统一领导的世界性政治运动。1899 年，犹太殖民托拉斯成立。该组织在巴勒斯坦地区的开发事业卓有成效。1901 年召开的第五届世界犹太复国主义者代表大会又决定成立犹太国民基金会，用于筹措资金，购置土地和发展犹太人定居点。犹太民族朝着家园建设的目标迈出了坚实的一大步。

回归潮

第一次规模较大的犹太回归潮始于 1882 年，断断续续一直持续到 1903 年，这一时期，帮助犹太人移民巴勒斯坦的各种海外组织开始形成。

其中最重要的两个团体都成立于 1882 年：一个是在平斯克帮助下成立的"锡安热爱者"，第二个是一群青年学生（"比卢伊姆"）组成的"比卢"（比卢是希伯来语中"雅各之家，让我们上行"的缩写）。第一次阿利亚总共将 2 万～ 3 万犹太人带到巴勒斯坦，这批回归以色列故土的绝大多数人是受到犹太复国主义思想影响的青年人，有理想、有激情，但是缺少坚定的意志和献身的决心，其中 60%～ 90% 的人几年后选择了离开。

不过，理想很美好，现实却很骨感，此时巴勒斯坦的现状真的难以让人面对。对于充满理想主义色彩的年轻移民来说，来到先祖之地后的生活既令人振奋，又令人沮丧。他们带着宏伟的理想来到这，由于无法实现经济上的自给自足，结果却不得不过着依靠他人资助的日子。来之前，在很多移民的想象中，这里是沐浴着阳光的宁静之所，是上帝的"应许之地"，但现实和理想之间的反差太大。当他们一踏上这片土地，首先看到的是雅法港既脏又乱、到处散发着恶臭的环境，拥挤的人群中不时有人随地吐痰，而计划安置他们的"新家园"则满目荒凉，等待他们的唯一工作是开荒种地。他们第一次明白，新家园的生活并没有想象中的那么容易。许多人选择了离开，留下来的人也发现他们的梦想与现实之间存在巨大的鸿沟。

第二次阿利亚浪潮发生在 1904 年到 1914 年间。在此期间，有大约 4 万犹太人来到以色列地，他们大多来自东欧，这次移民潮应该说对巴勒斯坦正在蓬勃发展的犹太社区产生了深远的影响。回归的人在加利利湖以南建立了第一个基布兹，取名为"德加尼亚"，后来成为以色列著名将领的摩西·达扬就诞生在该基布兹。基布兹的诞生标志着现代巴勒斯坦地区标志性农业制度的建立。

基布兹运动依靠犹太国民基金在奥斯曼帝国购买的土地上蓬勃发展起来，它带有强烈的社会主义理想，强调集体责任和思想家戈登提出的在土地上劳动的观念。从俄国带来的共产主义集体原则成为早期移民为以色列国家精神做出的最伟大的贡献。在基布兹，"各尽所能，按需分配"的共产主义分配原则、成员平等思想被提到至高无上的地位，所有的物品都由集体成员共同分享与承担，包括粮食、住房、收入和守护领土的责任。

截至1914 年，返乡直接参加犹太复国主义运动的犹太人已超过13 万，

43 个犹太定居点先后在巴勒斯坦地区建立。他们的到来对建成一个自给自足的犹太家园起到了关键作用。

当然，犹太人这一返乡复国的道路并不平坦。首先，需要与大自然做斗争。尽管《圣经》将以色列地描绘为一块"流着奶和蜜的土地"，然而到了 19 世纪末，由于奥斯曼帝国四百多年的腐朽统治，以色列地早已成为一个荒凉之所，一个被人忽视、疟疾横行的奥斯曼帝国边陲的地区，一块被马克·吐温描写为"没有希望的、令人沉闷伤心的土地"。正因如此，第一次和第二次随着阿利亚运动返回以色列故土的犹太人大多在生活了数年后纷纷离去也就不足为奇了。

不过，头两次阿利亚中的理想主义者和回归者为犹太人重建家园的大业还是做出了不可磨灭的贡献。虽然很多人最终离开了巴勒斯坦，留下来的人生活困苦，但正是这些留下来的人建立了最早的犹太定居点，发起了基布兹运动，复活了希伯来语，在雅法郊区建设了称为特拉维夫的新城。特拉维夫是一座完全以希伯来语作为日常用语的新型城市，一座纯粹由犹太人在沙滩建造起来的现代城市，城中居民是百分之百的犹太人。可以说，是他们的到来完成了现代犹太人返乡复国的第一步。

这第一步还让人想起阿哈德·哈姆关于巴勒斯坦应该成为犹太人的文化中心的信念，因为除了建造基础设施和为政治主权奠定基础，犹太人两千年来第一次可以看到、听到和感受到什么是犹太社会，它意味着拥有自己的语言、文学和独特的生活方式。自古罗马人流放犹太人以来，在犹太复国主义运动的鼓动下，人们第一次隐隐约约看到了一个正在复兴的犹太民族的模样。

第三次阿利亚浪潮（1919—1923）中有 3.5 万人来到巴勒斯坦。在亲眼看见战争让欧洲变得满目疮痍后，阿利亚成员建设家园的信心倍增，全身心地投入建国前的准备当中。已经建立起来的犹太人自身管理机构——伊休夫开始发挥作用。移民的所有努力都与保证最终能够顺利建国、实现犹太人的主权联系在了一起。这批移民也是《贝尔福宣言》发表后第一批来到巴勒斯坦的人，他们明白自己正在投身的事业已经获得国际社会的认可，一个犹太家园正在向他们招手。

这批移民的涌入帮助犹太人在许多领域取得了技术上的进步，譬如在水资源技术上取得的巨大进步。众所周知，水是巴勒斯坦地区最为稀缺的资源。实际上，这一时期英国当局限制犹太人移民数量的理由之一就是声称当地没有足够的自然资源，因此，研究对水资源的合理开发成为当务之急。犹太领导人明白，他们不仅要为已经来到的移民提供充足的水资源，还要向英国和全世界证明这片土地能够接受和养活更多的移民，远远超过英国认为的人数。

面对恶劣的自然环境，实现这个目标并不容易。从 1880 年到 1914 年，犹太复国主义者购买的土地主要集中在西部从海法到雅法的沿海平原，以及东部的耶斯列（Jezreel）和约旦河谷地。这些土地多为荒无人烟的沼泽地。他们建立的第一座村庄佩塔提克瓦就爆发过疟疾疫情，使俄国的移民 - 拓荒者不得不离开。同样，哈代拉（Hadera）镇在建成的前二十年里，有超过半数的居民因疟疾死去，不过，这并没有让移民者退缩，两年后他们又回到佩塔提克瓦，抽掉沼泽地的水，在土地上发展农业，将这里建成一片盛产橘子的果园。

第四次阿利亚浪潮（1924—1929）带来 8 万多犹太人，且大部分是来自城市中产阶级的波兰移民，正是这批犹太移民促进了巴勒斯坦的经济建设。最后一次大规模人口增长发生在 1929 年到 1939 年的十年间，主要来自德国和东欧的 25 万犹太移民涌入巴勒斯坦。这批移民的到来很大程度上是由于希特勒领导下的纳粹德国对犹太人的迫害，其中不乏许多有利于城镇和产业建设的专业人士。例如，1934 年，生活在中欧地区的犹太人已经清楚地意识到希特勒的反犹政策只会越来越严，这一年有 4.2 万人来到以色列地，刷新了巴勒斯坦地区单年接收移民的最高纪录，不断增长的人口为以色列的建国奠定了基础。

1935 年，纳粹政府通过《纽伦堡法案》，剥夺了德国犹太人的公民权，规定犹太人与非犹太人不能通婚或发生婚外性关系。来到巴勒斯坦地区的移民人数再创新高，1935 年移民人数达到 6.1 万。从 1933 年到 1936 年，巴勒斯坦地区的犹太人口从 234967 人增长到 384078 人，犹太人在当地的人口比例从五分之一上升到将近三分之一。1934 年到 1938 年，大约 4 万犹太人非法进入巴勒斯坦地区，截至 1939 年 9 月，又有 9000 人进入。

可以看出，犹太民族在重建自己民族家园的过程中，走的是一条与众不同的道路。动员生活在欧洲的犹太人回归故土是当时犹太复国主义运动的最重要任务之一，尽管在这一过程中困难重重，但是，应该可以看到运动在动员犹太人回归故土的这方面是卓有成效的。通过数次阿利亚运动，巴勒斯坦地区的犹太人数开始大幅增长，而人口数量的大幅增长是犹太复国主义运动能够不断取得成果的根本保障，是犹太人社会走向欣欣向荣、兴旺发达的基础。

从犹太复国主义运动兴起到以色列国最终得以建立，巴勒斯坦地区的犹太人数从 3 万增长到近 60 万。而这数十倍的增长无疑应当归功于阿利亚运动。

散居地的犹太人回归以色列故土的行动不仅发生在建国前，更大规模的回归行动是在建国之后。由于独立战争的爆发、阿以冲突的急剧升级，阿拉伯国家开始大规模迫害和驱逐生活在他们那里近千年的犹太人。从 1948 年 5 月 15 日到 1949 年年底，来自 70 个国家不少于 68.6 万名犹太人来到以色列。这一人数几乎和建国时以色列的人口相等，成为 20 世纪规模最大的一次移民浪潮，以色列在吸收移民方面创造了现代史上的一个奇迹。1948 年，全世界只有 6% 的犹太人生活在以色列。而到了 2019 年，这一比例已经上升到 50%，占全世界犹太人数的一半。

"影子政府"——伊休夫

回归故土的犹太人基于传统很快组织起了自己的社团——伊休夫（Yishuv）。虽然在一般意义上，伊休夫的确只是一个犹太社区，一个犹太人的"民族之家"，负责照看、协调抵达以色列地的犹太移民。然而，在实质上，特别是在英国获得巴勒斯坦地区的托管权之后，伊休夫是一个英国当局认可的犹太人管理机构，一个授权管理巴勒斯坦全境犹太人的行政机构。在政治意义上，伊休夫相当于犹太人的"影子政府"，负责管理生活在巴勒斯坦地区犹太人的一切事务。而随着时间的推移，伊休夫有了更多的职能，成为巴勒斯坦地区犹太人的自治管理机构，对内处理犹太人自身事务，对外代表犹太人在经济、社会等事务上与英国托管当局打交道，或是合作或是提出建设性建议，维护犹太人在巴勒斯坦地区的利益。

这一时期的伊休夫还设立了自己的政治构架。1920 年 4 月 19 日，经选举产生了伊休夫"代表大会"，这相当于英控巴勒斯坦时期犹太人的议会组织。代表大会中共有 314 个席位（这也是犹太历史上议员人数最多的时候），延续了赫茨尔时期管理世界犹太复国主义者组织的管理方法，内部有着不同的派别团体政党，通过选举获得相应席位。当然，此时的伊休夫最主要的任务是接收和安置移民，发展生产，确保回归的犹太人能够得到及时合理的安置，迅速安顿下来，开始在巴勒斯坦地区新的生活。

由于当时的巴勒斯坦地区几乎没有什么工业企业，连服务性行业也很少，因此，伊休夫的经济一开始主要依赖农业和牧业。伊休夫拥有的土地主要是犹太国民基金会购买，交由他们管理的。在巴勒斯坦地区出现的主要农业生产组织形态是基布兹和莫沙夫，二者均实行集体所有或者互助合作的原则。伊休夫拥有的土地交由基布兹和莫沙夫无偿使用，理论上使用年限为 49 年，但因期满可以自动续用，实则没有年限限制。这一机制使得基布兹和莫沙夫成为吸纳和安置新移民的最佳场所。

20 世纪 20 年代后期，由于越来越多犹太移民到来，巴勒斯坦地区出现城镇化的势头，同时为了吸收更多的移民和改善人民的生活，伊休夫将工作重点放在发展经济上，开始大力兴办工业，创办了一批企业，其结果是工业、商业以及各种服务业开始以较快的速度兴起。伊休夫管理出现了分工，新近成立的巴勒斯坦犹太工人总工会成为伊休夫中专门管理经济的部门。在产权上，大部分农、工、商企业都归犹太工人总工会所有，而工商企业实行与基布兹和莫沙夫相同的非资本主义经营原则，使得伊休夫的经济具有较强的社会主义性质，能够统一调配资源。这一局面一直持续到以色列建国以后才逐步改变。

随着越来越多的犹太移民到来，当地的阿拉伯人开始感到不安和恐慌，他们担心生计会被新来的犹太人抢占，加上巴勒斯坦地区阿拉伯上层反犹人士的煽动，巴勒斯坦地区越来越频繁地出现骚扰和袭击犹太移民的事件，特别是对基布兹和村庄的暴力袭击。面对这一形势，伊休夫领导人在 1921 年创立了旨在保护基布兹和犹太人村庄的哈加纳（Haganah，"防御"之意）武装组织，装备可能得到的各种武器。最初的哈加纳由纯粹的志愿者组成，职责是站岗、执勤、巡逻以预防袭击。他们通常是一边开荒种地进行生产，一边参加各种军事训练，应对各种可能发生的袭击活动，以实现保家护社的宗旨。因此，哈加纳作为一支犹太民兵组织存在。不过，到 20 年代末，面对阿拉伯人不断加剧的暴力袭击以及 1929 年整个希伯仑犹太社团遭屠杀的悲惨现实，伊休夫开始注重加强哈加纳的军事能力，除了购买外国军火，还自主生产武器。在短时间内，哈加纳就从未经良好训练的民兵组织发展成组织良好、训练有素的地下武装力量。经过多年的发展，哈加纳最终形成有 20 个分支机构、由 2.5 万男女志愿者组成的犹太准军事军队。此外，伊休夫中的不同政党和派别还分别发展自己的武装力量，如工党直接指挥的帕尔马赫、修正派指挥的伊尔贡和斯特恩帮等。到 1946 年，各派犹太武装力量人数的总和已经达到 7.5 万 ~ 8 万人，正是这一武装力量的存在，1948 年成立的以色列国才成功地抵御住了阿拉伯国家发动的第一次中东战争。以色列正式建国后，哈加纳名正言顺地转变成以色列国防军。

此时的伊休夫积极动员和组织民众开展巴勒斯坦地区的基础设施建设，兴建公路、电网和城镇。伊休夫还在巴勒斯坦地区建立了从小学到中学，到职业学校再到大学的完整教育体系。随着基础设施和社会生态建设的不断完善，伊休夫的规模不断壮大。当阿利亚运动带来越来越多的犹太移民，伊休夫管理下的犹太人口自然成倍增长，从创立时的 5.6 万人发展到 1948 年以色列宣布建国时的 60 万人左右，约翻了 10 倍，为建立一个小型国家奠定了人口基础。

当然，伊休夫在建设和管理过程中的最大贡献是为未来的犹太人家园的政治主权奠定了基础，制订出独立后行政管理的详细计划，还印制发行了临时邮票和货币。正是这一系列的做法保证了以色列能够顺利建国，实现犹太人对巴勒斯坦地区的主权掌控。

第 22 章

反犹主义：复国大业的催化剂

最恒久的仇恨

对于犹太民族而言，反犹主义是一个挥之不去的阴影。犹太人从古至今，无论是生活在基督教社会，还是其他宗教信仰社会；无论是生活在宗教思想占统治地位的社会，还是世俗思想占统治地位的社会；无论是在古代罗马社会，还是在中世纪社会，或在现代社会；无论是在封建制度下，还是在资本主义制度下，都常常是社会憎恨和迫害的对象，是人们歧视、不齿、憎恨、仇视，乃至杀戮的目标。固守犹太教规的犹太人被指责为民族沙文主义者，同化了的犹太人则被指责为以同化手段毒害非犹太人社会的第五纵队；富有的犹太人被视为国家的吸血鬼，成为人们憎恨的对象；贫穷的犹太人则被看成是社会的负担，沦为人们袭击的目标；生活在非犹太人社会的犹太人常常受到对寄居国不忠诚的指责；移居到以色列的犹太人则被指责为种族主义分子；在资本主义国家，犹太人被认为是共产主义者而受到社会的怀疑；在非资本主义国家，犹太人则被看成是资产阶级代理人而受到人们的攻击。

如果从反犹主义的产生之日起计算，至今已有两千多年的历史。它非但从来没有消失过，而且常常是愈演愈烈，变换形式和花样，终于在20世纪酿成人类历史上最大的一场悲剧，600万犹太人因此而丧生。因此，完全可以说反犹主义是人类历史上有过的所有仇恨中持续时间最长、散布范围最广、结局最惨的，是一种以一个民族为对象的仇恨，是一种最恒久的仇恨。世界上恐怕再难找到任何一种其他人群间的仇恨能在广度上、深度上、烈度上超越反犹主义。

尽管反犹主义对犹太民族造成了巨大的伤害，使他们在历史时期饱受磨难，但如同世界上一切事物都有两面性一样，反犹主义也具有双重性，正所谓"祸兮福所倚"。因此，在论述反犹主义对犹太民族造成的巨大灾难时，我们不应忘记它对犹太文化保存和发扬所发挥的意想不到的"反作用"。按照辩证法的观点，虽然这一作用是反犹主义者最不愿意看到的，但又是反犹主义无法避免的。

反犹主义的"反作用"

反犹主义在现代历史上产生的"反作用"可以从犹太复国主义运动的兴起、发展，到成功的过程中看出来。犹太复国主义运动史研究专家拉克在探讨犹太复国主义运动兴起的成因时曾毫不含糊地指出：犹太复国主义是对反犹主义的反应。事实上，无论是犹太复国主义运动思想理论的奠基人平斯克，还是犹太复国主义运动政治组织者赫茨尔，都是在目睹上述反犹主义事件后开创了这一被视为现代史上犹太民族最伟大的解放运动。

犹太复国主义运动兴起之初的其他著名人士，如思想家戈登、阿哈德·哈姆等均是在反犹主义打击下投入犹太复国主义运动的。而像比卢、热爱圣山一系列宣传犹太复国主义思想的组织也都是面临新迫害时成立起来并积极开展工作的。19世纪末出现的反犹主义打破了许多犹太人的幻想，引起了他们深刻的反思：他们在欧洲还有没有前途？如果没有，他们应该到哪里去？犹太复国主义运动就是在诸如此类的思考中逐渐兴起的。不少历史学家曾做出这样的推断：如果说没有反犹主义的存在，很可能就不会出现犹太复国主义这样的运动。这一推断应该是符合历史事实的。

不仅犹太复国主义运动的兴起是反犹主义迫害的结果，就连犹太复国主义运动的发展也离不开反犹主义。但凡熟悉犹太复国主义运动发展史的人们都十分清楚，该运动在早期并没有得到广大犹太人民的热烈支持，到 1914 年，直接参加这一运动的人数还不足 13 万。然而，欧洲，特别是东欧，不断重新出现的排犹主义，使大批犹太人被迫离开自己在欧洲的故乡，前往巴勒斯坦地区，从而把越来越多的犹太人"赶入"正在兴起的犹太复国主义运动中去。1921 年，直接投身这一运动的人数量已逾 100 万。正是在这一意义上，著名犹太史学家沙卡博士指出：重新在现代欧洲出现的排犹主义不仅赋予了犹太人回乡观一种崭新的含义和要实现的目标，而且导致了犹太复国主义运动的直接兴起和在全民族中的展开。拉克也指出："在一个没有反犹主义的世界里，犹太复国主义就不会发展壮大。""第一次世界大战后，由于反犹主义的加剧，拥护犹太复国主义的倾向加强了。如果不是由于紧张形势和对犹太人的迫害，犹太复国主义可能仍是一个理想主义改革者的文人和哲学家的小派别。"

　　反犹主义除在"动员"和"逼迫"越来越多的犹太人投入犹太复国主义运动以外，还为犹太复国主义"寻得"非犹太社会对它的同情和支持。客观地说，在第二次世界大战爆发以前，犹太复国主义运动除了在犹太人中开展外，很少得到非犹太社会的支持。然而，在大战爆发后，特别是当希特勒纳粹政权疯狂屠杀犹太人的罪恶行径大白于天下后，情况开始发生根本性的变化。按照拉克所说：在 1945 年，甚至它以前的敌人都聚到了蓝白旗下（指象征犹太复国事业的旗帜，也是今日以色列的国旗）。这一点可以从英国工党主席哈罗德·拉斯基对犹太复国主义运动态度的转变中清楚地看出。拉斯基原是犹太复国主义运动的坚决反对者，他说他是个马克思主义者，不信犹太教。战前他倡导同化并曾认为犹太人如愿失去自己的特性，那将是他们给人类做出的最佳贡献。但是当希特勒屠杀犹太人的罪行晓于天下后，他完全认同并坚决相信犹太国在巴勒斯坦地区复兴的必要性，他声称现在连他也成为犹太复国主义者了。当时，国际社会中对犹太复国主义运动的看法发生转变的人何止拉斯基一个，他只不过是一个代表罢了。事实上，由于纳粹推行的反犹主义，国际社会对犹太复国主义运动的同情和支持是巨大的。这一同情和支持从 1947 年 11 月 29 日联合国大会对建立一个犹太人国家议案的表决中得到明确无误的表达。大会以超过三分之二的压倒性多数票通过上述议案的同时，向人们表达了当时国际社会对犹太复国主义运动强有力的支持。事后，人们在评论这一事件时认为：如果不是希特勒纳粹把反犹主

义推向它的历史顶点和对犹太人历史性的大迫害，很难想象国际社会会
"缔造"出一个犹太人的新国家。

独特的应对方式

需要指出的是，反犹主义之所以能对保存和弘扬犹太文化产生"积
极作用"，还与犹太民族对迫害和压迫做出的独特反应有着密切的关联，
应该说，面对反犹主义的疯狂迫害和压迫，犹太民族从未放弃反抗、停
止抗争。不过，由于犹太民族在历史上就是一个弱小的民族，他们对压
迫的反抗，对迫害的抗争，不像其他民族主要表现在武装起义、暴力行
动上，而是集中表现在维护犹太人的民族精神上。因此，在犹太人看来，
抵抗反犹主义压迫和迫害最有力的武器是忠于自己的信仰，坚持自己的
传统，加强自身的信念，发扬自身的文化，巩固自身的团结。

犹太民族这一与众不同的反抗形式使他们在肉体上受到迫害时，善
于从精神方面保护自己；在物质生活艰辛困顿时，努力保持精神生活的
丰富多彩；越是压抑，越要寻求精神上的奋扬和超越。关于这一点，人
们可以从那些记载二战中被关进集中营里的犹太人的生活的文献中清楚
地看出。在这一精神的指引下，犹太信仰、犹太传统、犹太信念、犹太
文化、犹太团结，不仅没有在反犹主义的压迫中损毁，反而由于疯狂的
反犹主义压迫的反作用力得到进一步保存，得到进一步增强，得到进一
步弘扬。

古代，在罗马统治者用暴力捣毁犹太人的第二圣殿，犹太人彻底丧
失主权民族地位的关键时刻，以传播犹太思想、培养后继人才、研究犹
太典籍、保存犹太精神为宗旨的犹太经学院的活动开始发展。其成果之
一就是被誉为犹太教第二经典的《塔木德》经过一代又一代犹太圣贤的
努力，终于编纂完成，使以犹太教为核心的犹太文化得到了极大的发展。
而正是由于《塔木德》的成功编纂，犹太民族在随后长达一千五百年的
历史中，面对遭敌视的生存环境和种种迫害，掌握了一种可以帮助他们
坚持犹太传统、维护犹太独立、约束犹太生活的强大思想武器。

中世纪末，当西班牙统治者推行极端反犹主义政策，采用将境内所
有犹太人统统驱逐出去的方式对犹太人进行大迫害时，被逐的犹太民族

在悲壮气氛中将犹太精神的火种带到了西亚、北非、北欧和东欧广大地区，使那里成为犹太文化新的中心。

16 世纪以来，罗马天主教会开始推行犹太隔都制，试图以此达到迫害犹太人的目的。然而，犹太隔都的出现却在促进犹太人的集体生活，维系犹太人的宗教信仰、文化和团结等方面做出了"贡献"。很早以前，犹太拉比曾告诫犹太人要"设屏藩以护《托拉》"，隔都中的犹太人真的这样做了。他们不仅实现了自治，而且基本上按照犹太人的传统方式和法律生活。《塔木德》在管理隔都生活中得到了广泛的应用，犹太教律法和伦理准则在这里得到了最完美的遵守。犹太隔都犹如一个训练自治的场所，一代代犹太人在这里学习管理错综复杂的平民事务和熟悉管理自身的各种准则，对于犹太人保持自己的民族文化、传统起到了一定的推动作用。

到了近代，沙皇俄国在 1881 年掀起的对犹太人的集体迫害浪潮，使成千上万的犹太人开始寻找同化以外的自我解放的途径。他们来到巴勒斯坦，以前所未有的热情投入犹太文化的重建事业，不仅使人们的犹太意识得到了加强，犹太人古老的语言——希伯来语也在这一犹太文化重建中奇迹般地被"复活"，犹太文化的方方面面都得到了极大的发扬。而一个新的犹太文化中心在圣地的创建，无疑为一个新的犹太人家园的重新建立奠定了基础。

在二十世纪三四十年代，以纳粹德国为首的反犹势力对犹太人的历史性大屠杀使三分之一的犹太人丧生，却奇迹般地导致犹太人在失去国家的两千多年后又重新建立起了一个新的犹太人国家。在这个国家中，犹太信仰、犹太传统、犹太文化都得到了空前的发扬光大。而犹太人成为一个主权民族本身更是弘扬和发展犹太文化最有力的保证。

在随后的年代，当反犹主义试图用战争消灭以色列这个犹太人国家，用军事、政治、经济等手段扼杀它的时候，全世界犹太人的团结和联系却得到了进一步加强。战争每爆发一次，犹太人之间的团结就得到一次加强。他们的团结不仅使犹太人国家赢得了胜利，促进了以色列经济的发展，而且使犹太文化开始真正成为国际学术界重点研究的对象之一。

由此可见，当萨特指出："使他们（犹太人）团结起来的唯一纽带是周围社会对他们的敌视和蔑视。"这话无疑是很有见地的。正因如此，乔治伯爵这样评说："你（犹太人）尽可以诉说你一直在遭受压迫和迫害——可这正是你的力量，你已经千锤百炼，这是你从不断裂的原因之所在。"

反犹主义对犹太民族的另一"积极贡献"是使犹太民族从一个地区性的民族发展成一个世界性的民族，使犹太文化从一个地区性文化、单一民族的文化成为影响西方文明的世界文化。

世界民族的造就

众所周知，古代犹太民族的活动范围只局限在从两河流域到尼罗河流域之间的巴勒斯坦地区。在最初长达近两千年（公元前 1800 年—公元 100 年）的犹太历史中，他们一直作为这一地区众多民族中的一员生活在那里，无论是他们的人数，还是实力，在那一地区都算不上什么，其影响力也从未超出那一地区的范围。若没有反犹主义的存在，这个民族是否会保存至今，特别是作为一个一以贯之的民族保存至今恐怕都是个问题。因为纵观历史，在犹太民族生活的那一地区，不知有多少强大一时的民族早已不知去向，就连今日依然存在的埃及民族、波斯民族等也已经不是昔日意义上的埃及民族和波斯民族，无论是他们的宗教信仰，生活习俗到他们使用的文字都不同于他们的先人。许多学者都认为，单就一个民族语言文字的中断就足以导致该民族文化的断裂，何况他们连宗教信仰和生活习俗都发生了根本性的变化。当然，对于犹太民族到底会不会在没有反犹主义的情况下作为一个一以贯之的民族保存至今的结论，历史学家有不同看法，这里暂不作定论。不过有一点是可以肯定的，若没有反犹主义，犹太民族是绝对不可能发展成今天这样一个遍布五大洲的世界性民族的。罗马帝国对犹太人的迫害使犹太人被迫离开自己的家园，分散到了罗马帝国各地，犹太人第一次生活在地中海周围的所有地区，其生活空间因此扩大。随着罗马帝国的扩大，犹太人社区开始在西班牙、意大利、法国的一些地区出现。7 世纪至 8 世纪伊斯兰教兴起时出现的反犹主义使犹太人的活动范围进一步向欧洲大陆扩展。而十字军东征掀起的反犹主义浪潮，使相当一部分犹太人开始进入以波兰为中心的东欧地区。1492 年西班牙对犹太人的大迫害，不仅使犹太人的生活空间扩大到以荷兰为中心的北欧和所有的穆斯林地区，而且第一次使犹太人踏上美洲大陆。而 19 世纪德国和俄国等国相继出现的新的反犹主义迫害，不仅使大批犹太人移居美国，而且在加拿大、墨西哥、巴西、阿根廷、智利等国集居。到 20 世纪反犹主义再次掀起恶浪时，犹太人已经遍布五大洲，成为一个典型的世界性民族。

随着犹太人在世界范围内活动，犹太文化也不断在世界范围内传播和发展，影响着所有与犹太人交往的国家和地区的文化，如在世纪之初孕育了基督教，在公元 7 世纪又哺育了伊斯兰教，在中世纪推动着伊斯兰文化的发展，等等。到了 14 世纪、15 世纪，犹太文化又对文艺复兴的出现起到了"中介"作用，在随后为资本主义的到来，特别是现代金融业的发展发挥了不可替代的作用。至于现代社会，犹太文化对世界科学、医学、文学、法律、社会福利等方面的影响更是有目共睹的，而这一切竟都与反犹主义联系在一起。正是在这个意义上，人们发出了"没有反犹主义，就没有犹太人的今天，也没有世界的今天"的感叹。

历史就是这样的不可思议。反犹主义者大概至死也不会想到，他们费尽心机掀起的旨在扑灭犹太人思想、铲除犹太文化、消灭犹太民族的反犹主义浪潮竟造就了犹太人的今天。犹太人的思想不仅没有因此被扑灭，反而发扬光大；犹太文化不仅没有因此被铲除，反而为越来越多的人所接受；犹太民族不仅没有因此被消灭，反而成为当今世界上最伟大的民族之一。在世界的五大洲不仅到处都能见到他们的身影，而且在世界的经济、文化、科技、社会各个领域发挥着比犹太民族在全世界人口中的比例远远大得多的作用。难怪有人在评论反犹主义时说过这样一段意味深长的话："无论过去还是现在，正是反犹主义成了犹太人成功的原因。对犹太人存在的这种永久威胁，使得犹太人为了成功和生存就必须卓然超群。"

第 23 章

为梦想战斗在国际舞台

自犹太复国主义思想形成以来，为实现建国梦想，犹太复国主义运动的先驱和领导人就一直在国际舞台上积极开展卓有成效的活动。通过对时局的分析，这些人认识到获得当时在中东地区的大国支持显然是必要之举。因此，他们的努力集中在游说大国一事上，这自然成为政治犹太复国主义的工作重心。赫茨尔作为政治派运动的最初领导人，更是将自己全部的精力都投入游说大国活动中，他的一系列努力凸显了犹太人为了民族复国大业在国际舞台上的奋斗历程。

政治游说

众所周知，巴勒斯坦地区尽管是犹太人的古老家园，但是犹太人早在一千八百年前就被赶了出去，一直散居在世界各地，而在最近的四百年里，当时的巴勒斯坦地区一直处在奥斯曼帝国的统治下。犹太人若是希望回到那里，特别是在那里建设自己的一个家园，必须获得奥斯曼统治者的许可。因此，赫茨尔的大国游说活动的最初重点是游说奥斯曼帝国统治者苏丹，希望能够从他那里获得一张允许犹太人移民巴勒斯坦地区的特许状。除此之外，赫茨尔还马不停蹄地奔波于欧洲各国首都之间，拜访罗马天主教教皇、德国皇帝、俄国沙皇和各国政要名人，并向他们发出呼吁，希望他们为解决长期存在的"犹太问题"提供协助。

　　尽管奥斯曼从 1517 年开始成为帝国和中东地区的霸主，控制着巴勒斯坦地区，但几个世纪以来，土耳其人对那里不闻不问，长期忽视，管理十分混乱，不仅没有发展这一地区的经济、文化、社会，而且导致该地区在 19 世纪末退化为"荒野""布满石头的荒芜之地""废弃的家园"和一片"已经沦为废墟"的土地。尽管如此，奥斯曼帝国统治者苏丹却对犹太人的请求迟迟不表态，以暧昧的态度对待之。不过，当时的犹太复国主义运动领导人仍然认为应该不惜一切代价争取奥斯曼帝国的支持，因为奥斯曼毕竟是那里的最高统治者。赫茨尔数次专程前往君士坦丁拜访，包括允诺提供财政援助，帮助奥斯曼发展经济，但是最终还是铩羽而归，一无所得。已经病入膏肓的奥斯曼不仅没有向犹太人颁发特许状，允许犹太人回归建设巴勒斯坦，而且还下令驱逐了一部分生活在特拉维夫的犹太人。犹太人开始认识到只要奥斯曼帝国继续在中东统治，犹太国的梦想就无法实现。赫茨尔不得不放弃努力，把目光转向他处。

　　最有吸引力的"他处"是当时的英国，处在上升阶段的日不落帝国为四处游说碰壁的赫茨尔提供了一个"政治机会"。时任英国殖民地大臣的张伯伦出于对无家可归的犹太人的同情，提出将英国在非洲的一块没有人的殖民土地乌干达（实际上此地位于今天的肯尼亚，当时是乌干达保护国的一部分）奉送给犹太人。赫茨尔自然十分欣喜，他提议犹太人不应该坚持回归巴勒斯坦，而应该在东非寻找一块领土建立家园，起码为受迫害的犹太人提供一个临时避难所。赫茨尔基于这一想法向第六届犹太复国主义者代表大会提出"乌干达方案"。尽管这一方案遭到绝大多数犹太人的拒绝，不得不放弃，但犹太人与英国的关系却变得十分紧密。譬如，赫茨尔就乌干达问题谈判时，劳合·乔治曾担任代表犹太复国主义运动的律师，他和赫茨尔都承认巴勒斯坦和犹太人自古以来的联系，都认为相对于阿拉伯人，犹太人能让这片土地得到更好的发展。他说："世界四大国都支持犹太复国主义。不管是对是错，是好是坏，和现在生活在这片古老土地的 70 万阿拉伯人的欲望和偏见相比，犹太复国主义扎根于这片土地上的悠久历史中，有客观的现实需要，未来也能为这片土地带来更深刻的变化。我认为支持犹太复国主义是正确的。"

　　不过，在这之前，一部分犹太复国主义运动的领导人，如雅博廷斯基等人从一开始就认为，在国际舞台上，寻求英国的支持更符合犹太复国主义运动的利益。第一次大战前夕，犹太复国主义运动领导人经过分析认识到，英国同德国与奥斯曼帝国等国即将开战，摇摇欲坠的奥斯曼帝国将失去对中东的控制，英国最有可能控制中东。雅博廷斯基认为犹太复国主义者应该开始对英国政治领导人展开游说，让他们相信犹太复国主义运动是一项正义的事业。

魏茨曼与《贝尔福宣言》

当然，使得犹太复国主义运动的目标最终被英国接受的关键人物是哈伊姆·魏茨曼。应该说要完成这项任务，没有人比魏茨曼更合适，他后来成为以色列第一任总统。

魏茨曼是 1904 年到英国曼彻斯特大学任职的。两年后，正是在那里，他经人介绍认识了后来成为议员的亚瑟·贝尔福。贝尔福原先支持乌干达方案，他非常欣赏魏茨曼，魏茨曼通过和贝尔福一系列的交往，让贝尔福逐渐成为犹太复国主义运动的支持者。1916 年魏茨曼成为英国海军实验室主任，搬到伦敦。在伦敦，作为犹太复国主义事业的拥趸，魏茨曼不停顿地为犹太复国主义事业奔走游说。他在研究中发现了丙酮的制造方法，丙酮是海军使用的无烟炸药的关键成分，这一发现为英国在战争中获得胜利做出了重大贡献，魏茨曼因此受到广泛赞誉。他也有意识地用自己的新地位来接近英国政要，宣传犹太复国主义的思想。没有任何人能像魏茨曼那样近距离接触英国高官，利用各种场合和手段向英国人解释犹太人在巴勒斯坦建国的必要性和合理性。

当时英国外交部大多数负责中东事务的人是研究阿拉伯文化的，他们认为阿拉伯人拥有巴勒斯坦的理由更充分，从更务实的角度考虑，英国也不愿意激起巴勒斯坦阿拉伯人的民怨。但事情突然出现转机，1916年劳合·乔治当选英国首相，魏茨曼意识到劳合·乔治的上台是千载难逢的机会，他迅速接近劳合·乔治和贝尔福，还很快与英国外交部有影响力的外交官赛克斯建立了良好的联系。

有记录表明魏茨曼游说的次数不下两千次，他的努力游说终于结出了硕果。1917 年 11 月 2 日，贝尔福给著名犹太人罗斯柴尔德写了以下这封信：

尊敬的罗斯柴尔德勋爵：

我愉快地代表英王陛下政府将下述对犹太复国主义者的志向表示同情的宣言转交给您，这个宣言已经呈交内阁，并为内阁所批准。

"英王陛下政府赞成在巴勒斯坦建立一个犹太人的民族家园，并将尽最大努力促成此目标实现。但要明确说明的是，不得伤害巴勒斯坦现有的非犹太社团的公民权利和宗教权利，也不能伤害犹太人在其他国家享有的各项权利和政治地位。"

若您能把宣言的内容通知犹太复国主义联盟，我将向您表示感谢。

亚瑟·詹姆士·贝尔福谨启

可以说，这是犹太复国主义运动开展以来取得的最伟大成就。英国政府这一以书信形式发表的支持犹太人在巴勒斯坦建立犹太人家园事业的声明是一份外交文件，史称《贝尔福宣言》。

《贝尔福宣言》公布六周后，英军统帅埃德蒙·艾伦比将军指挥的埃及远征军赶走了耶路撒冷的奥斯曼帝国守军，数以百计的犹太民众和同英国并肩作战争夺耶路撒冷的战士站在街道两边，目睹了英军隆重的入城仪式。

1920 年 4 月，巴勒斯坦的未来命运在意大利的小镇圣雷莫被提上议事议程。在圣雷莫会议上，英国、法国、意大利等战胜国一起商讨如何瓜分奥斯曼帝国的领土，他们没有画出具体的地图，而是就总体原则达成一致意见。对犹太人而言，4 月 25 日召开的圣雷莫会议最重要的一点在于，与会代表承认了 1917 年发表的《贝尔福宣言》，将"赞成在巴勒斯坦建立一个犹太人的民族家园，并将尽最大努力促成此目标实现"写入会议决议，并正式将巴勒斯坦交给英国实行委任统治。这样，犹太人要在巴勒斯坦建立民族家园不再只是英国人的政策，而成了第一次世界大战战胜国的共同立场，成为战后国际社会的一项承诺。正是在这一意义上，《贝尔福宣言》的发表成为犹太复国主义运动兴起以来的一个重要转折点和取得的伟大成就，是复国大业在犹太人故土走向胜利的出发点，同时成为犹太人在国际政治舞台上的一次亮相。

政治妥协精神

应该说，犹太民族最终能够在巴勒斯坦地区成功复国与其具备的理性思维和政治妥协精神有关。犹太领导人在国际舞台上的理性作为以及具有的政治妥协精神还表现在对待皮尔分治建议上。

1922 年圣雷莫会议后，英国当局正式接管治理巴勒斯坦，开启了委任统治时期。期间，生活在巴勒斯坦地区的阿拉伯人因为犹太移民的进入和国际社会对犹太人建国的支持，与在巴勒斯坦的犹太人关系日益紧张，并逐渐引发包括 1929 年希伯仑屠杀性质的暴力冲突，大有势不两立之趋。为了探索长期的解决方案，英国政府于 1936 年成立巴勒斯坦皇家委员会，该委员会由威廉·罗伯特·韦尔斯利·皮尔勋爵负责，所以该委员会也被称为"皮尔委员会"。委员会的使命是前来巴勒斯坦调查、走访各阶层人士，评估巴勒斯坦局势和导致暴力和冲突的根源，并提出解决方案。

1936 年 11 月，皮尔委员会到达巴勒斯坦。他们考察了巴勒斯坦不同民族居住生活的情况，广泛听取了犹太和阿拉伯代表的意见。经过数月的调查，该委员会于 1937 年 7 月 7 日发布了一份 404 页的调查报告，提出了解决方案，其中还包括详细的地图。皮尔委员会建议，鉴于犹太人和阿拉伯人存在根本利益上的冲突，双方均声称对同一块土地拥有权利，两个民族共同治理这片土地的可能性很小，唯一的解决方案就是分治。

皮尔勋爵是第一个提出将巴勒斯坦一分为二的人。皮尔建议分给犹太国的土地远比犹太复国主义者预计的少，虽然贝尔福没有定义"巴勒斯坦"，但皮尔委员会承认："要建立的犹太民族家园的土地在《贝尔福宣言》发表时被理解为历史上整个巴勒斯坦地区。"这片地区包括今天的加沙、以色列、约旦河西岸和整个约旦。皮尔勋爵及其委员会建议只将其中很少一部分土地分给犹太人，只占全部领土的 20% 左右，而 70% ~ 75% 的土地都被分给阿拉伯人。

然而，这一分治建议却遭到阿拉伯人的坚决拒绝，善于审时度势的复国主义运动领导人魏茨曼和本－古里安都主张犹太人接受皮尔提出的分治计划。本－古里安说："赫茨尔如果在世，只要将文件中一小部分巴勒斯坦给犹太人，他们都会迫不及待地接受，认为这是天赐良机，并全力在这片土地上建立犹太国。当然，他们也不会承诺以后的犹太国仅仅局限于这一地区。"本－古里安的话似乎在提醒犹太复国主义者，考虑到第一届犹太复国主义者代表大会仅过去40年，这已经是了不起的成就。同样，魏茨曼也指出，虽然皮尔委员会在报告中用于犹太人建国的土地远比他们预想的少，但是这仍然意味着赫茨尔的理想终于得以实现。他言简意赅地说，犹太人"不接受才傻，就算只给他们桌布那么大一块地"。复国主义运动领导人的立场充分显示了犹太民族的传统政治妥协精神，以后的事态发展充分说明这一政治妥协精神对于犹太民族复国大业能够成功实现的重要性。正是在这种政治妥协中，犹太人的复国大业不断向前发展。由于阿拉伯人的拒绝，皮尔提出的分治计划被束之高阁。英国当局为了安抚当时在人数上占优势的阿拉伯人，发布了旨在限制犹太移民数量的白皮书。

随着第二次世界大战全面爆发，巴勒斯坦问题被暂时搁置起来。二战结束后，犹太复国主义运动为了安置10万纳粹暴行的幸存者，与偏袒阿拉伯人的英国托管当局发生正面冲突。以伊休夫哈加纳为主体的犹太武装力量积极开展武装斗争，开始袭击英国军队，并炸毁了设在耶路撒冷大卫王饭店之内的托管政府机关和英军驻巴勒斯坦总部。1946年，第二十二届犹太复国主义者代表大会举行。代表就当前的形势和犹太人应采取的对策进行了激烈辩论。最后，大会通过了在巴勒斯坦地区建立一个与世界民主体制相适应的犹太人国家的政治纲领，决心继续沿着第一届犹太复国主义者代表大会所确定的政治目标前进。

犹太人与英国托管当局和阿拉伯人的紧张关系很快达到了高峰。二战后实力受到严重削弱的英国政府在犹太人和阿拉伯人的夹击下，一筹莫展，处于进退维谷的两难地位，再也无法应对这一局面，于是决定把巴勒斯坦问题交给英美委员会处理。犹太复国主义者针对这一新形势开始了争取美国政府支持的努力。英美调查委员会的调查报告主张废除英国当局于20世纪30年代发布的对犹太移民人数限制的白皮书，立即向10万名犹太难民发放移民许可证，取消对犹太人购买土地方面的种种限制，并将巴勒斯坦逐步移交给一个新的托管机构管理。英国政府不仅无意执行报告中提出的要求，而且在与魏茨曼进行的会谈中拒绝自己早年提出的在巴勒斯坦实行分治的方案。犹太人对英国的这一立场作出的回应是发动大规模的武装袭击，英国托管当局一时成为犹太人袭击的主要目标。面对犹太人的武装暴动和阿拉伯人的不满，束手无策的英国政府终于在 1947 年 4 月 2 日决定，放弃托管权，把整个巴勒斯坦问题交给成立不到两年的国际组织——联合国处理。

决战联合国舞台

联合国就此成立了一专门委员会（UNSCOP，即联合国安理会巴勒斯坦问题特别委员会），成员由非常任理事国担任，负责提出解决方案。犹太复国主义运动领导人利用这一机会竭力向该特别委员会陈述在巴勒斯坦进行分治、支持成立一个犹太人国家的重要性。专程来到巴勒斯坦地区的特别委员会经过认真的调查和细致的分析，发现在巴勒斯坦的犹太人和阿拉伯人之间的分歧很大、隔阂严重，显然难以在一个社会共同生活，开始认同犹太人所提出的分治立场。根据调查了解到的巴勒斯坦实际情况和民意，特别委员会在充分辩论和内部协商讨论的基础上，提出了它的调查报告以及建议在巴勒斯坦实行分治的方案，并于 1947 年 9 月 1 日最终向联合国大会提交了建议在这块土地上实行犹太人和阿拉伯人分治的草案。分治方案确认在这块土地上生活的两大人群——犹太人和阿拉伯人各自都有权建立自己的国家，任何一方都不能得到其要求的全部土地。很显然，最后的决定权交到了联合国大会的手中。

接下来，联合国成了犹太人实现自己复国梦的"主战场"，应该说形势对于犹太人而言十分严峻。由于国多势众的阿拉伯人普遍反对分治，反对犹太人建国，其代表提出动议：提交联合国大会表决的方案是重大议案，需要以绝大多数支持，而不是简单多数赞成就能通过，希望以此扼杀草案。犹太人十分清楚自己的下一步目标是在联合国内争取得到支持分治方案所需要的三分之二多数票。在随后几天紧张的拉票过程中，犹太人的外交艺术和手段得到了淋漓尽致的发挥和展现。为了最大限度地获得支持票，全世界的犹太人都被发动起来，游说所在国投票支持犹太人复国的梦想。

1947 年，联合国刚成立两年，只有 56 个成员国。在 1947 年 11 月最后一周，联合国大会在纽约召开，讨论被列为 181 号议案的分治决议，该议案只在联合国巴勒斯坦问题特别委员会成员建议的基础上稍加修改。在大会辩论的一开始，美国并没有积极支持犹太复国主义者，马歇尔领导下的美国国务院长期采取坚定反对犹太人独立的立场。更让犹太人感到棘手的是，就在联合国大会计划进行投票的前一天，美国中央情报局还以秘密报告的方式建议杜鲁门总统不要支持犹太人。该报告指出，犹太国没有足够的军事自卫能力，一旦犹太人宣布独立，犹太人同阿拉伯人之间的冲突不可避免，美国很有可能被卷入这场冲突。中央情报局还预测如果发生战争，"犹太人一定坚持不了两年"。

虽然犹太人最终得到苏联和美国两个大国的支持允诺，但犹太复国主义者还是担心他们无法得到三分之二以上的票数。联合国大会对议案的投票原定于周三进行，也就是 11 月 26 日。犹太人需要更多的时间来做包括海地、利比里亚、菲律宾在内的国家的工作。这时，来自乌拉圭驻联合国的代表及时提供了帮助，他在大会上使了一些"手段"将投票时间延期到感恩节后，为犹太复国主义者争取到更多时间来游说几个关键国家。犹太外交家埃班等人不分昼夜地工作，深夜给各国代表打电话，向他们解释犹太人的处境，恳求他们能够帮助犹太人实现两千年来重新建立一个犹太人国家的梦想。

犹太代表团的努力在争取法国的支持时尤为典型。当他们得知法国政府因担心支持分治而对其产生负面影响，决定放弃支持分治计划，并准备指示法国代表团投弃权票的消息时，仍然不愿放弃努力。魏茨曼亲自给法国领导人发去电报，措辞情真意切："难道法国真的要在这个永远铭刻在人类记忆之中的关键时刻缺席吗？"这一番话显然打动了对方。两天后，法国代表在表决时终于投下了赞成票。美国和加拿大的犹太社区也都积极行动起来，对本国政府施加影响，其结果是不仅两国坚定支持分治计划，而且还为犹太人"拉票"。例如，美国前总统杜鲁门亲自出马，争取拉丁美洲国家的支持。

11 月 29 日，联合国大会决定对分治议案进行最后表决。全世界犹太人都守在收音机前，密切关注着大会表决结果，他们迫切希望犹太民族在经历恐怖的大屠杀后能够获得新生。不出所料，苏联和美国投了赞成票，曾经统治巴勒斯坦的英国则投了弃权票。但令人意想不到的是，

11 月 25 日 17 个表示投弃权票的国家中有 7 个国家最终投了赞成票。阻挠拖延手段成功了。最终，联合国大会以 33 票赞成，13 票反对和 10 票弃权，以三分之二绝大多数通过了"关于在巴勒斯坦地区实行分治"（被标明为 181 号决议）的决议，第一次以国际组织的名义宣布承认犹太民族有建立自己国家的合法权利。犹太民族拥有两千年来的复国梦终于得以实现。

这显然是犹太人在国际舞台上取得的一项巨大胜利。如果说《贝尔福宣言》的发表还只能算是犹太人个人魅力和能力的展示，那么，联合国 181 号议案的通过则无疑是全体犹太人智慧的体现。犹太民族过人的国际外交事务能力得到了最充分的认可。至此，可以说，犹太复国主义的复国梦有望实现。

根据这一决议，犹太人于 1948 年 5 月 14 日，英国托管当局及其军队离开的当天，宣布犹太人的国家——以色列国成立。自此，51 年前犹太复国主义运动提出的复国目标终于实现。一个以犹太人为主权民族的国家终于屹立于世界民族之林。

第 24 章

保家卫国

分治方案尽管在联合国获得通过，却遭到巴勒斯坦地区的阿拉伯人以及周边阿拉伯国家的强烈反对。事实上，分治方案一直都是阿以冲突的核心——过去是，现在还是。他们拒绝承认犹太人有权在巴勒斯坦地区的任何一部分土地上建国，并选择用战争将犹太人驱逐出去，结果自然是阿以之间爆发大规模战争。

自以色列宣布立国以来，全面战争打了 4 场，局部战争、恐怖袭击和暴力冲突不计其数。所幸以色列经受住了战争的考验，不仅使在二战后成立的犹太人国家幸存了下来，而且逐渐成为该地区不以战争取胜的强国。

挣扎求生的独立战争（第一次中东战争）

在以色列根据联合国决议宣布建国之际，阿拉伯人因拒绝分治决议而发动了接下来的这场战争。1948 年 5 月 15 日，埃及、伊拉克、约旦、黎巴嫩以及叙利亚的军队在以色列宣布建国不到 24 小时的时间内，共同向以色列发起进攻，试图一举摧毁新生的犹太人国家，阿以大规模军事冲突的第一次中东战争开始。

头脑清醒的以色列领导人一向认为自己在军事上不占任何优势，因为敌人人数远多于自己并配有远优于自身的装备，尽管事实上，阿拉伯军队的规模比他们想象的要小，武器装备和作战能力也有限。在这场战争打响的前夕，首席行动指挥官以加勒·雅丁对以色列领导人大卫·本－古里安报告说："我们所能告诉你的最好消息是，我们与对方各有 50% 的胜算。"

以色列宣告独立时，被视为准国家武装力量的哈加纳总共只有 6000 名受过训练的军事人员，而且其中只有 60% 的人配有武器并备战充分。以色列当时无法指望美国提供更多的帮助，因为尽管美国坚决支持联合国的分治决议，但美国国务院仍担心与阿拉伯人为敌可能造成的后果，因此不愿向犹太人提供防卫武器。部分美国外交官甚至希望美国拒绝提供武器的做法可以阻止犹太国的建立，美国前总统杜鲁门出于避免战争发生的考虑，同意对该地区实施武器禁运。

然而，发动进攻的阿拉伯国家都有自己的国家军队，而且阿拉伯军队可以轻松且名正言顺地获得武器。譬如，约旦的阿拉伯军团就是由英国人训练出来的一支武装部队，并由一名英国军官指挥，他们可以十分轻易地从英国人那里获得武器装备。

与此同时，联合对抗以色列的阿拉伯军队还有着非常庞大的后备人员数量。尽管在一开始他们动员的士兵数量与犹太人投入的士兵数量大致相当，但随着战争进程的发展、更多部队的加入，阿拉伯军队人数得到迅速增长。不仅如此，阿拉伯人还将以色列国周边甚至是境内的阿拉伯城镇及村庄作为军事基地。由此，他们成功地封锁了耶路撒冷老城达五个月之久，并迫使最后一批城内的犹太抵抗者在 1948 年 5 月 29 日举白旗投降。

处于劣势的以色列在战争的第一阶段遭受打击和一定程度上的失败是不可避免的，不过，犹太人并没有丧失斗志。譬如，犹太人绝望中在一条古老的道路上奋力修建公路，打通连接耶路撒冷的道路，扭转了被动局面。这既反映了伊休夫时期出其不意的地下作战思想，又体现了如今以色列国防军的作战特色。

由于战争的双方都没有能够迅速制胜，加上伤亡惨重，最后在联合国的调停下，双方实现暂时性停火。然而，交战双方都积极利用停火的这段时间加强各自军备。以色列在停火期间从美国和其他西方国家购进了大量军火。而以色列获得的最多的一批军火应该说是在苏联的默许下，来自捷克斯洛伐克的武器，运进来的大量物资包括 2.5 万把步枪、5000 挺机关枪、5000 万发子弹。具有讽刺意味的是，其中竟然有德国 1945 年 5 月以前出厂的毛瑟枪和 MG 机枪，上面还有纳粹党徽的标记。这一批武器弹药的获得无疑极大地增强了以色列的战斗力。

1948 年 7 月 8 日，为期近一个月的停火结束，战争进入下一阶段。对以色列而言，这一阶段战争的局面显然开始朝着有利于自己的方向倾斜。到 10 月底，入侵以色列北部的叙利亚阿拉伯解放军被逐出境外。1949 年 1 月，以色列国防军赶走了侵占内盖夫沙漠的埃及军队，甚至占领了部分在分治决议中没有划分给以色列的领土，但埃及军队仍然牢牢地控制着加沙地带。这时的约旦由于实力不支，急于摆脱战争，私下同以色列达成协议，限制双方战斗规模，确保约旦获得对约旦河西岸的控制权。

此时的以色列领导人本－古里安十分清楚，战争再拖下去对以色列不利，他已经动员了以色列一半成年男性加入军队，部分女性也在服役，这场冲突不能再这样无休止了。但在分治决议划分给以色列的土地上还有叙利亚、埃及和约旦的军队，为了赶走他们，本－古里安命令国防军全面出击控制以色列全境，尽快结束这场战争。

尽管一开始阿拉伯人不愿意和以色列签订停火协议，撇开他们不承认以色列这点，和以色列签订任何协议就意味着他们承认消灭犹太国的战争已经失败，但他们没有任何其他选项。在权衡利弊之后，埃及、黎巴嫩、约旦分别于 1949 年 2 月 24 日、3 月 23 日和 4 月 3 日同以色列签订停火协议。最终叙利亚也于 1949 年 7 月 20 日在停火协议上签字。第一次中东战争就此以签署停战协议的方式结束。

独立战争显然是一场十分残忍的战争，对阿拉伯人而言它事关荣誉，他们不允许该地区出现一个非伊斯兰国家，更不允许一个犹太人的国家出现。既然没有能够在联合国大会上阻止分治决议的通过，就用战争的手段消灭它，这是当时阿拉伯领导层的誓言。但对犹太人而言，独立战争事关生存，尽管一开始困难重重，但以色列军队最终还是扭转对抗局面的劣势。有人认为这是由于阿拉伯国家从没有将全部军事力量都投入这场战争，而犹太人却设法偷运充足的武器来保卫自己，并逐渐积累更有效的战斗力量。犹太复国主义者明白，他们是没有任何退路的，如果输掉这场战争，他们的复国梦将就此破灭。他们所面临的结局只有两种：要么打赢战争，要么受到灭顶之灾。最终，他们成功阻止了阿拉伯方面的攻击，捍卫了自己新生的国家，并于 1949 年签订了与阿拉伯邻国停战的协议。

可以说以色列最终取得了这场战争的胜利，特别是年轻的国家得以幸存，向世界证明了它值得作为一个独立国家而存在。不过，对于犹太民族而言，这场战争的代价却是巨大的。共有 6373 名以色列人丧生，其中四分之一为平民，死亡人数占新国家犹太人口的将近百分之一。500位女性在战争中死去，其中 108 人来自军队。在以色列独立战争期间，超过 10 万犹太人应征加入以色列国防军，以自己的血肉之躯保卫刚刚宣布独立的国家。一位历史学家指出："许多为国捐躯者是来自欧洲的大屠杀幸存者。"不少人刚刚回归故土，还没有来得及好好看看犹太民族的这一片古老家园就牺牲了，他们的墓碑上甚至没有名字，他们是捍卫这个国家的无名英雄。

由于战场上的胜利，以色列得以控制联合国最初划定双方边境线之外的部分领土，这意味着阿拉伯此时控制的土地面积比发动攻击之前分治计划可控制的土地面积更少。更为重要的是以色列这个刚出襁褓的国家，不仅赢得战场上的胜利，同时也获得了政治上的胜利，世界上数十个国家都先后正式承认以色列作为一个国家的地位。

图谋利益的西奈战争（第二次中东战争）

1948 年，在赢得对抗阿拉伯敌人的决定性战争后，以色列原本期望邻国可以接受其立国的事实并协商和平解决阿以之间的冲突问题，但事与愿违。尽管埃及在 1949 年就已经与以色列签订了停战协议，但它并不希望与以色列实现永久和平，而是开始积极备战，希望在下一场战争中能够消灭以色列，致使以色列在很长一段时期一直生活在战争的阴影中。

埃及军事强人纳赛尔在 1954 年政变中掌权，使得局势更加令人担忧。他先是禁止以色列货船通过苏伊士运河，从而撕毁以色列与埃及在战后签订的协议。接着，他开始在政治上倒向苏联，从苏联集团进口武器，用以充实旨在针对以色列的武器库。

　　纳赛尔与苏联集团的武器交易是美国和苏联在中东地区"冷战"竞争中的一环。苏联希望向中东传播意识形态，然后掌控该地区的石油资源。美国则通常以支持反苏联政权作为回应，谋求自己在中东的利益。双方都尝试通过各种方式来获得影响力，特别是以通过为其同盟提供武器装备的方式来实现。这一"冷战"竞争触发了中东地区一轮军备竞赛，加剧了该地区的紧张局面，差一点演变成两大强权之间的直接冲突。

　　当时埃及的总统纳赛尔在充实埃及武器库的同时，还派遣名为"敢死队"（阿拉伯突击队员）的巴勒斯坦恐怖主义分子从加沙潜入以色列进行各种破坏和谋杀行动。通过建立蒂朗海峡的封锁带，埃及加大了对以色列施加的压力，因为蒂朗海峡是以色列南部唯一的出海口，是以色列与非洲和亚洲之间唯一的海上运输线。之后，激进的纳赛尔还将一直属于英国和法国股东的苏伊士运河国有化，严重损害英法两国的利益。

　　苏伊士运河的封锁、不断活跃的恐怖主义袭击，以及极具威胁性的埃及政府，使以色列处境愈发艰难。与其坐等纳赛尔及其控制的阿拉伯联盟武力准备充分后发动新一轮战争，以色列前总理本－古里安决定采取措施先发制人。而此时的以色列有了敌视埃及的域外盟友：英国和法国。这两个国家对埃及将他们开凿并拥有的苏伊士运河国有化之举十分不满，一直想方设法制裁埃及，以迫使埃及放弃对苏伊士运河的控制。

　　以色列与希望重新掌控苏伊士运河的英法两国在对付埃及激进主义的问题上一拍即合，秘密讨论制订了对付埃及的进攻作战计划。三个国家在 1956 年 10 月秘密达成《色佛尔协议》。根据这一协议，以色列将对纳赛尔部署在西奈半岛的部队发动大规模进攻，计划在一天内打到苏伊士运河边。然后，法国和英国出面呼吁双方停止敌对行为，要求埃及向国际航运开放运河。英法还会要求以色列军队撤到运河以东几英里外。但根据协议，以色列可以不服从，英法对以色列的要求只是摆摆样子，做给国际社会看的。

　　10 月 29 日下午 5 点，以色列军队按英法两国制订的计划开进西奈。在迅速切断了西奈半岛埃及空军和主要陆军基地之间的所有通讯联系后，以色列空降兵在阿里埃勒·沙龙的带领下悄悄空降在西奈半岛的米特拉（Mitla）山口，这是通往苏伊士运河道路的一处要塞。10 月 30 日，空降兵部队穿过开阔的沙漠地区，轻松占领了三个埃及军事基地，来到距离运河不到 50 公里的地方。

同一日，英国政府向以色列和埃及发布之前秘密制订的最后通牒，要求双方撤离苏伊士运河区域，此举实际上是要求埃及在宣布运河收归国有后放弃对运河的控制权。根据计划，以军没有撤离，埃及也拒绝答应最后通牒中提出的要求。第二天，英国和法国进行了军事干预，不仅派军队进入运河区域，而且使用战机轰炸了埃及机场。

但英国、法国和以色列共同策划的这一行动忽视了美国希望在该地区维持和平的诉求，也未事先将他们的意图告知美国，这激怒了美国前总统艾森豪威尔。他对打头阵的以色列尤其愤怒，威胁以色列如果不从占领地撤军，就中止美国政府对以色列的所有援助，实施联合国制裁，并阻止美国犹太人对以色列的所有私人捐献。本－古里安在压力下妥协了，尽管埃及并没有同意与以色列实现和平，以色列还是宣布退出所占领的地区，撤出西奈。第二次中东战争就以这一方式结束。

这场战争于 10 月 29 日爆发，11 月 7 日结束，不到十天的时间里以色列有 231 名军人在战争中死亡，另有 900 多名战士受伤。埃及的死亡人数在 1500 人到 3000 人之间，大约有 5000 人受伤。在不到十天的战斗中，以色列从埃及手中夺取了西奈半岛沙漠的大部分土地以及加沙地带。

不过，尽管战争以以色列主动撤出西奈半岛的方式结束，但以色列还是通过这场战争收获了实实在在的利益，其中包括恢复了蒂朗海峡的通航权。美国明确保证蒂朗海峡这一海运航道对以色列保持畅通。对以色列社会和公民而言，建国八年来，他们深受恐怖"越境者"袭击之苦，这场战争让他们重新获得了安全感和自信心。一支联合国紧急部队被部署在埃及与以色列边界，在很大程度上防止未来可能发生的越界恐怖袭击行为。此外，以色列国防军在不到十天的时间内就占领了几乎整个西奈半岛，不但向世界证明了这支军队的实力，还为以色列赢得了接下来十年的平静。

第 25 章

强国地位的奠定

震惊世界的六日战争（第三次中东战争）

1964 年，埃及和其他阿拉伯国家一起策划并组建了巴勒斯坦解放组织（Palestine Liberation Organization，简称 PLO），并以此作为对付以色列的新武器。巴解组织最初以发动针对以色列人的恐怖袭击为斗争目标，并成为对摧毁以色列有着共同兴趣的阿拉伯派系的保护伞。

与此同时，叙利亚军队利用一个比以色列北部加利利地区高出数百米的多山地区——戈兰高地，不断炮击以色列的农田和村庄。1965 年至 1966 年间，叙利亚的炮击愈加频繁，迫使住在戈兰高地下方山谷的基布兹居民终日提心吊胆，不得不躲入防空洞生活。

1967 年 5 月，纳赛尔要求 1956 年战后驻扎在西奈地区的联合国紧急部队撤退，并再一次向所有以色列船舶以及驶往以色列南部港口埃拉特的船只关闭蒂朗海峡。在全世界的瞩目下，阿拉伯开始调动军队包围以色列，阿拉伯领导人公开扬言要摧毁以色列，并表示可以随时随地对其发起攻击。战争风云密布，显然是迫在眉睫。

下面是对引发六日战争主要事件的一个简单总结：

1967 年 5 月 16 日，开罗电台宣布："以色列已经存在太长时间了，是时候发动战争摧毁以色列了。"这一天，埃及要求自 1957 年就驻扎在加沙地带和沙姆沙伊赫的联合国部队撤离。三天后，联合国宣布将按照埃及的要求撤出部队。这成了联合国永远的耻辱。

5 月 19 日，开罗电台号召说："阿拉伯兄弟，现在是我们一举消灭以色列的机会了。让我们行动起来，给他们致命一击吧！"

5 月 23 日，埃及总统纳赛尔宣布针对以色列航运路线实施封锁，从而有效切断以色列与东非和亚洲的重要贸易路线。以色列回应警告：根据国际法，该举动意味着宣战。

5 月 27 日，纳赛尔发表声明："我们的首要目标将是消灭以色列。"

5 月 30 日，约旦国王侯赛因将约旦军队交由埃及指挥。埃及、伊拉克以及沙特的部队开始调往约旦。

6 月 1 日，伊拉克领导人表态："我们团结一致、决心要实现将以色列从地图上抹去这一目标。"

6 月 3 日，开罗电台为即将到来的穆斯林圣战喝彩。

无论从什么角度出发，当时的形势已非常严峻，埃及在西奈半岛至少有 10 万兵力和 900 辆坦克。叙利亚在北部有 7.5 万兵力和 400 辆坦克，约旦在北部也有 3.2 万兵力和 300 辆坦克。总共算下来，以色列要面对约 20.7 万敌军和 1600 辆坦克。如果动员全面的预备役部队，以色列的军力能达到 26.4 万人，但只有 800 辆坦克。以色列的飞机数量更不容乐观，阿拉伯国家共有 700 架飞机，以色列只有 300 架。

以色列显然处于极大的危险之中。如果毫无作为，坐等纳赛尔与其他阿拉伯领导人进攻，以色列可能陷入灾难性的军事劣势。因此，以色列领导人策划了一场被日后军事家概括为"先发制人战略"的突然袭击。时任国防部长达扬认为，如果立刻主动发动进攻，以色列就能够赢得战争。他请求内阁批准第一轮先发制人式的军事行动，随后的行动时间由他和当时的总理艾希科尔单独决定。内阁最终以 12 票赞成、5 票反对通过了对埃及发动先发制人的进攻计划。

1967 年 6 月 5 日，面对周围数量巨大、装备精良并很可能在任何时刻发起攻击的阿拉伯军队，以色列在这一天选择了先发制人的战略，以色列领导层下达了袭击埃及的指令。作为最强大的阿拉伯国家，埃及面临的这场危机正是由其领导人不断发出"消灭以色列"的叫嚣一手造成的。

长达 3 个小时的进攻后，以色列摧毁了几百架埃及飞机。三分之一的埃及飞行员还没有来得及升空就被炸死，13 个基地无法正常使用，23 个雷达站和防空设施被摧毁。埃及空军基本上全军覆没，而以色列只损失了 17 架飞机，牺牲了 5 名飞行员，制空权完全掌握在了以色列手中。

上午 11 点 50 分，约旦、叙利亚和伊拉克空军对以色列发起进攻，但接下来的 2 小时，以色列空军不但击落和赶走了全部敌机，还炸毁了约旦和叙利亚的空军基地。6 月 5 日这天，以色列共摧毁了 400 多架阿拉伯飞机，赢得了战争的绝对制空权。在地面，以色列陆军切断了加沙地带和埃及之间的联系，第二天，以色列不费一兵一卒就占领了沙姆沙伊赫，解除了埃及对蒂朗海峡的封锁。

同一天，以色列前总理艾希科尔向约旦国王侯赛因传递信息，承诺除非侯赛因首先攻击以色列，否则以色列不会与约旦开战。这位约旦国王因为无法承受来自阿拉伯邻国的压力，选择忽视以色列的友好表示，依然发动进攻，加入对抗犹太国的战争。以色列随即对约旦的进攻进行了回击，几个小时之内，以色列空军在约旦战机尚未起飞之际，就摧毁了约旦几乎全部的空军力量以及叙利亚一半的空军。

到 6 月 7 日，战争爆发不到两天，埃及和约旦军队已被击溃。纳赛尔下令驻扎在西奈半岛的埃及军队全面撤退。

在东北面的叙利亚战场，以军前参谋长拉宾判断得没错。这场战斗很激烈，以色列损失惨重，115 名士兵阵亡，306 人受伤，但叙利亚伤亡更严重。6 月 9 日晚上，以色列已经占据上风，叙利亚的防线在崩溃。随后以色列国防军开往距离叙利亚首都大马士革以西约 64 公里处的库奈特拉，在以色列攻占下这座城市后，叙利亚同意签订停火协议。

6 月 10 日上午 9 点 15 分，时任第 55 空降旅指挥官的莫塔·古尔（后来成为以色列国防军总参谋长）终于得到命令："立即进入并占领老城。"古尔命令他的空降部队从狮门进入耶路撒冷老城。1 小时后，他们已经冲入老城城门，来到圣殿山前。莫塔·古尔拿起无线电发报机，发出了一句后来在以色列广为传颂的话："圣殿山已经在我们的掌控中。"

这场战争开打的时间非常短暂，总共持续了132个小时。埃及死亡人数在1万~1.5万，5000多人失踪，几千人受伤。约旦损失了700名士兵，6000人失踪或受伤。在北部战线，450名叙利亚人死亡，将近2000人失踪或受伤。埃及军队只剩15%的军事硬件完好无损。以色列则损失了679名士兵，2567人受伤。

在这场"六日战争"中，以色列获得了压倒性胜利。它打败了周边的敌人，并在这一过程中占领了埃及、约旦和叙利亚前线的地区，夺取了包括耶路撒冷老城和西岸在内的耶路撒冷东部，而该地区在1948年独立战争之后就一直被约旦占领。仅仅数天，以色列军队就突破敌军最后的防线，并处在随时待命向埃及首都开罗、叙利亚首都大马士革和约旦首都安曼进军的状态。在闪电战打了六天后，以色列同意结束这场战斗。

这场战争大幅度地改变了以色列控制的领土面积。战争期间，以色列一共占领了4.2万平方公里的土地，控制的领土面积较战前翻了三倍多。以色列夺回了在第一次中东战争中落入阿拉伯人之手的加沙地带和约旦河西岸（包括东耶路撒冷），并占领了属于叙利亚的戈兰高地和属于埃及的西奈半岛。

"六日战争"对中东地区的国家以及他们在国际社会中的形象产生了巨大影响，以色列在军事上的勇猛令世界印象深刻，被视为是打败阿拉伯歌利亚的大卫。

以色列领导人希望这场决定性的胜利能够向阿拉伯领导人证实，以色列是无法在军事上被打败的。他们认为阿拉伯会愿意就和平协议进行谈判，甚至表示愿意放弃刚获得的大部分领土以交换和平保障，然而，阿拉伯领导人仍然不愿意做出让步。阿拉伯国家不仅没有积极响应以色列的和平提议，反而以一贯的拒绝作为回应。1967年8月，在苏丹喀土穆的一次会议上，阿拉伯联盟领导人联合发表了一份后来被称为"三不"的声明："不与以色列和解，不与以色列谈判，不承认以色列。"这表明以色列没有能够在政治上得分。

彰显实力的赎罪日战争（第四次中东战争）

1973年10月6日是该年犹太历上的赎罪日，是犹太人一年当中最庄严肃穆的日子,绝大多数人都会在这一天到犹太会堂参加祈祷仪式。这一天,整个国家都停工,没有人工作,商店歇业,也没有车子在路上行驶,全国一片宁静。下午 2 点,急促的以色列防空警报声打破了全国的宁静,电台播报一场新战争爆发的消息。埃及军队强行渡过了苏伊士运河,已经到达运河东岸。下午 5 点,以色列民众得知"叙利亚飞机正在加利利上空同以色列战机展开激烈的空战"。战争爆发后 1 分钟之内,2000 名埃及士兵向以方发射了 1 万枚炮弹,密集的炮火持续了 53 分钟;战争爆发后 15 分钟内,240 架埃及战斗机飞越运河,为地面部队提供掩护。运河东岸以色列构筑起来的巴列夫防线上的守军只有 436 人,其中很多是没有任何战争经验的新移民。不过,为了防止恐慌,国家总理没有告诉民众 1400 辆叙利亚坦克正从戈兰高地冲向加利利地区,以色列只有 57 辆坦克在抵抗由 600 辆叙利亚坦克组成的先头部队。第四次中东战争爆发。

以色列除了面对 30 万叙利亚军队和 85 万埃及军队发动的突然袭击外,还同 1948 年和 1967 年一样,面临着其他阿拉伯国家军队的入侵。伊拉克再次参战,派出了 1.4 万名士兵。北部的黎巴嫩每天向以色列开火炮击。以色列国防军和对手的军力比例达到 1∶6。

刚刚诞生 25 年的犹太国第三次面临生死战。在战争第一阶段,以色列一直处于守势,形势非常危急。譬如,在战争前两天,以色列损失了 10% 的飞机,国防军前线某装甲师损失了半数以上的坦克。象征以色列坚不可摧的巴列夫防线也被冲破。这场战争持续了 16 天,前 5 天对以色列而言犹如噩梦,战争中以色列一半的损失就发生在这几天。不过,遭受埃及和叙利亚联合先发制人的以色列国防军迅速投入战争。一向沉着、积极指挥应战的以色列总参谋部明白,要想避免灾难发生,以色列必须主动改变战争的走向和打法。根据对时局的仔细分析和沙盘演练,以色列国防军领导人制定了"先北后南"的策略:首先集中力量扭转北部叙利亚的攻势,因为当时叙利亚的军队处于较弱的状态。这一策略起作用了。10 月 10 日,以军将叙利亚军队赶出了 4 天前时任总统阿萨德下令突破的边境线。

10 月 11 日,以色列的军队已经进攻到其炮兵火力可以覆盖大马士革郊区的位置。随后,以色列空军轰炸了位于大马士革的叙利亚国防部大楼。前国防部长达扬发表讲话并警告说:"叙利亚人必须明白,大马士革通向以色列的道路同时也是以色列通向大马士革的道路。"叙利亚的攻势顷刻间瓦解。

北部来自叙利亚的威胁解除后，以色列开始集中兵力对付南部的埃及军队。10 月 14 日，刚开始取得不小军事进展的埃及军队显然犯下严重的战术错误。在发动新攻势时，他们的地面部队离开了地对空导弹的保护区，完全暴露在以色列空军的打击范围内。在接下来的战斗中，埃及地面部队遭到以色列空军的猛烈打击，损失了 250 辆坦克，而以色列总共只损失了 20 辆坦克。南部战局开始扭转。

以色列乘胜追击，10 月 15 日，在沙龙将军指挥下，以色列军队强行渡过苏伊士运河，把战争引向埃及在非洲的本土。这场战斗尽管非常惨烈（仅在这一场战斗中以色列就阵亡了 300 人，是以色列在"六日战争"中死亡人数的一半），但第一支以色列部队还是成功地渡过了运河。接下来一周内，国防军主力部队也通过运河，占领了运河西岸地区。这是以色列军队第一次在非洲大陆作战。

在空战中，以色列空军击落了 277 架阿拉伯国家战斗机，自己只损失了 6 架飞机。最终，阿拉伯国家一共损失 432 架飞机，以色列损失 102 架。阿拉伯国家的人员伤亡惨重，共有 8258 人死亡，19540 人受伤。一些以色列人认为，阿拉伯国家的实际伤亡是这一数字的两倍，死亡人数应该达到 1.5 万人（其中 1.1 万为埃及人），受伤人数达到 3.5 万人（其中 2.5 万为埃及人）。以色列在这次战争中总共牺牲了 2656 名战士，7250 人受伤。这一数据虽然远低于阿拉伯人的伤亡数字，却是 1967 年死伤人数的 3 倍多。

对于本次战争的爆发，以色列方面并非没有事先察觉。事实上，在战争爆发的赎罪日前夜，以色列内阁就形势的发展举行了紧急会议。在会上，以色列军事情报局前局长艾利·泽拉将军对内阁报告了当前的形势，他称情报局已经掌握确凿证据，埃及军队将在第二天下午 6 点发起进攻（实际进攻时间提前了 3 小时）。时任总参谋长埃拉扎尔立刻要求政府批准空军发动和 1967 年 6 月类似的空袭行动，然而，时任总理果尔达·梅厄夫人没有同意。

1967 年的"六日战争"，以色列打响了"第一枪"，受到全世界的谴责，并导致绝大多数国家与以色列断交，使得以色列被国际社会空前孤立。调停中东冲突的美国前国务卿基辛格曾一再要求并警告以色列在日后任何可能的冲突爆发时都不可首先开火，否则后果严重。当时担任以色列驻美国大使的伊扎克·拉宾已经答应美国的这一要求。梅厄和达扬都不愿失去美国的同情和援助，拒绝采用能够展示以色列优势的先发制人战略。为了不让以色列显得像侵略者，内阁会议还拒绝了军方提出的全军动员请求，只同意小部分动员。

不过即便如此，以色列军队在战争后期还是取得了压倒性优势。以军不仅收复了最初的失地，还严严实实包围了攻入西奈半岛的埃及主力第三军团，完全可以随时将之全部歼灭。在北部，以色列装甲部队挺进了可以随时随地攻入大马士革的地方。在遇到突袭、开局不利的情况下，以色列实现了惊天逆转，展示了其实力。

以色列在赎罪日战争中有很多可圈可点之处。在民众方面，叙利亚坦克突破以色列北部防线后，生活在那里的民众虽然惊恐万分，却没有逃亡，确保战争结束后，以色列人仍能在那里生存。在军队方面，面对巨大的压力，军队重整旗鼓，调整战略，再一次展现了以色列强大的军事实力。实际上，赎罪日战争成为以色列最后一次同敌军正规部队的较量。虽然战争爆发前和战争初期的表现不尽如人意，但以色列国防军让阿拉伯邻国明白，即使是任其打第一枪，同以色列正面交锋仍然是自取灭亡，没有任何胜算。

赎罪日战争可以说是一场没有赢家的战争，没有一方通过战争获得领土方面的优势。然而，正是这场没有赢家的战争使得以色列与埃及日后均重新思考国家之间的关系，摒弃战争思维，有了向对方伸出和平之手的意愿，最终一同踏上和谈之路。

第 26 章

土地换和平

与埃及的和解

以色列在 1973 年的"赎罪日战争"（第四次中东战争）中证明自己在军事上无法被击败，这一事实使得阿拉伯领导人审时度势，打消乃至最终放弃消灭以色列的念头，转而寻求谈判途径，和平解决争端。尽管在一开始，阿拉伯国家并没有领导人流露出任何希望与以色列改善关系的迹象，而埃及总统萨达特却开始表现出希望改变埃及与美国之间关系的兴趣倾向。作为苏联长久以来的盟友，萨达特在 1972 年突然将苏联顾问驱逐出埃及，并通过 1973 年战争认识到美国对以色列的支持比苏联对阿拉伯的支持更有价值，他随后决定要着手改善与美国的关系。当然，此时他十分清楚改善与美国的关系必然会要求他缓和同以色列的紧张关系。萨达特认为，通过 1973 年对以色列人的突袭并几乎将他们打败，埃及在 1967 年第三次中东战争遭受的溃败耻辱已经被抹去。特别是埃及主力第三军团戏剧性地保全下来，没有遭受看似不可避免的灭顶之灾，使他第一次产生了与以色列达成和平的想法，有了通过谈判而非战争手段收回失去国土的想法。

1977 年 11 月 9 日，总统萨达特在埃及议会讲话时出人意外地做了以下表达和平意愿的讲话："以色列将因为我对你们说的话感到诧异。为了让埃及战士不再受伤，什么困难我都在所不辞。我愿意去世界尽头，甚至愿意去你们的国家，去以色列议会，同你们辩论。"

希望实现地区和平的时任以色列总理梅纳赫姆·贝京几乎在第一时间回应了萨达特表达出的酝酿已久的善意，他在对埃及人的广播讲话中开诚布公地热情邀请萨达特访问耶路撒冷。众所周知，贝京是以色列第一任非工党总理。作为右翼自由运动党成员，他曾在 20 世纪 40 年代领导伊尔贡地下组织，并提出过"大以色列"的构想，即支持以色列最终将加沙地带和西岸并入犹太人国家的思想，这一切都广为人知。以色列人视贝京为"强硬派"，认为如果贝京能够达成协议，他会确保以色列的安全。

仅 8 天后，让许多以色列人难以置信的是，萨达特的飞机真的降落在了特拉维夫本－古里安机场，贝京亲自站在飞机的舷梯下迎接这位以色列宿敌元首萨达特的到访。以色列国旗和埃及国旗一起在微风中飘扬，见面后两人在为萨达特一行准备的红地毯上相互拥抱。接下来几分钟，萨达特终于见到了之前耳熟能详的以色列领导集体，这位曾经对以色列发动战争的人正站在以色列的国土上，受到热烈欢迎。萨达特被引见给摩西·达扬和伊扎克·拉宾，正是这两人带领以色列人在 1967 年战争中获得大胜。接着萨达特又被引见果尔达·梅厄夫人，梅厄夫人在 1973 年的战争中没有败在萨达特的先发制人进攻中。

萨达特不仅成为第一个访问以色列的阿拉伯国家首脑，而且是第一个在以色列议会发表演讲的阿拉伯领导人。以色列人对此兴奋不已，并确信萨达特与以色列实现和解的意图是真诚的。萨达特在讲话中提出了实现和平的五个条件：以色列完全撤回 1967 年边界，巴勒斯坦人实现独立，保障本地区所有国家和平相处及边界安全，承诺未来不使用武力，结束中东的敌对状态。

接下来的谈判自然不会轻松。为了确保谈判的顺利进行，贝京与埃及领导人进行的谈判是在严格保密状态下进行的。以色列领导人真心实意寻求与萨达特达成协议的途径，表达了以色列愿意归还大部分西奈地区以换取同埃及的和平。然而，尽管各方都有意向达成和平协议，谈判依然十分困难。以色列被要求放弃许多有形资产——土地、油田和军事基地等，而埃及只需作出不再攻打以色列的"无形"承诺。埃及人和以色列人显然需要外部力量帮助他们解决分歧，时任美国国务卿基辛格的穿梭外交起到了积极的推动作用，美国前总统吉米·卡特更是创造性地提供了两个领导人面对面直接谈判的机会。1978 年 9 月卡特总统邀请贝京和萨达特共赴美国总统度假地——戴维营。在卡特总统亲自斡旋下，以色列和埃及最终达成协议，以色列愿意从其占领的西奈半岛地区撤退，为 1979 年 5 月 26 日以色列和埃及和平条约的签署奠定了基础。

埃以和平条约的签署标志着中东关系发生重大了改变。萨达特表现出了少有的政治家善意，贝京做出了令人吃惊的让步，他同意放弃对于以色列而言具有战略纵深意义的西奈半岛荒野沙漠地区，从包括定居点和军事基地在内的整个西奈半岛撤出。

以色列在"六日战争"后就提出的"土地换和平"倡议终于得到响应。同时，贝京还愿意赋予巴勒斯坦人一定程度的自治权。作为回应，埃及承认以色列的存在，同意与以色列互派大使，允许游客在两个国家间往来，并开始与以色列通商，发展经济关系。这一条约的签订第一次实现了以色列人三十多年来与邻国和解、实现和平的愿望。

与埃及实现的和解使得人们看到中东阿以冲突和平解决的希望，其意义如何评价都不会过高。

马德里和会

在 1991 年的海湾战争中，由美国领导的盟军成功迫使伊拉克从科威特撤军。战争结束后，美国的中东外交政策再一次将注意力转移到以色列和巴勒斯坦的和解问题上。他们认识到，除非阿拉伯国家采取措施与以色列构建和平关系，否则以色列－巴勒斯坦和平协议便毫无希望。因而，布什政府于 1991 年倡导召开一次国际和会，专门讨论实现中东和平问题。和会最终由美国和苏联联合发起，联合国的五位常任理事国均参与其中。会议举办地确定在西班牙的马德里，史称"马德里和会"。来自叙利亚、黎巴嫩、约旦以及巴勒斯坦的代表在马德里参加了这次会议。

在 10 月 30 日的会议开幕式上，时任以色列总理伊扎克·沙米尔直接呼吁阿拉伯国家"以和解、共存、和平的话语与以色列开展对话"，阿拉伯代表却严厉谴责以色列。尽管马德里和会最后没有达成任何协议，但所有与会方都表示愿意继续谈判，并且建立起了一系列会谈联络机制。需要指出的是，由于各方分歧较大，马德里和平会议在一开始就没有以达成某种协议为目标，而是启动双边谈判。就此而论，会议成功了，巴以双方开始展开对话，同巴勒斯坦实现和平列入以色列的议事日程。不过，在和平协议取得更多具体进展之前，美国和以色列国内选举给两国政府的政策带来重大改变。

1992 年布什落选，巴勒斯坦人不得不适应美国新总统比尔·克林顿。在很多人看来，克林顿比布什更偏向以色列，因为在他的内阁成员中犹太人的数量创了历史新高。与此同时，再次当选以色列总理的伊扎克·拉宾也被认为比历任总理更加灵活变通。1993 年最初的数月，随着各方调整应对新政府领导人，以色列和巴勒斯坦的谈判者开始秘密敲定一个类似于贝京在戴维营提出的折中方案。

奥斯陆的秘密

迫切希望实现与巴勒斯坦人和平的以色列人开始在挪威奥斯陆与巴解组织举行秘密的直接谈判，这可是第一次，其意义应该说非常深远。此前以色列政府官员从未与巴解组织领导层展开任何直接的谈判，他们拒绝与之谈判是因为巴解组织的宪章号召毁灭以色列国，并且该组织曾参与多起针对以色列人的恐怖行动。

最终，以色列和巴勒斯坦的关系取得突破性进展。以色列同意承认巴解组织是巴勒斯坦人民的代表，作为交换，当时任巴解组织主席的阿拉法特同意承认以色列国，声明断绝与恐怖主义的关系，并删除巴解组织宪章中毁灭犹太政权的条款。双方于 1993 年 9 月 13 日在白宫草坪正式签署了体现奥斯陆秘密接触成果的《原则宣言》。

《原则宣言》及其后续协议被统称为《奥斯陆协议》，该协议展望在未来五年通过协商逐步终结以色列和巴勒斯坦之间的冲突，实现和平共处。作为和平进程的一部分，以色列允许巴勒斯坦人在加沙地带和位于西岸的杰里科城实行自治，目的是通过给予巴勒斯坦对争议领土的支配权来帮助双方建立信心。倘若此举奏效，巴勒斯坦将明白以色列是真心愿意撤离西岸和加沙地带的，同时以色列人也有机会判断如果移交出更多的土地，巴勒斯坦人是否会对以色列构成安全威胁。

随后，双方就巴勒斯坦对剩余领土的自治进行了详细磋商。然而，没等这一过程完成，以色列就已同意将整个西岸地区的健康、教育、福利、税收、旅游以及其他国家职能统统交付给巴勒斯坦人负责，以色列仅保留对整个争议地区的安全责任。该协议要求以色列国防军撤出人口密集地区，但不必从全部领土撤离，而所有生活在西岸和加沙地带的以色列居民则可以在以色列司法制度的保护下继续生活。应该说，巴勒斯坦在自治区域开始了完全的自治生活。

随着和平意愿的加深，以色列和巴勒斯坦于 1995 年 9 月 28 日在白宫成功签署一项新协议，即《奥斯陆二号协定》。这份协议将巴勒斯坦自治区域从加沙和杰里科扩张至伯利恒、希伯仑和拉马拉。以色列同意从六个主要的西岸城市撤军并解散一直以来管辖该地区的以色列民政局，将管辖权移交给选举产生的巴勒斯坦委员会。

自此，巴勒斯坦权力机构，即以阿拉法特为首的新巴勒斯坦政府，至少在名义上掌控了约旦河西岸三片区域：

区域 A，包括六个主要的西岸城市。巴勒斯坦权力机构全权负责该地区的民政和内部治安。

区域 B，包括位于西岸其他地区的城镇，大约有 70% 的巴勒斯坦人居住在此区域内。巴勒斯坦权力机构被给予民事权利，但是以色列保留保卫该地公民以及防范恐怖主义的全部安保责任。

区域 C，覆盖犹太人定居点、无人区以及被视为有重大战略意义的地带。以色列保留安全保障责任，但是巴勒斯坦权力机构拥有在健康、教育和经济上的民事权利。

同时，谈判双方同意推迟几个最为棘手的问题——如何决定巴勒斯坦和以色列的最终边界，如何处理巴勒斯坦难民以及犹太定居点，以及如何解决双方都坚持耶路撒冷是自身首都的立场。

随着以色列和巴勒斯坦开始将协议付诸实践，以色列希望这一势头能够为其与其他邻国谈判创造条件。

约旦议和

实际上，以色列和约旦自 1967 年以来就处于和平状态，并且低调地展开了很多双边接触和合作的活动。以色列人一直认为与约旦达成和解的可能性巨大，并将约旦国王侯赛因视为可以信赖的伙伴。但这位国王从未足够放心到可以正式宣布与以色列和解，因为他担心此举会激怒巴勒斯坦人，激怒其阿拉伯邻国以及国内民众（而其中超过半数为巴勒斯坦人）。

然而，在以色列与巴勒斯坦解放组织达成协议后，侯赛因迅速与以色列展开正式谈判。1994 年 10 月 26 日，约旦成为第二个与以色列缔结和平条约的阿拉伯国家。

尽管其他阿拉伯国家还没有准备好与以色列缔结正式的和平条约，但是有些国家已经开始允许本国人民同以色列进行商业往来和外交接触。截至 1994 年年底，已有逾 150 个国家与以色列建立了外交关系，这个数字是十年前的两倍多。

以色列无比渴求和平

以色列人对和平的渴望是普遍且真诚的，以色列民众希望再也用不着担心自杀炸弹、持刀袭击、开车撞人行径的出现，希望他们的孩子再也不会成为恐怖活动或军事冲突的牺牲品。总之，他们想要过正常的生活，并屡屡为了实现和平愿意做出影响深远，甚至有潜在危险的妥协。

然而，以色列人有着痛苦的历史教训。没有安全、可防御疆界的和平就等同国家自杀，有谁能比以色列公民，这个包括纳粹屠犹幸存者及其家人、逃离极权主义统治难民在内的群体，更清楚过快、过于轻易放松警惕会带来的危险？

正如美国犹太人委员会代表哈瑞斯所指出的：难道以色列人能够完全忽略伊朗想要将以色列从地图上抹去以及迟早要制造大规模杀伤武器的野心吗？难道以色列人能够完全忽略叙利亚混乱、残杀以及统一国家瓦解的局面吗？难道以色列人能够完全忽略真主党建在黎巴嫩南部有足够打倒以色列大部分地区数以万计导弹的军火库吗？难道以色列人能够完全忽略加沙地区和西岸发出的令人毛骨悚然、以"殉教"的方式袭击以色列的召唤吗？

这个世界一向对盲从者、轻信者或自我狂妄者太过友善。尽管有人曾质疑，但是当阿道夫·希特勒写《我的生活》时，他表达的就是其真实的想法；当萨达姆·侯赛因坚持说科威特是伊拉克的一个省时，他表达的也是其真实的想法；当奥萨马·本·拉登号召杀害尽可能多的美国人时，他表达的还是其真实的想法。

以色列生活在一个特别糟糕的环境中，想要生存，就不得不在战场和谈判桌上都展现出胆识，应该说以色列在这两方面表现都很出色。

第 27 章

移民国度　多元政体

虽然以色列自建国以来深陷同阿拉伯人和巴勒斯坦人的长期冲突中，但在国家建设层面却呈现出欣欣向荣的气象。经过 70 来年的建设，以色列已经成为一个经济上繁荣富强、社会上自由流动、制度上多元民主的国家。

基本国情

现代以色列国（The State of Israel）简称以色列，位于亚洲西南部、地中海东岸，是一个属于西亚黎凡特地区的国家。从世界地理的视角来看，以色列地处欧、亚、非三大洲交汇的枢纽地带，北靠黎巴嫩，东临叙利亚和约旦，西南则为埃及。

法理上，现代以色列是根据 1947 年 11 月 29 日联合国大会特别会议通过的《巴勒斯坦将来治理问题的决议》（即在巴勒斯坦地区实行分治决议），于 1948 年 5 月 14 日（犹太历 5708 年以珥月五日）宣布成立的，是世界上第一个依据战后成立起来的国际组织——联合国决议而诞生的国家。

根据以色列人口统计处资料，截至 2019 年 10 月，以色列国有人口约 909 万，其中约 74.2% 是犹太人，21% 为阿拉伯人（主要指信仰伊斯兰教的穆斯林），4% 为德鲁兹人及其他的人种。在总共 600 多万犹太人口中，有 68% 的人在以色列出生，通常是第二代或第三代的以色列人，在外国出生的人占 32%，是世界上唯一以犹太民族为主权民族的国家。2014 年 11 月 23 日，以色列总理办公室发表声明，以色列内阁批准了将以色列定义为"犹太国家"的法案。以色列人口年龄构成相对年轻，社会主要按宗教、政治观点、经济、文化地位划分。

目前，以色列社会基本上已完全城市化、工业化，90% 左右的居民生活在城市。耶路撒冷（人口约 80 多万）、特拉维夫 – 雅法（约 60 万）、海法（约 35 万）是全国三大城市，另有中、小城镇 200 余个。农业人口（占总人口 5 % 左右）主要分布在基布兹或莫沙夫。基布兹为集体农场性质，目前共有不足 300 个；莫沙夫为合作制性质，现有 400 个左右。此外，还有少数个体经营者。

以色列国的国旗呈长方形，长与宽之比约为 3 : 2，由白底、蓝条、大卫盾组成。以色列国国旗原为犹太复国主义大会的会旗，由大卫·沃尔夫森于 1897 年筹备第一届世界犹太复国主义者代表大会时设计，灵感来源于犹太人祖祖辈辈使用的祈祷披巾。这一设计以最佳的方式体现了犹太人、犹太传统与旗帜之间的精神联系。该设计一经公布，即为广大犹太人所接受，成为犹太复国主义运动的标志。1948 年 10 月 28 日以色列临时国家委员会会议通过决议，决定以此旗作为以色列国的国旗，同时对它的规格作出了明确规定。旗长 220 厘米，宽 160 厘米，白底，上下各有一条宽 25 厘米的蓝色条纹，条纹距上、下边各 15 厘米。旗的中部为大卫盾（亦称大卫星），一枚大卫盾由六根宽 5.5 厘米的蓝色线条组成，盾应置于旗帜中央，与上下旗边的距离应相等。大卫盾象征国家的权力，数千年以来一直是犹太教和犹太文化的一种标志或象征。

以色列国徽为长方形盾徽，主体图案由金制七枝灯台和橄榄枝构成。盾徽呈蓝色并带有白边，盾面上是传说中耶路撒冷圣殿内圣器的七枝灯台图案（参照罗马凯旋门上的七枝灯台雕塑造型），灯台两侧各绘有一枚橄榄枝，灯台下方是"以色列"一词的希伯来文。灯台和橄榄枝均为白色，白色和蓝色是以色列的国家代表色。据说，自从古犹大国亡于巴比伦帝国以后，犹太人浪迹天涯，是圣殿的七枝灯台给那些无家可归、受尽磨难和迫害的人带来光明和慰藉。灯台还象征和解以及光复的希望，是犹太人信仰上帝的庄严之所在。橄榄枝作为和平的传统象征，表

以色列国国旗

以色列国国徽

　　耸立在以色列议会大厦对面的巨型七枝灯台。该座烛台是英国政府特别用纯铜打制，作为庆祝以色列建国 10 周年赠送给以色列人民的礼物。烛台上雕刻着流传至今的《圣经》故事。徐新 摄达了不同国籍、不同语言的犹太人对和平生活的渴望。橄榄枝还象征以色列圣殿重建时期的大祭司约书亚和省长所罗巴伯，分别具有祭司和君王这两种重要的职分。国徽于 1949 年正式启用。

以色列国歌名为《希望》。词作者是一位犹太拉比，曲作者为犹太人纳夫塔里·赫尔茨·伊姆贝尔。《希望》采用犹太民族传统曲调谱成。该歌原为犹太复国主义者颂歌的一部分，在 1897 年第一届世界犹太复国主义者大会上首次唱响。以色列建国后将其确定为国歌。歌词全文为：

> 只要我们心中，
> 还藏着犹太人的灵魂；
> 只要犹太人的眼睛，
> 还望着东方的锡安山，
> 两千年的希望，
> 就不会化为泡影。
> 我们将成为自由的人民，
> 立足在锡安山和耶路撒冷。

以色列国开国大典于 1948 年在特拉维夫举行。"独立战争"结束后，以色列政府于 1950 年迁往耶路撒冷，不过，是坐落在因战争而分裂成东西两部分的西耶路撒冷。1967 年爆发的"六日战争"导致耶路撒冷在以色列的掌控下统一。1980 年 7 月 30 日，以色列议会通过法案，宣布耶路撒冷是以色列"永恒的与不可分割的首都"。对于耶路撒冷的地位和归属，国际社会一直存有争议。根据联合国 1947 年的分治决议，耶路撒冷归国际共管，后由于 1948 年爆发的战争，耶路撒冷的核心部分，即耶路撒冷老城，由约旦占领并控制，共管的精神从未得到落实。传统上，同以色列建交的国家大多将使馆设在特拉维夫或其周边城市，近年来部分国家已经将使馆迁往耶路撒冷。

以色列的官方用语包括三种语言，它们分别是希伯来语、英语和阿拉伯语。这一语言政策虽然是 1920 年由托管当局制定的，但一直受到尊重，因此以色列公共场所的主要标识均用这三种语言标出。由于犹太人是社会主体族群，19 世纪末复活的犹太民族传统语言——希伯来语是今

耶路撒冷老城圣殿山

天以色列社会使用的最普遍的日常用语。不过，在阿拉伯人集中居住的地区，阿拉伯语则是广泛使用的语言。由于以色列是一个开放的社会，与世界联系广泛，绝大多数人都会多种语言。英语普及率非常高，能够使用英语的人口比例达 80% 以上。

目前以色列自行公布的国土总面积为 2.5 万平方公里，其中内盖夫地区占一半的面积，达到 1.2 万平方公里以上。国土南北长约 470 公里，东西宽约 135 公里，呈狭长形。以色列与埃及边界长达 220 公里，与哈马斯控制的加沙地区有 51 公里的边界，分布在加沙地带和约旦河部分地区。由于与巴勒斯坦人的冲突一直没有结束，存在领土纠纷，因此以色列一直没有明确表明自己的边界在哪里。

1947 年，巴勒斯坦地区分治前总面积为 2.8 万平方公里，分治决议分配给犹太人的面积为 1.49 万平方公里，其余的分配给了当地的阿拉伯人。由于当时的阿拉伯人拒绝接受联合国的分治决议，拒绝成立自己的国家，并与以色列开战，分治决议分配给阿拉伯人的土地为不同的交战方（国）分别占领。1948 年至 1973 年，以色列在先后爆发的四次阿以战争中控制了越来越多的周边领土，尽管以色列在 1980 年以后陆续从部分领土撤出，目前实际掌控管辖的面积为 2.5 万平方公里，包括约旦河部分地区。

以色列地在《圣经》中被誉为"流着奶和蜜之乡"。以色列地作为一块具有自然和文化多样性的土地，它那令人叫绝的多种自然景观——从有着白雪覆盖的山峦和水量充沛的谷地的北部地区，到拥有令人陶醉的地中海海岸和裸露山石的中部地区，再到只有干燥贫瘠的内盖夫沙漠的南部地区——为无数事件的发生提供了背景，构成了民族、国家、宗教的交汇点。

按自然地理，以色列国土可分为五个区域：北部是森林高地，夹有肥沃青葱的谷地，该地区土壤肥沃而潮湿，是发展农业的重要地带。西部为地中海沿岸平原，主要为沙丘和富饶的农田。中部为丘陵地带，该地带的北边是加利利山脉的山丘，更南边的地区是由许多小型而肥沃的溪谷所组成的撒马利亚山脉，再往南则是荒芜的犹地亚（Judea）山地。顶部为南北走向，宽 15 ~ 25 公里，长 80 余公里，海拔 750 米以上。东部为大裂谷地带（东非大裂谷北部起点），沿东部边界一直延伸至亚喀巴湾的地球表面最低点死海（海拔以下约 400 米）。南部主要由大约 12000 平方公里的内盖夫沙漠组成，占据了以色列一半的国土面积，在地理上内盖夫沙漠属于西奈半岛的延伸。

以色列全国行政划分为 6 个区（括号内为首府）：耶路撒冷区（耶路撒冷）、北部区（拿撒勒）、海法区（海法）、中央区（拉姆拉）、特拉维夫区（特拉维夫）、南部区（贝尔谢巴）。主要城市有：耶路撒冷、特拉维夫、海法、里雄莱锡安、阿什杜德、贝尔谢巴、内坦亚等。

以色列气候呈现多样性，北部属于地中海气候，南部属于热带沙漠气候。由于全国三分之二的土地是沙漠，气候主要分夏冬两季，或者雨季和旱季，特征为有一个漫长而又炎热少雨的夏季，以及相对短暂而又凉爽多雨的冬季。以色列的气候主要受到由邻近的亚热带撒哈拉和阿拉伯沙漠地带，与地中海东部沿岸的亚热带湿热气候的共同影响。实际气候条件在各地有不同的表现，并且会因为各地高度、纬度，以及与地中海的距离而变化。地理高度差从海拔 2810 米的赫尔蒙山，一直到降至海平面以下约 420 米的地球最低处——死海。

总体而言，以色列气候温和，阳光充沛，平均日照达 300 天以上。一年只分雨旱两季，每年的 11 月至翌年的 4 月为雨季，5 月至 10 月则为旱季。北部降雨量为 150 毫米，南部不足 3 毫米。气候区域性明显，各地气候差异较大。沿海平原旱季炎热潮湿，雨季温暖多雨，冬季略冷有雨，在山丘区域偶有小雪；丘陵地区旱季干爽温暖，雨季多雨，间或有雪；东部旱季炎热干燥，雨季气候宜人；南部终年干热，夜间凉爽。

政体

以色列国的政体为议会民主制共和国，立法、行政、司法三权分立。

总统是象征性的国家元首，职能基本上是礼仪性的，包括签署议会通过的法律、特赦犯人和减免刑期、接受外驻以大使呈递国书、任命高级官员担任各有关提名委员会所提名的职位，以及在选举后或现政府辞职后指定某议会成员组织新内阁的各项权力。总统由议会选举产生，任期 5 年，只可连任 1 次。议会有权解除总统职务。

以色列政府为内阁负责制，但必须获得议会信任，内阁向议会负责。

政府总理必须是议会议员，内阁成员则不受此规定限制。每届政府任期为 4 年，若出现总理辞职或逝世，或因议会投不信任票，则自动解散。以色列目前是中东地区一个具有完善多党制的自由民主制国家，一个典型的公民社会，公民拥有各式各样的政治权利和自由。

以色列国无成文宪法，国家治理按照立法、行政法令以及议会惯例进行，靠议会法、总统法和内阁法等基本法治理国家。目前已制定和颁布实施的基本法有 14 部，包括《议会法》《国家土地法》《总统法》《政府法》《国家经济法》《国防军法》《耶路撒冷法》《司法制度法》《国家审计长法》《人的尊严与自由法》《职业自由法》《公投法》等。事实表明，这一做法行之有效，尽管政府更迭较为频繁，但国家体制自成立以来一直运转正常。

以色列作为一个议会制的国家，议会是最高权力机构，拥有立法权，负责制定和修改国家法律，对政治问题进行表决，批准内阁成员的任命并监督政府工作，以及选举总统和议长。作为最高权力机关的议会实行一院制，包括 120 名议员和 10 个常务委员会。议员每隔 4 年由全国大选选出。整个国家为单一选区。所有 18 岁以上公民均有选举权，21 岁以上公民均有被选举权。选举采用比例代表制，候选人以政党为单位参加竞选，选民只需将选票投给各自支持的政党，获得 2% 以上选票的各政党根据得票比例分配议席。

迄今为止，以色列历史上尚未有任何一个政党在任何一届议会选举中获得过议会的半数席位，因此各届政府通常由不同党派联合组成，在议会形成执政联盟。议会可以对政府的不信任议案进行投票，不信任议案一旦通过，政府必须解散，举行新的一轮议会选举。

以色列政府由议会中占多数席位的一个或几个政党联合组成。议会选举结果揭晓后，总统在综合议会各党派意见基础上提名总理人选，授权其组阁。总理由成功完成组阁者担任，总理及其内阁享有十分广泛的政策制定权。

以色列司法完全独立于立法、行政机构。法官由总统根据公众提名委员会的推荐任命，一般的法官由国会组成的委员、最高法院的法官，以及以色列律师行会的会员联合选出，法律规定法官在 70 岁时退休。最高法院的首席大法官由司法部部长最终批准、任命，负责指派所有法庭的常务官员。以色列的司法部门由三层架构的法庭组成，即最高法院、地区法院和基层法院三级组成。此外，国家还设有管辖交通、劳工和青少年的专门法庭以及处理不同宗教派别内部事务的宗教法庭。

最高法院具有全国性裁决权，即最高上诉法院，具有终审权以及对控告政府、政府部长、所有公职官员或机构的案件的初审权等权力，承担最高审判庭职责。最高法院大法官由总统根据一个由最高法院法官、律师协会会员和政界人士组成的特别委员会的推荐任命。法官为终身制，70 岁退休。最高法院还负责解决个别公民对于法院提出的请愿，对这些请愿的回复通常是由政府部门进行（包括以色列国防军）。这样的请愿可能使得高等法院做出决定，指导政府部门改正行政的方式。

地区法院负责审理地方法庭权限以外的所有民事和刑事案件，同时负有上诉法院和地方法院的功能，主要分布于五座城市：耶路撒冷、特拉维夫、海法、贝尔谢巴、拿撒勒。基层法院为在最低层次的法院，分布于大多数的都市，负责审理民事和较小的刑事案件。专门法庭负责受理交通违章、劳资纠纷、少年犯罪、小额借债纠纷等案件。宗教法庭由不同宗教信仰团体（包括犹太教、伊斯兰教和基督教）各自组成，负责处理与宗教信仰有关的事物纠纷，并在结婚和离婚判决上拥有独占的法律权利。

政党

由于以色列公民依照宪法享有结社自由，可以随时随地宣布组建参选政党，因此，以色列政党的出现繁杂，且不断变化。加上以色列人把政党视为工具，合则用之，不合则弃之，新党的不断出现成为常态。最典型的是 20 世纪 60 年代，本－古里安为了让自己重新当选，退出自己作为党魁数十年的工党，而重新成立新的政党。2005 年，当时的总理沙龙为了推动"单边脱离计划"，在遭到党内反对后，退出利库德集团，新建"前进党"继续执政。政治家进出不同政党也并不鲜见。目前主要政党有：

（1）利库德集团（Likud）：1973 年 9 月由加哈尔集团、自由中心、拉姆党、人民党、国土完整运动等党联合组成。2013 年，利库德在第 19

届议会选举中与"以色列我们的家园"党组成竞选联盟，共获得 31 席，内塔尼亚胡再次成功组阁，连任总理。

（2）"以色列我们的家园"（Yisrael Beiteinu）：1999 年成立的右翼政党，主要支持者是来自苏联的犹太移民，主席为阿维格多·利伯曼。2009 年第 18 届议会选举中获 15 席，成为议会第三大党，并参加由内塔尼亚胡任总理的联合政府。2013 年第 19 届议会选举中与利库德集团组成竞选联盟，共获得 31 席，加入政府。

（3）"未来"党（Yesh Atid）：2012 年 4 月成立的世俗中间党派，主要支持者为中产阶级，主席为亚伊尔·拉皮德。在 2013 年第 19 届议会选举中获得 19 席，成为议会第二大党，并加入政府，获得财政、教育、科技等 5 个部长职位。

（4）以色列工党（Israeli Labor Party）：前身是 1930 年成立的以色列工人党（"马帕伊"），1968 年与部分小党合并后改称"以色列工党"。2013 年，工党在第 19 届议会选举中获 15 席，未加入政府，成为最大反对党。现任主席梅拉夫·米凯利。

（5）"犹太家园"党（HaBayit HaYehudi）：2008 年 11 月成立。在 2009 年第 18 届议会中获得 3 席，加入政府。在 2013 年第 19 届议会选举中获得 12 席，加入政府，时任党主席纳夫塔利·贝内特任宗教服务部长、耶路撒冷兼大流散事务部长和经济部长。

（6）沙斯党（Shas）：1984 年成立的代表东方犹太人的正统教派犹太人政党。主席为埃利亚胡·伊沙伊。在第 18 届议会选举中获 11 席，为第五大党。在 2013 年第 19 届议会选举中获得 11 席，成为反对党。

（7）以色列前进党（Forward）：中间派政党，由以色列前总理阿里埃勒·沙龙于 2005 年 11 月 21 日创建。

目前以色列总统为艾萨克·赫尔佐格，2021 年 6 月就职，为以色列第 11 任总统。总理为纳夫塔利·贝内特，2021 年 6 月宣誓就职。

武装力量

以色列国防军为国家军队。国家实行义务兵役、后备兵役和职业兵役制，按规定所有合格男子（18～27 岁）必须服兵役 2 年零 8 个月，

所有合格女子（18 ～ 25 岁）必须服兵役 1 年零 8 个月，已婚妇女和有
子女者除外。女子因宗教、社会或身体原因免服兵役者，可志愿加入医
院、学校、社团服务。每名士兵在服完义务兵役后则编入后备役，每年
有一个月时间从事各种军事或与军事有关的训练。男子服后备役至 45 岁，
女子至 38 岁。服完义务兵役后的合格男女在自愿基础上可转服职业兵役，
服役期一般为 1 ～ 5 年。根据政党之间达成的谅解，属于正统派的适龄
青年免除兵役义务。由于以色列与周围的阿拉伯国家处于战争状态，以
色列的阿拉伯人免服兵役。但从 1957 年起，以色列的德鲁兹人（属于阿
拉伯人群体）开始按其领袖要求加入以色列国防军，部分贝都因人（同
样属于阿拉伯人群体）因同样的原因也已经在以军中服役。

教育

以色列于 1949 年颁布义务教育法，规定所有 5 ～ 14 岁儿童接受免
费义务教育。1978 年的法令将受义务教育者的年龄延至 16 岁，接受免
费教育的年龄延长至 18 岁。学校类型有国立学校（占 75%）、国立宗教
学校（占 20%）、私立宗教学校（占 5%）。国立学校由教育文化部管理，
70% 的课程由该部决定，其余的课程由各校自行规定。以色列著名的高
等学府有耶路撒冷希伯来大学、特拉维夫大学、巴伊兰大学、海法大学、
本 - 古里安大学、以色列科技大学和魏茨曼科学研究院（该院只招收研
究生）。

《回归法》

第一届议会通过的最重要法案是 1950 年颁布的《回归法》。《回归
法》实际上确定了以色列作为犹太人家园的性质，国家对所有犹太人敞
开大门，给予世界各地犹太人移民以色列的天然权利，并且只要他们愿
意，就可以立刻成为以色列公民。《回归法》从法律上承认犹太民族与
犹太家园的联系，并且将每个到以色列定居的犹太人都视为回归的公民。

这部法律改变了以色列的面貌，成为世界上成千上万犹太人的救
生索，使他们在需要时能够逃离所在国家的暴力而在以色列安身立命。

耶路撒冷希伯来大学 徐新 摄

1948 年之前，犹太人是没有避难地的。纳粹屠犹这样的大灾难使他们认识到，在落难时期无法依靠其他国家的保护。

1947 年，在联合国即将通过分治决议的紧要关头，许多阿拉伯国家将对犹太人的歧视、压迫演变为暴力袭击。20 世纪 40 年代，伊拉克、利比亚、埃及、叙利亚和也门境内的反犹暴乱致使超过 1000 名犹太人被害，而这也触发了阿拉伯国家对犹太人的大规模驱逐，尽管犹太人已经在这些地方生活了两千五百多年。

1949 年至 1951 年间，以色列展开的"以斯拉－尼希米行动"从伊拉克转移了 10.4 万名犹太人，另有 2 万犹太人经由伊朗被悄悄运至以色列国。1949 年至 1950 年间，以色列展开的"魔毯行动"几乎将整个也门犹太社团（将近 5 万人）接回以色列。到 1951 年，随着规模最大的摩洛哥犹太移民的到来，当时以色列犹太人口总数比 1949 年翻了一倍还要多。

"以斯拉－尼希米行动"指接运伊拉克犹太人至以色列国的移民行动。1950 年 3 月，伊拉克政府突然颁布一项"允许犹太人移居出境特别法令"，规定凡是以书面形式表示放弃伊拉克公民身份的犹太人均可离境。法令同时对离境犹太人可携带的财产作出了规定：20 岁以上的成人每人只可携带相当于 16 美元的财产，12 岁至 20 岁的青年只能携带相当于 10 美元的财产，而 12 岁以下的儿童只能携带相当于 6 美元的财产。尽管如此，绝大多数伊拉克的犹太人仍选择离境这条道路。

犹太代办处得知这一情况后立刻做出紧急安排，以协助将伊拉克犹太人运至以色列。经过一系列谈判和筹划，决定先用飞机将伊拉克犹太人运抵塞浦路斯，然后再用飞机和船运至以色列。被运出的伊拉克犹太人的总数为 121512 人，整个行动在 18 个月内结束，只有不足 1000 名犹太人自愿留在原地。

近几十年来，以色列移民最多的来自苏联。二战以来，犹太人一直试图摆脱苏联的极权统治，但当局一直严格限制犹太人的离开，只有极少数人获准离开。

但随着 20 世纪 80 年代后期苏联的解体，苏联犹太人自由回归的大门终于被打开，前往以色列的移民也大幅增加。从 1990 年至今，有超过 100 万犹太人从苏联移民至以色列。对于像以色列这样规模的国家来说，接纳如此数量的移民相当于美国接收了整个法国人口。

其中最引人瞩目的以色列政府营救海外犹太人的行动是拯救埃塞俄比亚的古犹太社团，虽然他们在人数上并不算很多。通过 1954 年（"摩西行动"）、1985 年（"约书亚行动"）和 1991 年（"所罗门行动"）壮观的空运行动，以色列将 2 万多名黑皮肤犹太人从埃塞俄比亚接回了以色列。威廉·赛菲尔在《纽约时报》写道："这在历史上还是第一次成千上万的黑人作为公民而非奴隶被接运到一个国家。"这可以说是《回归法》的伟大意义。

尽管西方国家的犹太人可以自由移民到以色列，但与从其他国家移民而来的犹太人相比，他们较少会选择移民以色列。与犹太社团从东欧和阿拉伯国家集体撤离相比，在过去 60 年间，只有不到 10 万美国犹太人移居到以色列。

第 28 章

创新赢得世界的掌声

尽管《圣经》将犹太人的古老家园——以色列地描绘为一块"流着奶和蜜的土地",但早在公元 70 年,犹太人就被罗马人放逐出故土。到了 19 世纪末,由于奥斯曼帝国四百多年的腐朽统治,以色列地事实上已是一个荒凉之所,一个人烟稀少、疾病流行的地区。19 世纪末 20 世纪初,一小波犹太人开始移民巴勒斯坦,他们中有的人认为欧洲即将掀起针对犹太人的暴力浪潮;有的人移民完全出于意识形态的考虑,当时欧洲民族主义兴起,他们认为犹太人也应该有自己的国家。犹太复国主义运动将犹太人带回自己的故土,并最终复国成功,建立起了现代以色列国。

建国后最初几年,以色列其实非常困难,举步维艰。这个刚成立的国家财政储备匮乏,基础设施薄弱,经历了一场艰苦卓绝的战争,而且还需要在短时间内吸收比当时国内人口还多的大量移民(超过 60 万)。以色列当时除了少量无法耕种的沼泽地,大部分地区是荒芜的沙漠。由于自然资源贫瘠和资金短缺,国家一时间没有太多办法解决这么多人的吃住问题,不得不实行食品定量供应制。

然而,以色列人没有自暴自弃,部分原因是他们无处可去。美国犹太人这时伸出了援助之手,以大众捐款的形式为以色列提供了急需的财政资源。再加上德国人支付的大屠杀赔款,以色列逐渐从贫困中走了出来,开始了一系列国家重建工程,大规模投资公路和制造业等基础设施,修建了国家输水系统,建造了大量住房,加快了城镇的发展规模。终于在以色列建国后不到半个世纪的时间，这个一度被人忽视、疟疾横行的奥斯曼帝国边陲地区就变成了一个欣欣向荣、令人印象深刻的现代化工业国家，国家的面貌发生了翻天覆地的变化，成为中东地区的"绿洲"和"花园"。

以色列的建立以及屹立于世界民族之林具有一系列特殊的意义。

新的文化中心

在犹太复国主义运动开展之初，犹太人就将复兴古老而悠久的犹太文化放在了重要的位置上，而"犹太复国主义文化派"更是将文化的复兴放在首位。因此，对于犹太文化而言，以色列成功建国最伟大的意义是犹太文化的中心得以重新回归犹太人故土。以色列故土作为犹太文化形成和最初锻造之地，犹太文化元典性内容的孕育之地，对犹太文化的进一步繁荣发展意义重大。把以色列地建成一个犹太文化新的中心一直是犹太民族梦寐以求的事业。事实上，早在 19 世纪犹太民族复兴运动开始之初，犹太人中的有识之士就提出，犹太民族的复兴主要应该是犹太民族的文化复兴，应当把在犹太人故土上创建一个新犹太文化中心作为犹太民族复兴最主要的奋斗目标。爱因斯坦也表达了相似的观点，他希望以色列能够成为"一个所有犹太人的文化中心……一种将犹太人凝聚在一起的力量，以及一种保持全世界犹太人内心健康的手段"。

以色列的建立在使犹太人有了一个自己家园的同时，还使得犹太民族的地位发生了实质性的变化，由依附性的少数民族变成了一个拥有国家主权的民族，具有调整和主宰社会文化生活的能力。在以世俗化生活为主导的现代社会，散居地一直存在并日渐增强的同化潮、与异族通婚现象对生活在以色列的犹太人已不再是威胁，犹太人与异族的通婚比例下降到最低点。由于犹太文化成为国家的文化，成为在社会生活中占据主导地位的文化，传统的犹太文化氛围在人们的日常生活中得到体现，犹太文化具有的特殊氛围和绚丽色彩得到了最充分的展示。犹太文化中最为重要的"圣日"——安息日以及其他节日成为国家的法定节假日，人们可以自由自在地享受节日带来的欢乐。

事实上，在为现代以色列国建立而奋斗的初期，犹太人就认识到，建立中的以色列国不仅仅应当成为散居犹太人的避难所，它首先应当是保存犹太民族遗产、发展犹太文化的物质手段。犹太人之所以选择以色列地作为犹太文化的新中心，是因为流散生活使犹太人无法自由地发展自己的文化，勉强保持下来的也只是无根基、随时随地可能失去的文化。只有回归以色列故土，犹太民族才能充分自由地发展自己的文化，实现犹太民族对全人类所担负的精神使命。这是犹太复国主义文化派的观点。

文化派的倡导者主要有阿哈德·哈姆、哈伊姆·魏茨曼和本－耶胡达等，他们均是来自俄国的犹太人。文化派的目的是把以色列建设成为一个新的犹太文化中心，移民到以色列地的犹太人除了要为未来的国家打好经济建设基础和政治主权基础，应该重点建设一个犹太式的社会，这意味着有自己的语言、文学和独特的生活方式。

犹太复国主义运动要让犹太人说自己的语言，掌握自己的命运。上千年的流亡让希伯来语这个曾经的日常用语成为没有活力的"死亡"语言，"书面"语言，一种只能在宗教场合使用的语言。犹太复国主义发誓要让这个几乎死去的语言重获新生，因此，复活犹太人的民族语言——希伯来语被视为是犹太复国主义运动早期取得的一项重要文化成果。

由于本－耶胡达的努力，希伯来语这个犹太人最早用来定义自己身份的圣经语言得到了复活。本－耶胡达曾经在巴黎大学学习，在那里见证了法语对法国民族主义产生的深远影响，他认为犹太民族主义也需要有自己的语言。1880 年，他在给未来妻子底波拉的信中表明自己的决心："我已决定……为了拥有我们自己的土地，过上自己的政治生活，我们需要共同的语言，这就是希伯来语。我们必须创造出能够在日常生活中使用的现代希伯来语。"

本－耶胡达真正做到了言必行、行必果，以毕生的精力从事犹太人日常生活中复兴希伯来语的工作，他编著了第一部现代希伯来语词典。在他的顽强努力下，到 20 世纪 20 年代，希伯来语成为巴勒斯坦犹太人中最流行的生活语言。到 1930 年，市政学校中有超过 1.3 万儿童会说希伯来语。特拉维夫最终成了"第一座说希伯来语的城市"。在今日的以色列，希伯来语已经成为生活在那里的人们的母语和日常生活用语。

1899 年，阿哈德·哈姆在锡安热爱运动中成立了第一个宣传和实践

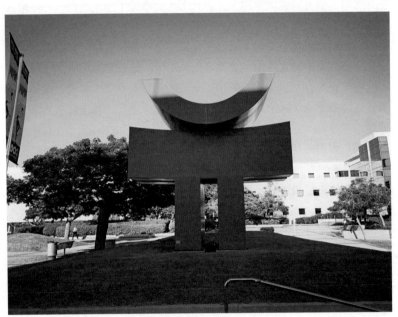

特拉维夫大学校园中的雕塑　徐新　摄

犹太复国主义文化派的组织"摩西之子"。该组织设立了一个在巴勒斯坦购置土地的基金会，在雅法建立了巴勒斯坦第一所希伯来语学校，在巴勒斯坦设立了第一批希伯来语图书馆和一个希伯来语出版公司。1901年12月，魏茨曼、索科洛夫等37名俄国犹太复国主义者成立了世界犹太复国主义组织内的第一个文化派团体。在这个团体的推动下，1902年召开的第五届世界犹太复国主义者代表大会通过了一项决议，称"对犹太人民进行民族精神的教育是犹太复国主义纲领中的一个核心部分"。倡导在巴勒斯坦建立高等学府是文化派的另一伟大使命，特别是魏茨曼贡献良多，希伯来大学的创建就有他的功劳。他还致力于建立一所专门研究科学技术的大学，最终在1912年成立了以色列理工学院。此外，魏茨曼还是1934年成立的魏茨曼研究所的创始人之一，该研究所后来蜚声世界。

以色列国的建立不仅使得文化派的思想有了实现的可能，而且使得犹太文化新中心的建立成为现实。事实证明，只有在以色列这块土地上，犹太文化的重建和进一步发展才真正成为可能。例如，仅就古希伯来语复活一事而言，若不是发生在以色列故土上，这一人类语言史上的"奇迹"是完全不可能出现的。自古罗马人流放犹太人以来，在犹太复国主义文化派人士的推动下，在以色列国建立之前，人们已经第一次隐隐约约看到了一个重生的犹太民族的模样。

在以色列建立后的70余年，以色列犹太人在文化上取得的成就令世界瞩目。以下的统计数字充分说明了这一点：每年，每2400名以色列人中就有1人出版一本新书，以色列出版的新书按人均计算排名世界第二位，人均占有图书量则为世界第一位；每3万个以色列人就拥有一个博物馆，以色列拥有的博物馆数量按人均计算排名世界第一位，参观博物馆的人数按人均计算亦为世界第一位；每一年，每4440名以色列人中就有一人申请专利，以色列人申请发明专利数量按人均计算为世界之最。

以色列国为源远流长的犹太文化提供了最大的发展空间和最好的机遇。回归以色列的犹太人决心要像其他民族一样创造自己的音乐、艺术、文学和诗歌。他们既要创造高雅文化，也要创造大众文化，要使犹太人生活在祖先熟悉的城市中，行走在圣经描绘的祖先安居乐业的土地上。在他们的努力下，无论是希伯来语言、希伯来文学，还是音乐、美术、

特拉维夫拉宾广场举办的一年一度的图书节　徐新 摄

20 世纪考古发掘出的凯撒利亚罗马剧场　徐新 摄

舞蹈、电影等文化事业都得到了蓬勃发展，在国际上享有崇高的声誉。

今日之以色列还是犹太文化研究的中心。涉及犹太文化的重要著作在那里出版，无论是对《死海古卷》的研究，还是对拉比文献的研究，以色列都是中心。以色列的考古在揭示犹太文化历史和社会生活方面取得了重要进展和成就。以色列各大学的犹太学院系和各专业研究机构的研究基本代表了当今世界上犹太学研究的最高水平。

现代化工业国家　创新的国度

今天的以色列更多是以"创新国度"的名声享誉世界的，这主要归功于以色列在科学技术和经济领域所取得的成就。

几十年来，以色列经济一直保持着高速发展的势头。国民生产总值从1950年的22亿美元增长到2003年的1037亿美元，增长率达到近50倍。到2016年，以色列的人均收入已经达到3.7万美元，成为当今世界上经济最发达的12个国家之一。

以色列的卓越教育体制极大地促进了科学技术的发展，而发展的科学技术对经济的腾飞起到了强有力的支撑作用。高附加值是以色列出口产品的重要特征。由于使用先进的技术，以色列占全国劳动力5%的农业人员，不仅提供全国所需食物的95%，而且有大量产品（水果、鲜花等）出口，素有"欧洲果篮"之美誉。以色列的灌溉技术、沙漠种植、养殖技术、医疗器械制造技术、计算机应用技术都居世界领先地位，其产品行销世界。

在军事技术方面，20世纪50年代开始的核研究使其成为世界核俱乐部的成员，尽管以色列从来没有正式认可此事。1988年，以色列成功发射第一颗人造卫星，成为世界上为数不多的掌握航天技术的国家，其研制开发的冲锋枪、坦克、战斗机、预警飞机、"箭式"拦截导弹等都是世界上的先进武器。强大的军事工业在保卫国家的同时，为国家赚取促进经济发展所需的外汇。

进入21世纪以来，以色列已发展成为一个全方位的创新国度，一个名副其实的科技强国，成为世界上首屈一指的具有高度创新竞争力的国家。目前，以色列人均拥有创新企业数居世界第一，人均拥有高科技公司位居世界第一，以色列的工程师、研发中心和初创公司的密度居世界第一。纳斯达克上市公司数量名列世界前三，超过整个欧洲大陆在纳斯达克上市公司的总和。人均风险投资额全球第一，以色列人均风险投资额是美国的 2.5 倍，欧洲的 30 倍，中国的 80 倍，印度的 350 倍。以色列作为全球孵化器、加速器最发达的国家之一，也被称赞为"世界硅谷"。生活在那里的人们的生活水准因此得到极大的提高。

犹太文明是一种重在创新的文明体系，创新可以说是这一文明最引人注目的特质。以色列作为全球唯一的犹太人国家，在文化上较好和较为集中地传承了犹太传统。同时，十分不利的自然生存环境和极端险恶的地缘政治环境促使以色列在一开始就高度注重创新思维、不间断地开展创新活动，以不同寻常的方式建设新生的国家。这既是以色列作为一个现代国家生存、屹立在中东之外部需要，也是犹太民族文化复兴的自然结果。因此，创新在以色列一直作为国家政策和全面意志开展，形成了强大的竞争力，成为今日以色列一种"国家品牌标志"。

全体犹太人的家园

以色列国是作为一个流散犹太人聚集之地、受难犹太人的避难所、犹太民族的家园建立起来的，它的建立使得全世界的犹太人有了一个属于自己的家园。以色列国的《独立宣言》和颁布的《回归法》所确认的世界上凡是犹太人，均有在以色列定居和自动享有以色列公民权利的规定，表明以色列是全体犹太人的国家。《独立宣言》庄严宣称，重新建立起来的国家对全世界犹太人敞开大门，以色列政府认为自己对全世界犹太人的命运负有责任。1951 年 7 月 5 日，以色列议会通过《回归法》给予了任何希望进入以色列的犹太移民法律权利。事实上，自以色列成立以来，已接纳来自世界各地 80 个国家的犹太人近 500 万。1952 年制定的《国籍法》规定，无论是本地出生的本地居民，还是归化者，不分种族、性别、宗教或政治信仰，均享有以色列公民权，每个公民也可按其愿望持双重国籍。

全世界犹太人无不对其古老家园在近两千年后获得新生而感到欢欣鼓舞，对自己的民族终于变得像所有其他民族一样傲然挺立在世界上而

以色列创新城市——特拉维夫一瞥　徐新　摄

感到骄傲。经历了大屠杀的犹太人都认识到，全世界的犹太人必须有一个家园，一个任何受到迫害的犹太人都可以自由前往的家园。以色列的《回归法》自动给予大多数犹太人公民权，明确表示只要以色列存在，每个处于困境之中的犹太人就都有一个危险来临时能够前往躲避的避风港。正因如此，世界范围内的犹太人坚决支持以色列国的存在，并为它的强大和发展贡献自己的力量。事实证明，在以色列建立后，生活在散居地的犹太人有了一个靠山，当许多祖祖辈辈生活在埃及、伊拉克、叙利亚、也门、阿尔及利亚、突尼斯、黎巴嫩等阿拉伯国家的犹太人在第一次中东战争中成为难民时，他们在以色列找到自己得以安身立命之所。

以色列建立后，失去生活出路和信心的犹太人，无论他们是在南非、南美，还是在苏联或亚洲，都在以色列找回他们的希望和信心。以色列在 20 世纪最后 10 年接纳了近百万（超过当时以色列人口的 20%）犹太人一事，表达了以色列国对全世界犹太人命运的关心和向所有犹太人开放国门的决心，体现了作为一个犹太人国家的非凡信念和勇气。

自建国以来，以色列就一直以流散犹太人的保护者自居。以色列政府对世界各地出现的反犹案件十分关注，并积极采取行动进行干预，主动保护当地犹太人。以色列当局甚至不顾当事国的不满和抗议，派人到国外绑架、追杀当年屠杀犹太人的纳粹分子。

以色列的建立和存在在使得全世界犹太人有了一座有形靠山的同时，还让他们有了一块可以访问、参观和触摸的土地，这就使他们将自己的生活与犹太人的故土更加紧密地联系了起来。这种与自己民族家园、河山、历史日益增强的有形联系无疑给了他们抵御同化的力量。

以色列对于全世界的犹太人而言，正如美国犹太思想家塞尔茨指出，它"已经成为犹太人的希望、光荣和自尊的象征"。美国犹太历史学家马库斯也说，全世界的犹太人都"把以色列人设想成当今的马加比家族，他们为了建立一个现代犹太家园不惜牺牲自己的生命，犹太人作为浪漫主义者，一想到这点就热情洋溢"。

对少数民族权利的尊重和维护

以色列作为迄今为止中东地区唯一的民主国家，犹太文化所包含的民主思想，特别是尊重少数民族权利的传统在这里被发扬光大。事实上，犹太人是最早在世界上提出尊重少数民族权利，呼吁用法律手段切实保障少数民族权利的民族，他们从自身经历认识到少数民族权利需要得到特别的保障和尊重。在犹太人的坚持和不懈努力下，尊重和维护少数民族权利的条款被写入 1919 年巴黎和会通过的《凡尔赛和约》。这是第一个以书面形式确认每一个国家中少数民族权利的国际条约。

以色列成立后，采取切实措施确保所有生活在以色列的民族的平等权利成为以色列的国策，对生活在以色列的阿拉伯人也是如此。早在以色列建国时发表的《独立宣言》就宣告："我们仍号召生活在以色列国的阿拉伯居民起来维护和平，并在享有平等公民权利以及在各种临时和永久的国家机关中拥有相应代表权的基础上为国家的发展建设贡献出他们的力量。"因此，生活在以色列的阿拉伯人不仅是以色列公民，享有平等的政治权力，有与其人口比例相称的议会代表，拥有宗教自治权和民族事务管理权，他们使用的阿拉伯语也是国家的正式用语。以色列的阿拉伯人可以说是阿拉伯世界唯一能够享受这些权利的阿拉伯人群。特别需要指出的是，自以色列成立以来，以色列国内的阿拉伯人口（指具有以色列国籍者）由 1948 年的 16 万增长至 2000 年的 125 万，是原来的近 8 倍。而与此同时，犹太人口在阿拉伯国家中的数量不仅没有任何增长，反而急剧下降，如埃及的犹太人从 1948 年的 7.5 万人下降到 2000 年的不足 200 人，阿尔及利亚的犹太人从 1948 年的 14 万人下降到 2000 年的不足 100 人，伊拉克的犹太人从 1948 年的 15 万人下降到 2000 年的不足 100 人，黎巴嫩的犹太人从 1948 年的 2 万人下降到 2000 年的不足 100 人，叙利亚的犹太人从 1948 年的 3 万人下降到 2000 年的不足 200 人，突尼斯的犹太人从 1948 年的 10.5 万人下降到 2000 年的不足 1500 人，利比亚的犹太人更是从 1948 年的 3.8 万人下降到 0 人。鲜明的对比足以突出说明以色列对少数民族权利的尊重和维护。

以色列认真执行尊重和维护少数民族权利的政策，还反映在它所实行的宗教信仰自由政策上。在以色列，不同宗教派别、团体可保持各有的宗教、教育和慈善制度，无论是基督教、伊斯兰教，还是巴哈伊教、亚美尼亚人的信仰等无一不是按照自己的方式存在和行事。每个团体的宗教法庭在涉及私人事务方面（如结婚、离婚、安葬等）拥有对其成员的

安息日的耶路撒冷街道，由于没有汽车行驶，人们在街道中央行走。徐新 摄

以色列犹太教圣地——哭墙

以色列小巷一隅　杨金荣 摄

充分裁决权，宗教事务部负责满足各宗教团体的礼仪要求，对圣地进行监督、保护。各宗教场所、每一处宗教圣地均得到最好的保护，并由各自的宗教团体管理。

超越民族的意义

以色列国的建立应该说还具有超越民族的非同寻常的意义。首先，以色列的建立表明人类的正义终于得到了伸张。众所周知，犹太人是世界上一个被暴力赶出自己家园的民族，是长期以来只能在流亡状态下生活的民族。犹太民族之所以在历史上遭受种种不幸，特别是在第二次世界大战期间占犹太总人口三分之一的 600 万犹太人惨遭纳粹德国屠杀，其唯一原因是他们的犹太人身份。更令人痛心的是，在这样的暴行面前，全世界却将目光转至他处，没有进行任何积极干预，这不能不说是人类正义所蒙受的一种奇耻大辱，不能不说是人类良知丧失的一种表现。第二次世界大战后，全世界的人们开始认识到对犹太人的不公。因此，1947 年国际社会在联合国讨论巴勒斯坦问题时，超过三分之二的绝大多数成员国投票赞成在巴勒斯坦成立一个犹太人国家，这一举动表明人类的良知得到了恢复，国际社会希望以自己的实际行动洗刷人类正义所蒙受的耻辱。

中国革命先行者孙中山先生早在 1920 年就意识到，支持建立犹太人家园关系到人类正义这一问题，他在支持犹太复国主义事业的一封信中就曾大声疾呼：犹太人作为一个"在世界文明方面具有重大的贡献"的民族，理应在"国际上赢得一个光荣的地位"。

不过，对于世界文明而言，以色列建立最为重要的意义可能还在于：随着中东上古文明的集大成者、两河流域古老文明的唯一留存形式、人类为数不多的"一以贯之"文化在以色列的成功复兴，世界文明丰富多彩和多元化的特征得到了加强。可以预见，随着犹太文化这一已经对人类文明产生重要影响的上古文明样式在其发祥地的进一步发扬光大，世界文明的发展将从中受益，生活在这一文明中的世界人民，包括阿拉伯人民，必将从中获益。而犹太人的历史也因犹太民族成功复兴立国和重新屹立于世界民族之林得到了最新的演绎。

　　正如以色列历史学家丹尼尔·戈迪斯所言：以色列建国在很多方面都算得上是有史以来最非凡的人类故事之一。我们很难再找到另一个民族在经历了如此多的苦难后，能够用短短几十年的时间取得如此成就，达到如此高度。过去近百年发生在以色列的事情有时听起来像神话，但都是真实的。以色列的故事，是一个无家可归的民族一千多年来坚持梦想的故事，是一个在深渊边缘徘徊的民族最终实现救赎的故事，是一个坚守民主、不断创新的故事，是一个国家创造奇迹、开创未来的故事。

参考文献

[1] *History (from 1880)*, Keter Publishing House Ltd, 1973, Jerusalem, Israel.

[2] *History (until 1880)*, Keter Publishing House Ltd, 1973, Jerusalem, Israel.

[3] 丹尼尔·戈迪斯. 以色列: 一个民族的重生 [M]. 王戎,译,宋立宏,校, 杭州：浙江人民出版社，2018.

[4] 徐新，凌继尧. 犹太百科全书 [M]. 上海：上海人民出版社，1993.

[5] 徐新. 论贾布奈革命——犹太知识分子掌握民族领导权的起点 [J]. 学海， 2005，3：41－49.

[6] 徐新. 犹太文化史 [M]. 北京：北京大学出版社，2006.

附录 1

中以交往一枝春

　　2022 年 1 月 24 日是中国和以色列建立大使级外交关系的 30 周年纪念日。在过去的 30 年，中以关系已经发生了翻天覆地的变化，两国交往经历了前所未有的发展阶段。不仅如此，早在 2017 年，中以就正式为两国关系定位，确立了"创新全面伙伴关系"，以创新为抓手，推进两国关系稳步向前发展。沉浸在喜悦之中的我，思绪禁不住回到建交之前的 1988 年。

　　那年的 6 月 22 日，当美联航从芝加哥直飞以色列的航班在本－古里安机场降落时，我即刻意识到自己的一个梦想成真了。与此同时，自己也在不经意间创造了一项无人可以打破的中以交往史记录：成为中国与以色列正式建立大使级外交关系之前第一位应邀访问以色列并即将在希伯来大学公开发表学术演讲的中国学者。当时的激动心情至今难忘，尽管在那以后我又先后十余次造访以色列，每次访问都有不小的收获，但 1988 年的访问毕竟是我第一次踏上以色列国土，第一次来到中东地区，第一次走到了亚洲的最西端，第一次如此近距离贴近以色列社会。

　　为什么得以在彼时造访以色列？如何在中以没有任何正式外交关系的情况下获得访问以色列的签证？我眼中看到的以色列是一个什么样子？此行对我的学术生涯会造成什么样的影响？

　　坦率地讲，希望有机会访问以色列的想法与我此前两年在美国的经历有着密切的关联。

　　我第一次走出国门是 1986 年夏，那是我在南京大学工作的第 10 个年头。与彼时绝大多数出国人员不同的是，我去美国并不是留学，而是到美国的大学（芝加哥州立大学）执教。在机场，我受到芝加哥州立大学英文系主任弗兰德教授（Professor James Friend）的亲自迎接。在驱车进城的路上，他热情地告诉我他和他的夫人决定邀请我住到他的家中，希望我能够接受他们的这一邀请。这当然是一件喜出望外的事，尽管我在之前与他的通信中（当时由于尚未有互联网，人们之间的联系主要依靠书信。而一封信件的来回大约需要一个月到一个半月）提及希望他能够帮助我在学校附近租一个房子，因为芝加哥州立大学在决定聘用我的信中明确表示学校不提供住处，必须自行解决住房问题。

　　弗兰德教授是犹太人，1985 年秋，根据南大 - 芝州大友好学校交流协议曾来南大英文系任教。当时我是南大英文专业的副主任，除了行政方面的工作，还负责分管在英文专业任教外国专家的工作，因此与弗兰德教授有较为密切的接触，结下了深厚的友谊。实际上，我收到去芝州大教书的邀请就得益于他的推荐。他的夫人也是一位在大学教书的犹太人。他们的两个女儿当时已大学毕业离开了家，家中有空出的房间供我使用。能够住在他家中，显然为我这个初来乍到的人在美国生活开启了一个良好的开端，我没有丝毫犹豫就欣然接受。事实证明，由于是与一位熟悉的人生活在一起，我非常顺利地开始了在一个陌生国度的生活，没有经历绝大多数人都不可避免会在开始阶段感受到的文化冲击（culture shock）。我不用准备任何生活用品和油盐酱醋方面的物品，早晚餐和他们一起用，而且到学校教书，来回都搭弗兰德教授的便车（当然我当时尚不会驾车）。更为重要的是，生活在弗兰德的家中，不仅让我感受到家的温馨，认识和熟悉了他们的所有亲朋好友，而且与当地犹太社区有了广泛的接触。现在回忆起来，和他们生活在一起，简直就是以前所未有的方式"沉浸"在犹太式的生活之中，为我提供了一个了解犹太人和体验犹太式生活不可多得的绝佳机会。

　　在与犹太人交往的过程中，我对以色列这个世界上唯一的犹太国家开始有了新的认识：以色列不再只是依附于世界头号强国、不断引发周边冲突的暴力形象，而是一个为所有国民提供归属感的崭新国家。在那里，犹太民族成为主权民族，其传统不仅得到了很好的传承，而且不断发扬光大。我逐渐了解到古老的希伯来语早已在那里得到复活，成为以色列社会的日常用语，使用现代希伯来文进行文学创作的阿格农早在 1966 年便获得诺贝尔文学奖；基布兹作为以色列实行按需分配原则的农业形态一直生机勃勃，吸引了世界的目光。更重要的是，以色列被视为是世界上所有犹太人的共同家园。

新的认识使得我有了希望能够去看一看的想法。或许是那两年与众多犹太人有过频繁交往，或许是我在犹太社区做过一系列讲座的缘故，熟识的犹太朋友主动为实现我的这一愿望牵线搭桥——终于，在我决定回国履职之际，我收到以色列著名高等学府希伯来大学和以外交部的共同邀请，邀我对以色列进行学术访问。邀请方对我提出的唯一要求是希望我能够在希伯来大学做一场学术演讲，题目由本人决定。

根据安排，我有十天的访问时间。到达以色列时，我荣幸地受到以色列外交部的礼遇。中以建交后担任以色列驻华大使馆政治参赞的鲁思（Ruth）到机场接机，并陪同前往耶路撒冷的下榻饭店。具体负责我在以访问活动的是希伯来大学杜鲁门研究院院长希罗尼教授（Professor Ben-Ami Shillony）。次日上午，希罗尼教授如约来到饭店，与我见面。寒暄后，他递上了一份准备好的详细访问日程，并表示我有什么要求可以随时提出。

访问从驱车前往希伯来大学开始。在那里，我们除了参观了解希伯来大学，还重点参观了解了杜鲁门研究院，并参加了当日下午在杜鲁门研究院举行的研究院新翼图书馆落成揭幕式。由于新翼图书馆是美国人捐款建设起来的，美国驻以色列大使一行专程前来参加揭幕式。主宾的衣着令我印象深刻：以方的出席人员个个着西装领带，而美方人士则个个着休闲便装。而我事先了解到的以色列着装习俗应该是这样的：以色列人以随意著称，很少着西装打领带。可今天，出于对嘉宾的尊重，以方人员个个着西装打领带出席；而通常以正装出席揭幕式这类正式活动的美国人，为了表示对以色列人的尊重，特意着便装出席。彼此都为对方着想，表明两国不同寻常的亲密关系。

在接下来的参访中，几乎每一项活动都令我思绪万千，对我日后的学术研究产生重要影响。譬如，在参观了大屠杀纪念馆后，我在接受《耶路撒冷邮报》的采访时，说了这样的话：现在我终于明白犹太人为什么一定要复国。《耶路撒冷邮报》第二天报道了这一采访。对反犹主义的研究从此成为我学术研究的一个主攻方向。我不仅出版了《反犹主义解析》和《反犹主义：历史与现状》等专著，发表若干论文，而且在国内大力推动"纳粹屠犹教育"，并作为中国代表出席联合国教科文组织在巴黎召开的"纳粹屠犹教育"国际会议。

在参观了"大流散博物馆"后，我对犹太人长达 1800 年的流散生活有了更直观的了解，感叹犹太传统在保持犹太民族散而不亡一事上发挥的作用。而博物馆中陈列的"开封犹太会堂"模型和专门为我打印的开封犹太人情况介绍促使我在回国后专程去开封调研，并把犹太人在华散居作为自己的另一个研究方向，其成果是两部英文著作和数十篇相关论文。

穿行在耶路撒冷的老城，我体验到了什么是传统和神圣；行走在特拉维夫，我感受到以色列现代生活的美妙和多姿多彩；在北部加利利地区的考察，令我切切实实地感受到以色列历史的厚重；而在南部内盖夫地区的参观，让我真真切切体验到旷野的粗犷；在马萨达的凭吊，令我感受到什么是悲壮；而在海法的游览，则使我体验到什么是赏心悦目；在基布兹的访问，令我这个曾经在农村人民公社劳动和生活过的人感慨万千——犹太人在农业上的创新做法和务实态度令我不停地发出种种追问，我被基布兹的独特性深深吸引，好奇心使我提出再参观一个基布兹的要求，并得到了满足。

由于我在南京大学最初的 10 年主要是从事美国犹太文学的研究，在访问期间，我提出希望能够会见以色列文学方面人士的要求，于是我便拜访了以色列文化部，并结识了文化部下属以色列希伯来文学翻译学院负责人科亨女士（Nilli Cohen）。科亨女士是学院负责在全球推广希伯来文学翻译的协调人，我与她建立了工作关系，并一直保持通讯联系。此外，我们还有幸拜会和结识了特拉维夫大学希伯来文学资深教授戈夫林（Nurit Govrin），在向她请教若干关涉现代希伯来文学的问题后，还请她推荐了一些作家和作品。由此，本人对现代希伯来文学的兴趣大增，在随后不到 10 年的时间内，经本人介绍给国内出版界的以色列当代作家多达 50 余位。1994 年，我因译介现代希伯来文学再度受邀出访以色列。在出席以色列举办的"第一届现代希伯来文学翻译国际会议"之际，以色列作家协会为出席会议的中国学者专门举行了欢迎酒会，使我终于有了一个与绝大多数译介过的作家见面的机会。

我必须承认，在初次以色列之行中最触动我心灵的经历是与以色列一系列汉学家的见面交流。老实说，会见以色列汉学家并非出于本人要求，而是以色列接待方的精心安排，因为当时的我压根就不知道，也没有想到，以色列会有汉学家。以色列接待方根据我的身份——一个对犹太文化感兴趣的中国学者，认为安排我会见以色列的汉学家是一项有意义的活动。根据安排，我在特拉维夫大学会见了谢艾伦教授（Professor Aron Shai），他是一位史学家，专攻中国近现代史。我专门旁听了他的中国史课，并与学生进行了简单的交流。谢艾伦后来出任特拉维夫大学的教务长（相当于常务副校长）一职，不仅到南京大学访问过，还热情接待过由我陪同访问的南京大学校长代表团。我在特拉维夫大学会见的还有欧永福教授（Professor Yoav Ariel），他是研究中国古典文化的学者，将中国经典《道德经》译成希伯来文。在希伯来大学，我结识的汉学家有研究中国政治和外交的希侯教授（Professor Yitzhak Shichor），研究中国文化的伊爱莲教授（Professor Irene Eber）。此后我与伊爱莲教授多次在国际场合见面交流，友谊长存（伊爱莲教授于 2019 年与世长辞）。后来（1993 年），在拜会以色列前总理沙米尔时，沙米尔在了解到我当时正在学习希伯来语后，告诉我以色列政府在 50 年代初就安排了一位名叫苏赋特（Zev Sufott）的以色列青年学习中文。尽管在随后的 30 年他一直学非所用，但是当 1992 年中以终于建交后，苏赋特出任以色列第一位驻华特命全权大使。

这一系列的会见使我惊叹不已。以色列这么一个小国（当时的人口尚不足 500 万），竟然有多位专门研究中国历史、文学、社会、政治、外交等方面的专家教授，其中有的还享有国际声誉。而就我所知，当时偌大的中国（人口是以色列的近 240 倍），却鲜有专事研究犹太文化者，中国高校亦无人从事犹太文学的教学！这一反差对我的冲击实在是太大了。作为一个在美国有两年时间"沉浸"在犹太文化中的人，出于一种使命感，我在以色列就发誓回去后一定投入对包括以色列在内的犹太文化研究。

回国后，我义无反顾投身于犹太学研究，确立了自己新的研究方向、开启一个全新治学领域，同时在南京大学创办了犹太和以色列研究所，组织编撰了中文版《犹太百科全书》，率先向国内学界介绍引入现代希伯来文学，建起了一座英文书籍超过三万册的犹太文化图书特藏馆，召开了包括"纳粹屠犹和南京大屠杀国际研讨会"与"犹太人在华散居国际研讨会"在内的大型国际会议，培养了 30 多名以犹太学为研究方向的硕士生和博士生……进而勾勒出了中国犹太 / 以色列研究的概貌。

回望过往，发生的一切显然过于神奇，只能用"奇迹"来描述。

而这一切源于 1988 年以色列的处女之旅。从此，以色列对于我而言，是一个令奇迹发生的国度。

徐新

2022 年岁首

南京大学黛安 / 杰尔福特·格来泽犹太和以色列研究所简介

　　1992 年，借中国和以色列国正式建立大使级外交关系之东风，南京大学批准成立一专事犹太文化研究兼顾教学的学术研究机构——南京大学犹太文化研究所。不过，在这之前，南京大学就已经开始对犹太文化进行研究，主要由南京大学学者牵头的学术团体"中国犹太文化研究会"（China Judaic Studies Association）于 1989 年 4 月宣告成立，并卓有成效地开展工作。随着犹太文化研究的深入，搭建一个平台（即建立研究所）显得十分重要，而这样的研究机构的出现在中国高等教育系统尚属首次。研究所正式成立的时间为 1992 年 5 月，最初名为"南京大学犹太文化研究中心"，2001 年更名为"南京大学犹太文化研究所"。2006 年，为感谢有关基金会和个人的支持，特别是设在美国洛杉矶的黛安/杰尔福特·格来泽基金会的慷慨支持，研究所于是改名为"黛安/杰尔福特·格来泽犹太和以色列研究所"，该名称沿用至今。

　　研究所建立之初确立的宗旨是：更好地增进中犹双方的友谊，满足中国学术界日益增长的对犹太民族和文化了解的需求，推动犹太文化的研究和教学在国内特别是在高校系统的进一步开展，培养这一学术领域的专门人才，以此服务于中国当时方兴未艾的改革开放事业，推动中国与世界的进一步融合。"不了解犹太，就不了解世界"是研究所当时提出的口号，该口号简洁明了地表明这一研究机构成立的动因。

　　研究所在其 30 年的历史中成绩斐然，包括：

● 组织撰写并出版首部中文版《犹太百科全书》（上海人民出版社，1993 年），该书成为中国最具权威和广泛使用的一本关涉犹太文化的大型工具书（200 余万字，1995 年获"全国最佳工具书奖"）；撰写并出版包括《犹太文化史》（北京大学出版社，2006 年）、《反犹主义：历史与现状》（人民出版社，2015 年）在内的著作 10 余部；组织翻译并出版犹太文化方面的著作 20 余种；编辑出版"南京大学犹太文化研究所文丛"一套；同时发表各类论文超过 100 篇。

● 在南京大学逐步开设一系列犹太文化方面的课程，不仅有专门为本科生开设的课程，更多的是为研究生开设的课程。

● 招收和指导犹太历史、文化和犹太教研究方向的硕士研究生和博士研究生。已有 30 多名研究生在研究所学习，从本研究所获得博士学位的研究生超过 15 人，大多数学生毕业后在中国各大学执教，讲授犹太历史文化方面的课程。

● 组织举办大型国际学术研讨会，促进中外学者之间的交流和研讨，包括 1996 年在南京大学召开的"第一届犹太文化国际研讨会"、2002 年召开的"犹太人在华散居国际会议"、2004 年召开的"犹太教与社会国际研讨会"、2005 年召开的"纳粹屠犹和南京大屠杀国际研讨会"，以及 2011 年召开的"一神思想及后现代思潮研究国际研讨会"。

● 举办犹太历史文化暑期培训班 3 期，聘请国际犹太学学者授课，受训的中国各高校和研究机构的教师、研究人员和研究生达 100 人，有力促进了犹太文化教学和研究在国内高校的开展。

● 开展国际合作，先后举办各种类型的犹太文化展近 10 次，内容涉及犹太历史、犹太文化、以色列社会、美国犹太社团、犹太学研究、纳粹屠犹、犹太名人等，促进了中国社会对犹太历史文化的了解，增进了中犹人民间的友谊。

● 邀请超过 50 位国际著名犹太学者来华、来校进行交流、讲学，演讲场次超 100 场。

● 大力开展对犹太人在华散居史的专门研究，特别是对中国开封犹太人的研究。已发表专著 2 部（英文、美国出版）、论文数十篇，在国际学术界能够代表中国学者在这一研究领域的水平。

● 建立起中国迄今为止规模最大的犹太文化专门图书馆，仅英文藏书就已超过 3 万册，涉及犹太文化研究的方方面面。

● 与若干国际学术机构建立联系或互访，包括美国哈佛大学犹太研究中心、耶希瓦大学、希伯来联合学院、宾夕法尼亚大学、加州大学、布朗大学、以色列希伯来大学、特拉维夫大学、巴尔伊兰大学、本－古里安大学、英国伦敦犹太文化教育中心等。

● 积极筹措资金，为犹太文化研究和教学的开展提供经费支持。除了众多个人捐助，还有许多给予研究所各种研究和教学资助的国际基金会，包括：黛安／杰尔福特·格来泽基金会、斯格堡基金会、罗斯柴尔德家庭基金会、布劳夫曼基金会、列陶基金会、犹太文化纪念基金会、博曼基金会、卡明斯基金会、散居领袖基金会等。10 余年运作下来，本研究所的规模不断扩大，收益稳定，每年的收益已经能够确保每年发放奖学金数十份、奖励犹太文化研究领域的师生多名，并为各类学术活动提供经费支持。

需要特别指出的是，积极参加国际学术活动和开展国际学术交流会是南京大学犹太文化研究所学术活动的重要特点。在将国际犹太学者"请进来"的同时，研究所的教师也已大步地"走出去"。研究所的研究人员多次外出访问，特别是美国、以色列、德国、英国、加拿大等国，或在国际会议中宣读论文、交流学术，或担任客座教授讲学授课。据不完全统计，本所研究人员在若干国家发表过的学术演讲已达 700 余场次。此外，研究所每年都会选派研究生前往以色列有关大学进修或从事专题研究。通过这类学术活动，研究所与世界范围内的犹太学术界、犹太人机构及犹太社区建立了广泛而密切的联系，在扩大影响的同时，又推动了研究所各项工作的开展。

南京大学犹太文化研究所因其在犹太和以色列研究领域中取得的成就，已成为中国高校中最早对犹太文化进行系统研究并取得丰硕成果，同时又具有较高国际知名度的一所文科研究机构。